O que Lacan dizia das mulheres

Colette Soler

O que Lacan dizia das mulheres

Tradução:
Vera Ribeiro

Revisão:
Marco Antonio Coutinho Jorge

ZAHAR

Título original:
Ce que Lacan Disait des Femmes
(Étude de Psychanalyse)

Tradução autorizada da primeira edição francesa
publicada em 2003 por Éditions du Champ Lacanien,
de Paris, França

Jorge Zahar Editor Ltda.
rua Marquês de S. Vicente 99 – 1º | 22451-041 Rio de Janeiro, RJ
tel. (21) 2529-4750 / fax (21) 2529-4787
editora@zahar.com.br
www.zahar.com.br

Preparação de originais: André Telles

Composição: Futura Editoração
Capa: Dupla Design
Foto da capa: © Manfred Rutz/Getty Images

CIP-Brasil. Catalogação-na-fonte
Sindicato Nacional dos Editores de Livros, RJ.

Soler, Colette, 1937-
S672o O que Lacan dizia das mulheres / Colette Soler; tradução, Vera Ribeiro; consultoria, Marco Antonio Coutinho Jorge; — Rio de Janeiro: Zahar, 2005.

Tradução de: Ce que Lacan disait des femmes: (étude de psychanalyse)
Apêndice
ISBN 978-85-7110-888-2

1. Lacan, Jacques, 1901-1981 – Opinião sobre as mulheres. 2. Feminilidade (Psicologia). 3. Mulheres – Psicologia. 4. Psicanálise. I. Título.

CDD 155.633
05-3001 CDU 159.9-055.2

SUMÁRIO

PARTE V

A Maldição

PARTE VI

A Análise

Prólogo: Anna O., a primeira

Freud não teria inventado a psicanálise sem a amável colaboração das histéricas. Dentre essas pacientes mestras, uma conserva lugar à parte. É Anna O., a primeira. Primeiro caso relatado nos *Estudos sobre a histeria*, que Sigmund Freud e Josef Breuer publicaram em 1895, ela demonstrou pela primeira vez que o sintoma histérico reagia à fala. "*Talking cure*", dizia a seu médico deslumbrado. Não foi o próprio Freud, mas seu amigo Josef Breuer, quem cuidou dela, de dezembro de 1880 a junho de 1882, quando a jovem adoeceu... da doença fatal de seu pai.

O mais importante em Anna O. não são seus sintomas, pois estes eram os sintomas clássicos das histéricas da época. É que, em matéria de Annas, havia pelo menos duas. Havia Anna, a enferma, triste e angustiada, mas normal, e havia também a Outra, a sonâmbula, em estado de ausência auto-hipnótica, louca, má e alucinada. A clivagem era espetacular. Uma não conhecia a outra, e cada qual tinha seu horário. Uma teria o dia, outra, a noite; a primeira estaria no horário do calendário, a segunda, no horário do trauma do inverno anterior, no qual ela vira o pai definhar. Às vezes, as duas sequer tinham uma língua comum, pois a segunda se esquecera do alemão em prol do inglês. É compreensível que essa divisão em ato, numa pessoa jovem, que sabemos ter sido também sedutora, culta e inteligente, tenha conseguido tirar o fôlego do adepto da escola de Helmholtz que era Josef Breuer. Se ele não jogou a toalha, foi porque Anna O. lhe revelou uma coisa espantosa: quando Anna, a sonâmbula, falava, do fundo de suas ausências hipnóticas, a outra Anna, a do estado de vigília, curava-se de seus sintomas. Descoberta capital, que permitiu a Breuer inventar o método catártico de rememoração sob hipnose. Ainda não era a idéia do inconsciente, ainda não era o método psicanalítico, e seriam necessários outros dez anos para que, no outono de 1892, Freud abandonasse a hipnose e chegasse ao limiar da associação livre — mas o caminho estava traçado.

Portanto, Anna O. teria contribuído para o progresso da ciência. Não sem pagar um preço. Os *Estudos sobre a histeria* deixam-na numa perspectiva de cura, mas sabemos que esta foi falaciosa e que o texto de Breuer encobriu o segredo do desfecho. Esse segredo foi depositado em algumas cartas de Freud e se tornou conhecido pelas revelações de Jones, seu biógrafo. Para quem já o conhece, ele aflora nas entrelinhas no fim dos *Estudos sobre a histeria*, na insistência de Freud em sublinhar o papel capital da ligação com o médico no tratamento da histeria.

Breuer sempre quisera acreditar, contrariando a idéia de Freud, que o componente erótico em Anna O. estava singularmente ausente. A luz lhe veio de fora, pela voz de sua mulher, Mathilde, interessada demais no assunto para não captar que o desejo epistemofílico não era o único a animar os cuidados tão fartamente ministrados por Breuer a sua paciente. Assim, eis que o tratamento supostamente assexuado desembocou de repente, para Breuer, no drama conjugal. Passando subitamente do desconhecimento ao pânico, sem nenhum preâmbulo, ele deu um fim abrupto ao tratamento. No dia seguinte, Anna O., tomada pelas dores de um parto fantasioso, acolheu-o com estas palavras: "Está chegando o filho de Breuer." O que seria preciso demonstrar, é claro, mas o suposto pai já dera nos calos, decidido a não saber de mais nada. Um ano depois, ele confidenciou a Freud desejar que a morte livrasse a pobre Anna de seus males persistentes, e, passados mais de dez anos, foi preciso toda a insistência e toda a retórica amistosa de Freud para que ele consentisse em publicar o caso, subtraindo-se seu fim verdadeiro: é fácil adivinharmos que a existência de Anna passara a ser, para ele, uma testemunha de acusação.

Assim, Breuer descobriu a transferência sem conseguir levá-la em conta. Sem dúvida, não foram inteligência, saber nem perseverança que faltaram a esse homem de rosto comprido, meigo e melancólico, mas sim, com certeza, coragem moral. Essa foi uma das grandes censuras de Freud a seu respeito. Para nós, entre Breuer, que não quis saber nada do que sabia, e Freud, que constatou e concluiu, entre a afobação de um e a tranqüilidade do olhar do outro, indica-se com clareza o componente ético ineliminável no aparecimento de um novo saber.

Quanto a Anna O., foi efetivamente largada de mão. Nada sabemos das fantasias da jovem abandonada. Sem dúvida, estas a puseram na posição de terceiro entre os cônjuges Mathilde e Josef Breuer, assim como entre Martha, sua amiga, e o próprio Freud. Na prática, ela foi antes o terceiro lesado: o filho simbólico de Breuer lhe foi recusado, enquanto Mathilde conseguiu o filho real, e ela tampouco foi paciente de Freud. Seja como for, cerca de dez anos depois, exatamente no período dos *Estudos sobre a histeria*, vamos encontrá-la numa história completamente diferente, dedicada a obras sociais e com seu nome verdadeiro: Bertha Pappenheim.

Nem esposa nem mãe, ela soube sublimar sua feminilidade sacrificada: tornou-se mãe dos órfãos que acolhia, advogada e defensora dos direitos da mulher. Não de todas, é verdade. Sua vocação era, antes, para prostituta e órfã. Passando alegremente da privação assumida ao protesto militante, ela visitou, com tanta determinação quanto humor, as casas mal-afamadas do Oriente Médio a que se sentiu chamada pelo aviltamento das mulheres, e, como pioneira, negociou de igual para igual com os homens do poder. Eis, portanto, as duas Annas reunidas e pacificadas numa vocação reparadora única. Sabemos disso pelas cartas, recém-traduzidas para o francês, que ela escreveu durante suas viagens a suas "filhas", as primeiras fiéis a serem salvas e formadas por ela na dedicação profissional. Como únicos estigmas das aspirações passadas, restaram uma curiosa paixão pelas rendas, certamente metonímica dos adereços femininos que foram objeto de renúncia, e o ódio à psicanálise, que ela proscreveu para sempre de seus estabelecimentos.

Bertha Pappenheim, a primeira assistente social de sua época, permaneceu no que chamava de "corrente das moças", virgem entre as virgens, identificada com sua fidelidade filial ao pai... Sigmund Pappenheim, pois era esse o seu nome. Nome que ela celebrizou pelas obras de sua abnegação, no momento mesmo em que o outro Sigmund a imortalizava como Anna O., ao mandar publicar os *Estudos sobre a histeria.* Assim, Anna, a dividida, presa entre duas épocas, entre o antes e o depois da psicanálise, entre dois métodos, entre dois terapeutas, e que foi reunificada pela vocação, permanece para nós, no final das contas, dilacerada entre os dois nomes que recebeu dos dois Sigmunds de sua vida: seu pai e Freud.

I

Che Vuoi?

UMA MULHER

Vão-se agora 30 anos, pela primeira vez desde Freud, que Lacan introduziu novidades no tocante ao que acontece com o sexo em relação à experiência analítica, devendo o sexo ser entendido aqui na antiga acepção do termo, que designava não os dois sexos, mas apenas o que inicialmente se chamou de fraco e, depois, mais perto de nós, de segundo. Essas elaborações inovadoras foram acompanhadas por uma denúncia, discreta e decente, mas explícita e vigorosa. Lacan estigmatizou o "escândalo" do discurso analítico. Com isso designou a incapacidade de pensar o que é próprio da feminilidade e, mais ainda, o "forçamento" freudiano, que não soube fazer mais que transpor para as mulheres a "toesa" que valia para o homem. Esse escândalo, epistêmico em si, foi duplicado, no dizer de Lacan, por ser "abafado" na comunidade analítica. Pelo menos, fica claro que ele não deixa de estar ligado aos preconceitos sexuados, ou seja, ao fato de que nenhum dito escapa à parcialidade da identidade sexuada.

As teses não passaram despercebidas, evidentemente; logo correram mundo, em especial no contexto dos movimentos feministas da época, traduzidos por WWW.* Nada de surpreendente nisso: o falocentrismo que tanto se recriminou em Freud, e no qual se julgou reconhecer uma flagrante depreciação das mulheres, foi ali questionado e repensado. Talvez conviesse concluir disso, aliás, que a suposta resistência da língua inglesa às teses da psicanálise bem poderia ser, em si mesma, uma função do discurso dos psicanalistas.

Retomo, pois, uma pergunta que me faço há muito tempo. Eu a havia formulado, já em 1992, nas jornadas da Escola da Causa Freudiana,[1] interpelando nosso movimento lacaniano nos seguintes termos: até que ponto de conseqüência leva-

---

* Sigla de *What Women Want* ["o que as mulheres querem"], largamente usada no feminismo internacional. (N.T.)

mos as teses formuladas por Lacan em "O aturdito" e, posteriormente, no seminário *Mais, ainda*?

Uma vez lançado, esse tema das mulheres realmente percorreu a comunidade e, além disso, a própria época se modificou em ritmo acelerado. Mas, onde estamos hoje em relação a esse escândalo do discurso analítico? Será que ele se reduziu, ou apenas mudou de feição?

A resposta do Édipo

Freud construiu o recurso ao Édipo como uma resposta e uma solução. Mas resta saber de que pergunta e de qual problema.

O sexo depende de diferenciações que não são apenas subjetivas, mas biológicas, e que são tidas como naturais: as dos organismos vivos sexuados. Elas são visíveis, além disso, nas diferenças anatômicas, antes que as ciências tragam à luz os determinantes genéticos, hormonais etc. que compõem o corpo sexuado. Ora, a vida, sabe Deus por quê — o que também quer dizer que ninguém sabe por quê —, a vida mantém a proporção sexual entre os vivos: *grosso modo*, há tantos machos quantas são as fêmeas. Por outro lado, constata-se que os seres humanos, por mais seres falantes que sejam, não se atrapalham muito em suas "coiterações", como diz Lacan, e não são avessos a se reproduzir pelas vias da citada natureza. É verdade que as novas técnicas condicionadas pela ciência bem poderiam subverter essa realidade, mas ainda não chegamos a isso, embora a natalidade — em excesso ou em falta — tenha começado a criar problemas.

É impossível, desde a descoberta freudiana, apelar para o instinto para explicar esse dado fundamental da experiência que é a reprodução dos corpos. O inconsciente não conhece a biologia e, em matéria de vida, não abriga nada senão o que Freud descobriu nele: o despedaçamento das chamadas pulsões parciais, oral, anal, escópica e invocante. Falta o que seria a pulsão genital, que apontaria para cada um o parceiro sexuado. Daí a pergunta formulada por Freud numa das notas acrescentadas ao longo dos anos a seus *Três ensaios sobre a teoria da sexualidade*: se existem apenas pulsões parciais e se, além disso, em matéria de amor, de "relação de objeto", a escolha narcísica do semelhante vem primeiro, como explicar a atração entre os sexos? Se o macho não basta para constituir o homem, nem a fêmea, a mulher, de que modo se instaura o que aparece como norma heterossexual? Essa pergunta pode ser reformulada a partir de Lacan: como é que a linguagem que produz o sujeito como falta-a-ser também o dispõe a consumar as finalidades da vida, apesar do efeito de descaracterização instintual que ela gera?

É a essa pergunta que responde o Édipo freudiano. Freud descobriu que, no inconsciente — e seria preciso acrescentar: no discurso em geral, como mostra o estado civil —, a diferença anatômica é transformada em significante e reduzida à problemática do ter fálico, enquanto as pulsões parciais em si ignoram a diferença sexual. Por conseguinte, é a orientação do desejo sexuado como tal que se torna passível de explicação. E logo se vê que, para Freud, nesse aspecto, homo e heterossexualidade estão em igualdade.

O Édipo freudiano, portanto, responde a esta pergunta: como pode um homem amar sexualmente uma mulher? Resposta freudiana, reduzida ao essencial: não sem haver renunciado ao objeto primordial, a mãe, e ao gozo referido a ela. Dito de outra maneira, não sem uma castração do gozo. Sabemos que Freud tentou transpor essa explicação para o lado feminino, não sem deparar com muitas surpresas e desmentidos. Assinalo, entretanto, que, no final, reconheceu o fracasso de sua tentativa. Seu famoso "que quer a mulher?" confessa isso, no final, e poderia traduzir-se assim: o Édipo produz o homem, não produz a mulher.

Daí um além do Édipo, que Lacan formalizou, precisamente, em referência à lógica. Se o inconsciente decorre da linguagem, decorre também da lógica da linguagem. Daí a formulação: o inconsciente é pura lógica. Só o puramente lógico regula o que é totalmente diverso, ou seja, o gozo vivo dos corpos. Não é de admirar, portanto, que Lacan reformule a diferença entre os sexos, ao mesmo tempo, pela oposição de duas lógicas — a do todo-fálico nos homens e do não-todo fálico nas mulheres — e de dois tipos de gozo, um fálico e outro chamado de suplementar.

Será que isso significa que ele refutou o Édipo freudiano? Lacan o questionou, interrogou e criticou e, no fim, em "O aturdito", reduziu-o a sua lógica, a lógica de conjunto do todo. Com isso, não o refutou propriamente, e ele próprio considera que o mantém. Tudo dele pode ser conservado, diz, desde que nele se reconheça a lógica de que falo. É ela que produz o homem, todo homem, a partir da grande lei da castração que só lhe deixa, em matéria de gozo, o chamado gozo fálico, limitado e descontínuo como o próprio significante.

Portanto, ao logicizar o Édipo, Lacan também reduz seu alcance, e aí é que está a dificuldade: quanto ao que merece ser chamado de mulher, é de outra coisa que se trata. E isso não é um aquém, mas, antes, um além, porque essa outra coisa não está menos presa ao "ser da significação". O outro gozo, suplementar, que, longe de excluir a referência ao falo, soma-se a ela, não deixa de ser situável por uma outra lógica, esta não de conjunto: a do não-todo. Nesse ponto, portanto, Lacan diverge explicitamente de Freud, e de maneira precisa, no que concerne à castração conforme os sexos. Cito-o: "... diferentemente dele, repito, eu não imporia às mulheres a obrigação de toesar pelo calçador [*chaussoir*] da castração o estojinho [*gaine*] encantador que elas não elevam ao significante."[2] E ele acrescenta que, embora a castração seja recomendável para o que é chamado "o pé", deve-se prever que seja possível prescindir dela.

Não deveriam seguir-se algumas conseqüências no nível das exigências próprias da análise? Para dizê-lo sucintamente, a referência à castração é tão essencial à análise, e sobretudo à definição de seu fim, que podemos ao menos deduzir daí uma pergunta quanto ao que Lacan denomina por um novo substantivo, o "não-todo" [*pastoute*], para designar o que não está no todo fálico. E, se a clínica do término da análise também depende de uma lógica do não-todo, por que não nos indagarmos como os dois se cruzam?

As manifestações do não-todo

A construção lógica não dispensa a coleta de fatos nem a construção de uma clínica do não-todo. O próprio Lacan evocou o que chamou de suas "manifestações". Qualificou-as de esporádicas, o que é apropriado para contrastá-las com a constância da função fálica para todo homem. O seminário *Mais, ainda* inaugurou o recenseamento disso. Os êxtases dos místicos — mais uma vez, não-todos — avizinham-se do gozo propriamente feminino da relação genital e do acesso kierkegaardiano à existência. Essa série, pouco a enriquecemos desde então.

No entanto, aqui como em outros pontos da psicanálise, não podemos contentar-nos em calar o impossível de dizer, para recorrer unicamente à lógica. Primeiro porque, se A Mulher, escrita com maiúscula, é impossível de identificar como tal, uma vez que "não existe", isso não impede que a condição feminina exista. Com isso não designo as diferentes misérias que a sociedade, ao sabor das épocas, pôde impor às mulheres, nem tampouco as que elas mesmas causam a alguns de seus objetos, mas o destino dos sujeitos chamados a sustentar o peso do A barrado cuja escrita Lacan nos propõe, em sua diferença do sujeito barrado, $. Depois, porque a aplicação da lógica russelliana que Lacan impõe à problemática da mulher é tão pouco enunciada a partir de lugar nenhum quanto a lei do mestre: seu dito é questionável nela. E, assim como a lembrança de uma metade de frango em seu livro de leitura talvez tenha fixado, para Lacan, a intuição originária que precedeu sua elaboração da divisão do sujeito, convém supor que sua idéia primeira do outro sexo tenha sido questionada aqui. Assim, interessei-me por todas as formulações que, muito antes de sua invenção do não-todo, Lacan deu da mulher. Há muitas. Escolhi uma.

Uma observação no seminário sobre *A transferência* me intrigou. Ocorreu-me como uma fortuna inesperada. Chegando a Claudel pelo caminho de um reexame do Édipo, Lacan assinala de passagem que, com seus personagens femininos, Claudel, inábil, erraria o alvo da mulher. No entanto, atribui-lhe o mérito de uma exceção, em *Partage de Midi* [*Partilha do meio-dia*], texto em que, com Ysé, diz Lacan, ele teria conseguido criar um verdadeiro personagem de mulher. Bela oportunidade para procurarmos a marca pela qual ele acredita reconhecê-la!

A peça, evidentemente, assim como a obra de Claudel, é hoje bastante desprezada. Talvez ele seja demasiado poeta, ou cristão fervoroso, ou sutil, não sei. Essa peça,

Partilha do meio-dia, na qual sabemos que nem tudo era ficção para Claudel e que foi reescrita por ele três vezes, discorre sobre a impossibilidade do amor, que não é o amor impossível. Sua construção é, ao mesmo tempo, muito apurada e muito simbólica: três atos, três locais, três visões, três homens e uma mulher. Ysé é esposa e é mãe de dois meninos, mas anuncia: "Sou o impossível."[3] De Ciz é seu marido. Digamos que ele é atarefado: parte em busca da fortuna. Amalric, o homem de um primeiro encontro malogrado, é o realista e o ateu, aquele que mais faz tomar do que ser tomado. A Ysé, que, no Ato I, brincando a sério, lhe pergunta: "Ela se entrega a você e recebe o quê, em troca?", ele responde:

> Isso tudo é refinado demais para mim. Diabos, se um homem tivesse que
> Se atormentar preciosisticamente o tempo todo por sua mulher, para saber se de fato avaliou bem
> A afeição merecida por Germaine ou Pétronille, averiguando o estado de seu coração, que trabalheira![4]

Em suma, ele lhe diz: "Eu sou o Homem."[5] E há ainda Mesa, que já providenciara seu retiro do convívio dos homens, aquele que busca Deus e encontra a mulher. Quanto a ela, a bela Ysé — porque ela é linda, é claro —, será que nos permitirá responder à pergunta sobre o que quer, se for uma mulher de verdade?

Que quer essa mulher?

Já sabemos o que ela tem — o marido e os filhos —, e ela diz o bastante a esse respeito para sabermos que eles constituem sua felicidade e que, desde logo, ela se inscreve no vocês dialético da troca fálica. Também ficamos sabendo bem depressa que essa felicidade não é o que ela quer:

> Ahn? Ora, se me apego a essa felicidade, seja o que for que você chama assim,
> Que eu seja outra! Que me censurem se não estou pronta para sacudi-la da cabeça
> Como um desses arranjos de cabelos que se desmancham![6]

Depois, ouvimos ressoar seu pedido, um pedido muito premente que ela dirige ao esposo, no começo do Ato II. Mal havendo desembarcado na China, ele se prepara para viajar novamente, não se sabe para onde, para negócios incertos e obscuros, pois, segundo acredita, esse é o preço da fortuna.

> Ysé: Não vá.
> De Ciz: Mas, estou-lhe dizendo, é absolutamente necessário!
> ...
> Ysé: Amor, não vá. ...

Estou abreviando, mas ela insiste, depois suplica, finge estar com medo:

Pela segunda vez, eu lhe peço que não me abandone mais e não me deixe sozinha. Você me censurava por ser orgulhosa, por nunca querer dizer nem pedir nada. Pois bem, fique satisfeito. Eis-me humilhada.

Não me abandone mais. Não me deixe mais só.

Amavelmente estúpido, ele não entende nada e acha que pode se vangloriar:

Então, no fim a gente tem de confessar que precisa mesmo do marido! etc.

É quando ela lhe sussurra uma dúvida:

Não confie muito em mim.

Ele não acredita nisso, Ysé tem que esclarecer:

Não sei, sinto em mim uma tentação. ...
E peço que não me venha essa tentação, porque não convém. ...[7]

Pronto, o dito escapou. Não era contra os perigos da China que ela fazia seu apelo, mas contra a coisa mais próxima. Em síntese, Ysé lhe diz: proteja-me de mim mesma. Uma passagem suprimida na versão para o palco, e recuperada na nova versão de 1948, diz, de maneira ainda mais crua, para que serve um marido, pelo menos para Ysé:

Afinal, eu sou mulher, não é tão complicado assim.
De que precisa uma mulher
Senão de segurança, como a abelha atarefada na colméia,
Limpinha e bem fechada?
E não esta liberdade assustadora! Acaso não me entreguei?
E queria pensar que agora estaria muito tranqüila,
Que estava garantida, que sempre haveria alguém comigo
Para me conduzir, um homem ...[8]

Isso não diz qual é a tentação de Ysé. A obviedade gostaria que respondêssemos: tentação de um outro amor, talvez de um amor outro. É o que poderíamos supor, se interrogássemos não mais sua demanda, porém sua conduta. Ysé trai por três vezes, e todos os três homens. No Ato II, ela trai De Ciz, o marido obtuso que não compreende nada, com Mesa, o homem do absoluto, que ela arranca de Deus. No Ato III, está com Amalric, que a roubou de Mesa, e quem, por sua vez, ela trairá: deixando-o na inércia da vida, ela volta, num derradeiro epitalâmio, para Mesa e a morte. É a presença desta última, sempre ali, em contraponto ao amor traído ou escolhido, que impede que leiamos Claudel, se alguém tentasse fazê-lo, como Marivaux — que aliás é mal lido —, com a chave da astúcia feminina, sempre muito cômoda, é verdade.

Seria a tentação de Ysé, portanto, a do amor louco, de um amor tão total que, anulando tudo, aparenta-se com a morte? Com certeza. Ysé explica isso a De Ciz para que ele fique com ela, explica-o a Amalric para que avalie o que lhe falta, e o explica a Mesa para que ele saiba.

Diz ela a Mesa:

> Você sabe que sou uma pobre mulher e que, se me chamar de certa maneira,
> ... pelo meu nome,
> Pelo seu nome, por um nome que você conheça e eu não, ao ouvir.
> Há uma mulher em mim que não poderá impedir-se de lhe responder.[9]

E mais uma vez, no dueto admirável do Ato II:

> ... Tudo, tudo e eu!
> Então é verdade, Mesa, que existo sozinha, e eis o mundo
> repudiado, e de que serve nosso amor para os outros?
> E eis que se renuncia ao mesmo tempo ao passado e ao futuro,
> Já não há família nem filhos nem marido nem amigos,
> E o universo inteiro à nossa volta
> esvaziado de nós ...
> Mas o que nós desejamos não é criar, mas destruir, e
> que, ah!
> Não haja nada além de você e eu, e em você apenas eu, e em mim apenas sua posse e a raiva e a ternura, e destruir você, e não mais ser importunada ...[10]

Aí está, hão de dizer, o conhecidíssimo desejo de ser única — que, aliás, distingue-se da reivindicação de privilégio, que pertence ao registro da justiça distributiva — e a exaltação do amor até a morte. De fato, não é um tema novo, é até clássico (cf., por exemplo, Denis de Rougemont, *O amor e o Ocidente*). Claudel-Ysé apenas o eleva à dimensão absoluta, não do amor místico, mas de uma mística do amor, que surge ali onde Deus se retirou. É a tentação de um amor tão total, tão absoluto quanto irrespirável, que varre para longe não só as mediocridades do compromisso, mas esvazia de substância os objetos mais diletos, mata qualquer diferença e se afirma sob a forma de um aniquilamento — a ser distinguido da denegação, é claro — de todos os objetos correlacionados com a função fálica, ou seja, com a falta. É justamente essa face deletéria que Ysé evoca ao falar de sua tentação:

> Compreenda de que raça eu sou! Pelo fato de uma coisa ser ruim,
> Por ser louca, por ser a ruína e a morte e a perdição de mim e de todos,
> Não será ela uma tentação a que eu possa justamente me apegar?[11]

Mais que o simples apelo do amor, não se tratará, através dele, do apelo de algo mais radical, da tentação aniquiladora por excelência?

A marca da mulher

Pois, afinal, que quer Ysé? Seria meio precipitado concluir, a partir de suas oscilações, que ela não sabe o que quer, como é freqüente dizerem das mulheres. Suas hesitações traduzem, antes, que ela não ousa querer — no sentido da vontade assumida — aquilo que deseja no sentido do inconsciente, como Outro. Sem dúvida, ela não sabe o que é isso, exceto que se manifesta sob a forma de uma tentação, contra a qual ela recorre ao marido e a amores mais moderados. Não consegue evocá-la senão como o poder que barra tudo o que o Outro trouxe à luz, esse fascínio pelo abismo, "desumano e parente da morte".[12] Assim, a esplêndida Ysé, com seu belo riso e toda a sua malícia juvenil, faz-nos divisar um horizonte mais funesto, onde impera a aspiração mortal que rompe todo vínculo humano, que apaga os homens amados por ela e também os filhos — que a peça deixa na ausência, mas dos quais ela diz em várias ocasiões o quanto lhe são preciosos —, em nome de um anseio propriamente abissal, de uma vertigem do absoluto da qual o amor e a morte são apenas os nomes mais comuns, e para os quais o nome de gozo não seria inoportuno. Em Ysé, não é a traição que constitui a marca própria da mulher. É claro que ela trai, mas não um objeto por outro, um homem por outro; antes, trai todos os objetos que respondem à falta inscrita pela função fálica, em prol do abismo. Esse traço de aniquilação, quase sacrificial, é a marca própria que designa o limiar, a fronteira da parte "não" do todo fálico, do não-todo, Outro absoluto.

Encontro a confirmação desta hipótese no fato de Lacan, depois de evocar Ysé na página 302 do seminário sobre a transferência, referir-se ao livro igualmente esquecido de Léon Bloy, *La femme pauvre*, que ele afirma conter inúmeras anotações que deveriam interessar aos psicanalistas. Mas, vejamos: o romance termina quase que nesta frase, assombrosa para os que leram Lacan, a respeito da heroína: "Ela compreendeu até, o que não está muito longe do sublime, que a mulher só existe de verdade sob a condição de existir sem pão, sem pouso, sem amigos, sem marido e sem filhos. É só assim que ela pode forçar seu senhor a descer." A acreditarmos no autor, essa assunção da renúncia ainda deixa dois caminhos, o da santa e o da puta, conforme as duas modalidades que ele supõe infinitamente, quais sejam, a beatitude e a volúpia. Com isso compreenderíamos que o destino das mulheres deve muito à época, e que o que hoje se refugia nos pobres dramas da vida amorosa — o infinito ao alcance dos cães, dizia Céline — pode ter encontrado outro campo nos períodos de fé ardorosa. Seja como for, é esse mesmo traço de renúncia, ou, mais exatamente, de desapego pelos objetos, que podemos reconhecer em Kierkegaard, em sua abordagem da ex-sistência. É claro que se pode fazer valer esse outro gozo pelos prestígios sempre opacos do lirismo ou pelos mistérios da escrita poética, mas quero assinalar que essa marca que chamei de aniquilamento indica uma estrutura em ação. De fato, se o não-todo tem a ver com "um bem em segundo grau que não é causado por um objeto *a*" — destaco —, sua diferença só pode fazer-se valer num processo de aspecto subtrativo, que é propriamente de separação, no qual se afirma uma emancipação anuladora, no sentido libidinal do termo, em relação a qualquer objeto. Não se trata da esquiva histérica nem tampouco da ambivalência denegadora, pois as duas desvelam apenas o parêntese vazio em que entram todos os objetos do sujeito, ao passo que a visada outra apaga também esse vazio com que o objeto se sustenta. Daí, às vezes, certas aparências que cremos serem de liberdade soberana! Ver também Freud em seu texto "Sobre o narcisismo: uma introdução".

Programa clínico

A partir daí, muitas afirmações da teoria analítica, concernentes às chamadas mulheres, poderiam ser retomadas e esclarecidas numa outra vertente. A título de prospecção, darei algumas amostras delas.

Primeiro, a mulher pobre. Tal como abordada por Léon Bloy, ela permitiria restabelecer um pouco o famoso par da rica e da pobre que atormentava a fantasia do Homem dos Ratos, e que, graças aos préstimos de Freud, viu-se imortalizado na teoria analítica. Pois não é a mesma ênfase assinalar, como faz Freud, que o traço do ter ou do não ter torna a mulher apropriada à fantasia do homem, e dar-se conta de que aquela que é pobre, pobre de todos os objetos da série fálica, pode, não obstante, mostrá-la rica de um outro bem, como diz Lacan, que nada pede à fantasia do homem. Aí poderia revelar-se, sem excessos de sutileza, que a pobre é... a rica de outra volúpia ou beatitude. Isso se coadunaria com o fato de Lacan, nas páginas em que evoca essa mulher pobre de Bloy, observar que o santo que a tudo renuncia é rico — de gozo, é claro.

Depois, a mulher abstinente. Eu poderia retomar o texto que Freud consagrou à sexualidade feminina em 1931. Das três orientações prescritas à menina, segundo ele, pelo destino da famosa inveja do pênis, conservaram-se principalmente as duas últimas, a saber, o complexo de masculinidade e o que Freud chamou de atitude feminina normal. A primeira decorre, no fundo, do falicismo do ter e de sua metonímia. A segunda, que conduz à escolha heterossexual do homem como substituto do pai, desdobra-se, antes, como um falicismo do ser, "ser o falo", que torna a mulher apropriada para se fazer correspondente objetal da falta fálica do homem. Quanto à orientação que Freud enuncia em primeiro lugar, ela consiste, segundo seus termos, numa completa renúncia a toda a sexualidade. Decerto nos faltam exemplos freudianos nesse ponto, mas o destino de privação aí evocado, essa renúncia ascética como suposto efeito do despeito primário, é ambíguo, pois, se indica com clareza a elisão do desejo sexual — não apenas em ato, mas até na fantasia —, deixa perfeitamente indeterminada a questão da relação com o gozo outro.

Isso me leva a reinterrogar o lugar da fantasia para o sujeito que se situa do lado feminino, e que pode — não nos esqueçamos, se ficarmos com a tese de Lacan — ser anatomicamente homem ou mulher. Se a fantasia é aquilo que tampona a castração com um objeto de mais-gozar, o sujeito só tem fantasia na medida em que ela esteja inscrita na função fálica, na lógica da castração. Nesse sentido, o não-todo como tal não pode ser pensado como sujeito na fantasia. Porventura não é isso que diz Lacan, ao apontar, no seminário *Mais, ainda*, que é somente do lado homem que o objeto *a* é o parceiro que supre a falta da relação sexual? (O fato de a fantasia, como de resto as pulsões parciais, ter sido descoberta por Freud a partir dos ditos das histéricas não constitui uma objeção, porque a histérica como tal não está no registro do não-todo, mas sim identificada com o que está sujeito à castração, ou seja, como diz Lacan, "homossexual ou fora do sexo".[13]) Aqui se enxertaria a questão do filho como objeto e de seu lugar no esfacelamento do A [*La*] barrado, entre a relação com o falo e o silêncio do S(A).

Por outro lado, conviria dar peso à afirmação lacaniana de que a mulher só tem inconsciente "lá de onde o homem a vê",[14] o que deixa o dele numa estranha suspensão, se nenhum saber vier responder-lhe e se ele ex-sistir no Outro, que, desse modo, "faz com que ela não saiba nada".[15]

Mais essencialmente, porém, será que cabe pedirmos a tal sujeito que queira o que ele deseja, que consinta em que a coisa queira nele, a partir de um não-sabido desertado de todo e qualquer objeto, muito embora o consentimento na destituição final da análise seja condicionado pela visão geral que se tem do objeto? Creio que, na realidade, ou seja, na prática, os analistas têm antes como propensão, e talvez como recurso, sugerir-lhe agarrar-se ao todo fálico, sob suas diversas formas — e elas são muitas. Pelo menos, é assim que explico a mim mesma sua parcialidade benevolente, sumamente visível, pelo *conjugo* e pela maternidade. Tenho até algumas razões para pensar que Lacan não funcionava de outra maneira. Mas isso não exclui a questão dos traços diferenciais do término. Comumente, a desidentificação e a desfalicização do término da análise não deixam o sujeito desarrimado: sejam quais forem as vacilações que ele tenha tido de atravessar em seus momentos de passe, ele logo reencontra uma base, porque continua lastreado pelo objeto — o objeto em sua consistência de gozo. O mesmo se poderia formular em termos de sintoma fundamental, mas não é forçosamente assim para o A [*La*] barrado, além de sua captura na função fálica. Questão a ser examinada.

Que diz dela o inconsciente?

A pergunta se justifica, na medida em que o inconsciente é um saber. E ele o é, tanto quanto é decifrado nos ditos do analisando ou analisanda.

A descoberta de Freud quanto à sexualidade foi mal acolhida na cultura. Podemos perguntar-nos por quê. Habitualmente, evocam-se os costumes da época, mas não é certo que eles tenham sido os únicos responsáveis. Seja como for, Freud foi acusado, como é notório, de pansexualismo. Mas é um pansexualismo curioso, pois o sexo que dizem estar em toda parte não está, a bem da verdade, em parte alguma. Refiro-me ao Sexo a ser escrito com letra maiúscula, para designar, como faz a língua francesa, essa metade dos seres falantes que chamamos de mulheres. No inconsciente decifrado por ele, Freud descobre que o outro Sexo, que inscreveria a diferença feminina, não existe. Isso é impressionante, e podemos acompanhar o processo pelo qual ele se esforçou por supri-lo, a fim de explicar a heterossexualidade.

A mulher freudiana

Já em 1905 ele descobriu as pulsões, mas como pulsões parciais. Daí a idéia da "perversão polimorfa" originária, que quer dizer: não há pulsão genital no inconsciente. A criança realmente constrói teorias quanto à relação entre os sexos, mas, tal como Cantor,[1] inventa-as. Ela as constrói a partir da metáfora da pulsões parciais de que tem experiência. Ora, estas nada dizem sobre a diferença entre homem e mulher, encontram-se tanto no menino quanto na menina, e deixam intacta a questão de saber o que distingue a essência da mulher.

Em seguida, Freud se apercebe da prevalência de um significante único, o falo — no dizer dele, o pênis. Daí sua formulação da diferença em termos anatômicos, constantemente sustentada: ter ou não ter o pênis. É assim que ele constrói a grande tese — motivo de escândalo para as feministas — que faz da falta fálica o princípio dinâmico de toda libido, e que afirma que a identidade sexuada do sujeito é forjada a partir do medo de perdê-lo, naquele que o tem, e da vontade de tê-lo, naquela que é privada dele. Ao fazer do complexo de castração a encruzilhada do tornar-se homem ou mulher, Freud introduz, ao menos implicitamente, a idéia de uma desnaturação do sexo no ser humano. O ser sexuado do organismo, que aliás não se reduz à anatomia, não basta para criar o ser sexuado do sujeito. Prova disso, aliás, é a inquietação constante e muito perceptível dos sujeitos quanto a seu grau de conformidade sexuada. Assim, quase não há mulher que não se preocupe, pelo menos episodicamente, com sua verdadeira feminilidade, nem homem que não se inquiete com sua virilidade. Sem falar do transexual, que tem certeza de que houve um erro na anatomia e de que ele é realmente do sexo contrário a esta.

Enfim, em matéria de "escolha objetal", tudo começa com o narcisismo. Foi o que Freud percebeu em 1914, com seu texto "Sobre o narcisismo: uma introdução", e que Lacan retomou com seu estádio do espelho. O primeiro objeto é o próprio eu, substituído depois pela escolha homossexual do semelhante.

É aí que Freud convoca o Édipo, para explicar o tornar-se homem ou mulher. O mito visa a fundar o par sexual, através das proibições e dos ideais do sexo.

Com base nisso, que é uma mulher, para Freud? Sabemos que ele distingue três evoluções possíveis, derivadas da inveja do pênis; somente uma das quais lhe parece levar à verdadeira feminilidade. O que equivale a dizer que, para ele, nem todas as mulheres são mulheres. Quando se diz "todas as mulheres", o que prevalece é a definição do registro civil. Ela própria é comandada pela anatomia, desde o nascimento: quando existe o apêndice fálico, diz-se "é menino"; quando não existe, diz-se "é menina". O falocentrismo do registro civil precede ao de Freud, evidentemente! Mas, quando se diz que "nem todas são mulheres", faz-se uma referência implícita a uma essência da feminilidade que escapa tanto à anatomia quanto ao registro civil, e cuja proveniência podemos questionar. Sua definição freudiana é clara e simples. A feminilidade da mulher deriva de seu "ser castrada": mulher é aquela cuja falta fálica a incita a se voltar para o amor de um homem. Primeiro é o pai, ele próprio herdeiro de uma transferência do amor primordialmente dirigido à mãe, e depois o cônjuge. Em resumo: ao se descobrir privada do pênis, a menina torna-se mulher quando espera o falo — ou seja, o pênis simbolizado — daquele que o tem.

Aqui, portanto, a mulher é definida unicamente pelas vias de sua parceria com o homem, e a questão é saber quais são as condições inconscientes que permitem a um sujeito consentir nisso ou não. É aí que as feministas protestam, rejeitando o que percebem como uma hierarquização do sexo. A objeção feminista não esperou pelos movimentos contemporâneos em prol da libertação das mulheres. Surgiu no próprio círculo de Freud e foi transmitida por Ernest Jones. Fez-se em nome da igualdade de princípio e denunciou a injustiça que haveria, ao fazer da falta fálica o núcleo do ser feminino, em colocá-lo sob o signo de um valor menor. Para Freud, essa objeção era evidentemente homogênea ao que ele chamava de reivindicação fálica, mas isso não decide sobre sua validade.

Lacan freudiano?

Quando Lacan retomou essa questão, alguns anos depois de haver malogrado a querela sobre a prevalência do falo no inconsciente, que tivera lugar em torno de Jones e alguns outros, ele seguiu uma via transversa, que não foi a de Freud.

Aparentemente, no entanto, seguiu integralmente a tese freudiana. A primeira página do texto "A significação do falo", por exemplo, reafirma com vigor a prevalência do complexo de castração no inconsciente e no devir sexual. Sabemos, diz ele,

> que o complexo de castração inconsciente tem uma função de nó: 1º na estruturação ... dos sintomas ..., 2º numa regulação do desenvolvimento ..., ou seja, a instalação, no sujeito, de uma posição inconsciente sem a qual ele não poderia identificar-se com o tipo ideal de seu sexo, nem tampouco responder, sem graves incidentes, às necessidades de seu parceiro na relação sexual, ou até mesmo acolher com justeza as da criança daí procriada.[2]

Isso é categoricamente freudiano: a possibilidade do par heterossexual e a maternidade feliz são reguladas por uma identificação ideal que é condicionada pelo complexo de castração. Lacan não apenas retoma a tese de Freud, como também explica por quê. É como uma aposta na orientação correta de Freud. Essas teses são tão surpreendentes, tão paradoxais, diz ele, que realmente convém supor que se tenham imposto àquele que foi o único capaz de descobrir o inconsciente, e que, portanto, tinha um acesso singular a esse inconsciente. Nesse ponto, Lacan retoma, condensa e esclarece a tese freudiana, ao mesmo tempo que se esforça por apreender sua inteligibilidade: não é do pênis que se trata, mas do falo, ou seja, de um significante que, como todo significante, tem lugar no discurso do Outro, sempre transindividual. Exceto por essa conversão, que, em certos aspectos, muda tudo no que ele mesmo chama de "a querela do falo", Freud e Lacan parecem caminhar de mãos dadas para afirmar o "falocentrismo" do inconsciente.

Na verdade, há duas etapas nas elaborações de Lacan sobre essas questões. A primeira, a mais freudiana, situa-se nos anos em torno de 1958, durante os quais ele produziu "A significação do falo" e suas "Diretrizes para um Congresso sobre a sexualidade feminina". Em seguida vêm as teses mais manifestamente inovadoras dos anos de 1972-73, com "O aturdito" e o seminário *Mais, ainda.*

Mas as fórmulas lógicas ditas da sexuação, produzidas em 1972, não objetam ao falocentrismo do inconsciente. Nelas Lacan refuta o Édipo como mito e comédia do "Pai-Orango, do perorante Otango",[3] para reduzi-lo unicamente à lógica da castração; acrescenta que essa lógica não regula todo o campo do gozo: há uma parte dele que não passa pelo Um fálico e que permanece, real, fora do simbólico. Dizer que A mulher não existe é dizer que a mulher é apenas um dos nomes desse gozo, real. Quanto às mulheres, que, por sua vez, existem, aquelas que o registro civil considera como tais em função da anatomia, nem por isso deixam de ficar sob o efeito da primazia do falo. Dizê-las não-todas na função fálica, reconhecer-lhes um outro gozo que não o ordenado a partir da castração, não equivale a lhes creditar uma "natureza antifálica" qualquer. Lacan precisou isso, para evitar mal-entendidos. Na controvérsia do falo, portanto, ele se coloca do lado de Freud, muito explicitamente, para afirmar, "com base em fatos clínicos",[4] que a aparência fálica é o significante-mestre da relação com o sexo, e ordena, no nível simbólico, a diferença entre homens e mulheres, assim como suas relações.

Portanto, será preciso interrogar o que se passa com as mulheres num nível triplo. O da dialética em jogo no nível do desejo sexuado, bem como o dos disfarces de seu gozo fálico, tanto na realidade comum quanto na relação sexual, e, por último, o dos efeitos subjetivos desse gozo suplementar que a feminilidade furta e que faz dela, não um outro sexo, mas o Outro absoluto. E isso só pode ser abordado a partir dos caminhos dos ditos das mulheres.

A lei do desejo

Com efeito, desde o começo, embora protestasse seu freudismo, Lacan começou a remanejar os termos freudianos. Primeiro porque o pênis, reconhecido em seu valor de significante, mudou de função. O falo, significante da falta, efetivamente se presta para representar, além da diferença sexual, a falta-a-ser gerada pela linguagem para todo e qualquer sujeito, e com isso é restabelecida a paridade na falta.

Em seguida, Lacan introduz uma nova distinção. Cito-o: "As relações entre os sexos giram em torno de um ser e um ter o falo." "Ser o falo", eis uma expressão desconhecida do pensamento freudiano. Obviamente, ela impõe uma transformação ao binário "ter ou não ter" a que se atinha Freud. Mas não é que ela o contradiga. Antes, a argumentação de Lacan destaca que, na relação entre os sexos, ter ou não... o pênis só criam o homem ou a mulher por meio de uma conversão. Freud enfatizava a demanda de amor como propriamente feminina. Lacan, por uma ligeira defasagem, ressalta que, na relação dos desejos sexuados, a falta fálica da mulher vê-se convertida no benefício de ser o falo, isto é, aquilo que falta ao Outro. Esse "ser o falo" designa a mulher como aquela que, na relação sexuada, é convocada ao lugar do objeto. No amor, graças ao desejo do parceiro, a falta se converte num efeito, por ser quase compensatória: a mulher se transforma no que não tem. Isso significa que, desde aqueles anos, para Lacan, a falta feminina já estava positivada.

Sem dúvida, há nesses textos uma resposta implícita e não desenvolvida à objeção de inspiração igualitária. Mais que uma resposta, alguma coisa que situa sua lógica. Mas, poderia um defensor desse protesto, fosse quem fosse, satisfazer-se ao vê-lo gratificado por um ser fálico? Não é certo. Porque a mulher só é o falo no nível de sua relação com o homem. É sempre para um outro, nunca em si, que se pode ser o falo, o que nos reconduz a sua parceria com o homem, já acentuada por Freud. A formulação de Lacan certamente enfatiza, ao mesmo tempo, o desejo e a demanda feita ao homem, mas mantém uma definição do ser feminino que passa pela mediação obrigatória do sexo oposto. Daí a série de suas formulações sucessivas para especificar o lugar "da mulher". Todas fazem dela o parceiro do sujeito masculino: ser o falo, isto é, o representante do que falta no homem, depois ser o objeto causa de seu desejo e, por fim, ser o sintoma em que seu gozo se fixa. Todas, como vemos, definem a mulher como relativa ao homem e não dizem nada sobre seu possível ser *em si*, mas apenas sobre seu ser para o Outro. Essa variação subjaz implicitamente a todas as elaborações sobre a sexualidade feminina.

Se questionarmos o que a condena a esse ser, digamos, relativo, sem se contentar com uma vaga alusão à definição diferencial dos significantes, cara aos estruturalismos — no caso, aos do sexo —, uma resposta se imporá com bastante simplicidade: no corpo a corpo sexual, o desejo do homem, indicado pela ereção, é uma condição necessária — talvez até mais que necessária, já que o ato de violação faz dela uma condição suficiente. Tanto assim que, na falta de seu desejo, pode haver toda sorte de jogos eróticos, mas nada do que se chama fazer amor. Nesse sentido, a chamada relação sexual coloca o órgão erecto do desejo masculino na posição dominante e, com isso, a mulher só pode inscrever-se nessa relação no lugar do correlato desse desejo. Não admira, portanto, que tudo o que se diz da mulher seja enunciado do ponto de vista do Outro e mais se refira a sua aparência que a seu próprio ser, permanecendo este como o elemento "foracluído" do discurso.

Elementos de clínica

Quanto a isso, poderíamos evocar diversos fatos clínicos muito precisos, no nível da fala das mulheres. Em especial a grande queixa da filha em relação à mãe, a quem ela censura por não lhe haver transmitido nenhuma habilidade com a feminilidade.

Essa queixa nem sempre é direta, claro. Pode assumir a forma de uma denúncia da não feminilidade ou do excesso de feminilidade da mãe; também pode tomar emprestados, o que é mais freqüente, os desvios da metonímia, que substitui uma censura por outra. E, num dado sujeito, a deploração por não ter aprendido os segredos da boa cozinheira servirá, por exemplo, para dizer que o "truque" sexual não lhe foi transmitido. Também poderíamos evocar o tão freqüente protesto da histérica contra a sujeição ao Outro, não sendo seu sonho de autonomia outra coisa senão o complemento egóico da alienação que resulta de sua demanda.

É também no nível da metáfora fálica da mulher que se baseia o que há de mais aceitável na objeção feminista. Quando denuncia a coerção original que as "imagens e símbolos" de uma cultura exercem sobre as mulheres, ela não está errada — e foi um mérito próprio de Lacan admiti-lo, diferentemente de Freud. A mulher é uma invenção da cultura, "histórica", que muda de feição conforme as épocas.

Só que não convém esquecer que essa sujeição é função da demanda intrínseca na relação social. Vê-se aí em ação uma lógica que aflora em algumas posições atuais das mais extremistas entre as feministas norte-americanas. Um número de *TLS* de setembro[5] apresentou um resumo ferozmente irônico do livro de uma certa Marianne Hexter. Com efeito, sua tese chega a extremos, uma vez que, a propósito das questões do estupro e do assédio sexual, ela pretende suprimir a fronteira que a maioria de suas irmãs de sexo reconhece como limiar dos abusos, a saber, a do não-consentimento. Hexter vê nisso apenas uma sutileza inútil e, havendo ou não consentimento, denuncia a relação heterossexual em si mesma como causa fundamental da alienação feminina. Na verdade, o exagero pode levar ao riso, mas não deixa de ser lógico, já que a alienação em causa é função da inscrição na demanda sexual.

Freud não teve que conhecer as verdadeiras feministas rígidas e inflexíveis do final do século XX. Lamento, porque é muito divertido imaginar qual teria sido seu comentário. O certo é que, ao produzir seu "complexo de masculinidade", ele não o fez sem certo desprezo, deixando transparecer um toque de clara reprovação. A seus olhos, o único destino conveniente para uma mulher, aquele que poderíamos chamar de "assunção da castração", era ser mulher de um homem.

Lacan, ao contrário, que sempre se esforçou por distinguir o psicanalista e o mestre, tentou abordar essas questões sem recorrer às normas deste último e se ater apenas às restrições estruturais. Essa orientação prevalece, por exemplo, quando ele afirma, a propósito das mulheres, não lhes impor a "obrigação" da relação com a castração que condiciona o vínculo sexual com o homem.[6] Aos olhos do psicanalista, com efeito, só é obrigatório o que é impossível de evitar. Ora, a relação entre os sexos não passa de possível. Daí a parcela de abuso que há na posição freudiana, muito normativa e, portanto, também obsoleta.

Podemos indagar-nos sobre a origem dessa divergência entre Freud e Lacan. Será que é uma simples questão de gosto, ou de preconceitos, havendo-se possibilitado o maior liberalismo de Lacan pela evolução das mentalidades? É provável que a época não deixe de ter algo a ver com isso, mas ela não explica tudo. Antes, creio que, ao elaborar mais do que Freud os termos estruturais, Lacan conseguiu isolar mais do que ele as imposições lógicas, em sua diferença das normas sociais. Utilizo o termo "liberalismo", mas guiarmo-nos pelo real não é liberalismo, mesmo que isso nos livre da norma. O argumento feminista, de todo modo, também muito normativo, certamente não livrará as mulheres de sua cruz... fálica. Livra-as, é claro, de se defenderem dos homens. Evitar os homens é possível para as mulheres, e cada vez mais. De fato, o desenvolvimento da ciência lhes fornece meios inéditos, pois, ao permitir que se desvincule a procriação do ato carnal, abre caminho para maternidades sem homens. Lacan o atesta — é uma questão de gosto e, nessa matéria, é possível ser liberal —, mas nem por isso elas se aliviarão da problemática fálica. Evitá-la é impossível para quem fala como tal: a partir do momento em que o significante está no Outro do discurso, ele entra em jogo desde a mais ínfima demanda, feita a seja que outro for, homem ou mulher, a começar, muito especialmente, pela mãe, que é determinante nisso, como bem percebera Freud.

"Ares de sexo"

A dialética fálica comporta imposições para quem nela ingressa. Em especial, dirige o que bem poderíamos chamar de comédia dos sexos, que obriga cada um dos parceiros a "bancar o homem" ou "bancar a mulher", e a passar por um parecer que "substitui o ter, para, de um lado, protegê-lo e, de outro, mascarar sua falta ...". No baile do Outro, a mascarada feminina e a parada [*parade*] viril respondem uma à outra com passos marcados. Em benefício do riso, sem dúvida, mas sem simulação. O recalcamento do falo, que ordena a relação entre o homem e a mulher, cava o lugar em que o "parecer"[7] é mestre. Mas não nos enganemos quanto ao parecer: o ser é seu irmão siamês.

A mascarada [*masquerade*], para retomar a expressão de Karen Horney, é um efeito de véu, mas não dissimula: antes, trai o desejo que a orienta.[8] Isso significa que a interpretação não passa por trás do véu, mas conclui, pelo que nele se desenha das demandas do Outro, sobre aquilo que as habita. Todas as práticas dos adereços, na medida em que manobram o parecer, revelam a afinidade entre o objeto e seu envoltório. Mesmo no nível da causa do desejo, portanto, o hábito faz o monge. O objeto só pode destacar-se sempre mascarado, porque só é objeto na medida em que o Outro reconhece nele suas marcas. Razão por que Don Juan é um mito. Não posso dizer o que és para mim, diz o sujeito. Acrescentemos, dirigindo-o ao objeto, um: mas tu me mostras o que sou... Felicidade!

Em geral, gostamos dos bailes de máscaras. Deve ser como o garotinho que brinca de reproduzir o *Fort-da* que sofre. Mas Lacan se comprazia em repeti-lo: no fim do baile, não era ele e não era ela. Mas, será que algum dia existe um fim do baile? Não era ele, não era ela: a distância entre o semblante [*semblant*] e o real só é evocada aí pela negação, e a própria imaginação "bem-aventurada" teria muita dificuldade de apenas representar um "se fosse ele, se fosse ela". Então, viva a comédia, a única que é recíproca! Não era ele, não era ela, mas, mesmo assim, era isso.

À questão de saber até onde vai o império do semblante na relação entre os sexos, Lacan respondeu, em 1958: até o ato de copulação. Não além, portanto. O toque do Outro com que se desnatura a alteridade do sexo não poupa a intimidade da alcova, e a máscara não é uma roupa que se tire ao transpor a porta, pois não existe porta além da qual a suposta natureza recupere seus direitos. Como seriam poupados os efeitos de gozo? Prova disso é a frigidez feminina, resultante, para o Lacan dos anos de 1958-60, de uma defesa a ser concebida "na dimensão de mascarada que a presença do Outro libera no papel sexual";[9] e também a opção homossexual, esta pensada como uma resposta à decepção da demanda.[10] O que equivale a dizer que as identificações, efeitos de um desejo, são também causa, se não do gozo sexual, pelo menos das vias que conduzem a ele.

A divergência dos sexos, no tocante ao semblante fálico, repercute numa dissimetria nas maneiras masculina e feminina de fazer esforço para agradar, como se costuma dizer: um desfila como desejante, a outra como desejável, e a língua conserva um vestígio do limiar em que se detém o que chamei de "unissexo", seja qual for seu império. De um lado, portanto, a exibição ostentatória, com sua nuance de intimidação defensiva. Aliás, do verbo *parer* [adornar, enfeitar] à parada [*parade*] viril existe a mesma etimologia, não estando longe a conotação militar, e a seriedade sempre presente. Do outro lado, a armadilha disfarçada, com seu toque de (ph)alácia, astúcia e... derrisão. Um se enfeita com plumas de pavão, a outra, ou melhor, a uma, faz-se de camaleão. Fazer consentir e fazer desejar se dão a esse preço. As maneiras variam, é claro, mas persiste a estrutura que sempre envolve o ponto de falta do sujeito, sem dar margem a nenhum novo tratado de sedução.

É compreensível que seja na mulher que a mascarada é mais visível, chegando até a uma abnegação, uma *Verwerfung*, diz Lacan, de seu ser. Pois, nesse aspecto, não há nenhuma simetria entre os sexos. Não nos esqueçamos de que "as imagens e símbolos *na* mulher não podem ser isolados das imagens e símbolos *da* mulher",[11] no dizer de Lacan. "Imagens e símbolos": essa expressão antecipou-se ao termo semblante, introduzido muito depois, e a própria frase inscrevia na subjetividade feminina o que originalmente se aloja no Outro.

No entanto, por que dizê-lo mais da mulher que do homem? Acaso os veredictos do Outro também não têm peso para ele, e não poderíamos objetar, sem contradição, que as imagens e símbolos no homem não podem ser isolados dos do homem? Na verdade, também existem os semblantes da virilidade, induzidos desde a infância, sobretudo pelas mães que, em sua inquietação quanto ao futuro dos rebentos, avaliam-nos de antemão por seu ideal de homem e, em geral, impelem-nos a encarnar o padrão masculino. É claro que existem exceções, para não falar das anomalias. Às vezes vemos mães que impelem o filho a bancar "a menina", mas isso não é o mais freqüente, e é uma função da patologia própria da mãe.

No essencial, todavia, a parada viril e a mascarada feminina não são homólogas. A tal ponto que a própria parada viril "feminiliza",[12] revelando a regência do desejo do Outro. A dissimetria, aqui, prende-se ao fato de que a mulher, para se incluir no casal sexual, deve não tanto desejar, mas fazer desejar, ou seja, moldar-se às condições de desejo do homem. A recíproca não é verdadeira. Nas mulheres, portanto, a instância do semblante é acentuada, ou até duplicada por seu lugar no casal sexual, que as obriga estruturalmente, digamos, a se vestirem com as cores ostensivas do desejo do Outro. Para dizê-lo de outra maneira, sendo o falo um termo sempre velado, digamos, recalcado, as condições do desejo permanecem inconscientes para todos. É nessa hiância do recalcamento que o imaginário prolifera, os ideais do sexo ganham vigor e se desdobra a demanda de amor, que, ela sim, é formulável.

Toda uma indústria se esforça, é claro, por alimentar o mercado sexual, por padronizar as condições imaginárias da fantasia do desejo masculino. Consegue fazê-lo, em parte, mas isso não impede — e é justamente o que a psicanálise revela — que existam condições imaginárias particulares para cada um. O resultado é que a sedução não é uma simples técnica, mas uma arte, talvez, que nunca depende unicamente dos automatismos programados pelo imaginário coletivo. O "fazer desejar" que é próprio das mulheres não escapa, portanto, às interferências do inconsciente, sempre singular, e o recurso frente a seu mistério é a mascarada, que joga com o imaginário para se ajustar ao Outro e cativar esse desconhecido que é o desejo. O próprio homem só é induzido a isso, aliás, na medida em que entra nessa demanda, isto é, na medida em que não deseja apenas sexualmente, mas quer, além disso, o consentimento e, mais até que o consentimento, a resposta do desejo outro.

O desejo feminino interpretado

Se a mulher se inscreve no par sexual apenas por "se deixar desejar", sua posição como parceira do desejo masculino deixa na obscuridade a questão do desejo próprio que condiciona esse consentimento. Daí a obstinação de Freud, que não renuncia a sua afirmação sobre a menina — "Ela o viu, ela o quer" —, mas, assim mesmo, termina com sua famosa pergunta: "o que quer a mulher?"

A expressão do desejo feminino é problemática, de fato. A doutrina freudiana tem ao menos o mérito de destacar a distinção entre todos os desejos possíveis para as mulheres e o que seria propriamente um desejo feminino. Uma única libido, diz ele. É que o desejo como tal é um fenômeno do sujeito, ligado à castração. Daí sua correlação essencial com a falta-a-ter, que nada tem de especificamente feminina. É nesse aspecto, aliás, que a noção de "complexo de masculinidade" é não só maculada pelo preconceito, mas conceitualmente confusa. Tudo o que concerne ao desejo de adquirir, de se apropriar, é igualmente válido em relação ao homem, como metonímia de seu ter fálico. Em nome do que o desejo de ter seria proibido às mulheres, quer se trate de fortuna, poder, influência ou sucesso, em suma, de todas as chamadas buscas fálicas da vida cotidiana? Nesse ponto, a diferença entre Freud e Lacan é muito sensível. Lacan não era rude com as mulheres, nem em seus textos nem em suas análises, e era pouco inclinado, ao que parece, a desestimulá-las de adquirir tudo que lhes desse vontade, por menos que isso fosse possível. Só que esse anseio, inerente ao sujeito, não tem nada de propriamente feminino, e o desejo da mulher como tal, se é que existe algum sentido em evocá-lo, seria outra coisa.

Freud viu nele apenas uma variação do desejo de ter — sob a forma de ter o amor de um homem ou o filho fálico. Afora isso, entregou os pontos. Nas três soluções freudianas para a já evocada inveja do pênis — renúncia, masculinidade e feminilidade —, convém ressaltar que, no terceiro caso, o da chamada evolução normal, o sujeito não renuncia ao ter fálico como no primeiro. A mulher-mulher, segundo Freud, distingue-se pelo fato de, ao contrário do segundo caso, não se propor autoproporcionar-se o substituto fálico; ela o espera de um homem, especialmente sob a forma do filho. Não renuncia, mas consente em passar pela mediação do parceiro. Assim, no fundo, a mulher freudiana é aquela que concorda em dizer: obrigada.

Isso obviamente implica, embora Freud não o formule dessa maneira, uma subjetivação da falta que supõe que ela aquiesça na distribuição injusta do semblante — nada de reivindicação — e que também admita ficar à mercê do acaso do desejo do homem.

As formulações de Lacan não objetam a isso, muito pelo contrário, já que ele diz que "é a ausência do pênis que faz dela o falo".[13] O que equivale a dizer que ela só é objeto sob a condição de encarnar para o parceiro a significação da castração, e de se apresentar sob o sinal do menos — razão por que Lacan deu tamanha importância a *La femme pauvre*, de Léon Bloy, de que falei acima. A formulação é generalizável: é a falta — pênis ou não — que faz o objeto existir. É o que acontece com o próprio homem Sócrates, que, ao exibir a falta de seu desejo, torna-se objeto da transferência de Alcibíades.[14] Assim, possivelmente está acessível a qualquer um, homem ou mulher, a carreira de ser homólogo de uma mulher, ou seja, aquilo que se acopla ao Um à maneira do objeto.

Entretanto, para a mulher, assim como para tudo que se oferece no lugar do objeto, inclusive o analista, o ser objeto ainda não diz nada sobre os objetos que ela tem, os que causam seu próprio desejo e o que a torna apropriada a seu lugar na relação. Nesses pontos, Lacan afasta-se de Freud e, onde este renunciara à empreitada, aceita o desafio.

A mulher não é a mãe

Para começar, por sua recusa a interpretar a mulher pela mãe e a ratificar a depreciação freudiana. Para Freud, sabemos perfeitamente, o amor de um homem culmina no filho esperado, à margem da relação sexual, como único objeto "causa de desejo" para a mulher. Mas responder à questão do desejo sexuado da mulher pela progenitora é muito paradoxal. O filho decerto é um objeto *a* possível para uma mulher, só que decorre da dialética fálica do ter, que não lhe é própria, e só raramente satura o desejo sexual; o ser propriamente feminino, se é que existe, situa-se noutro lugar.

Entre a mãe e a mulher existe um hiato, aliás muito sensível na experiência. Às vezes, o filho fálico é passível de tamponar, de silenciar a exigência feminina, como vemos nos casos em que essa maternidade modifica radicalmente a posição erótica da mãe. No essencial, porém, o dom do filho só raramente permite fechar a questão do desejo. O filho, como resto da relação sexual, realmente pode obturar em parte a falta fálica na mulher, mas não é a causa do desejo feminino que está em jogo no corpo a corpo sexual.

É que não basta dizer que ela se presta ao desejo do Outro; resta ainda interrogar o desejo que sustenta esse consentimento. Na medida em que ele não se reduz à demanda de ser a falta do Outro, sua causa sexuada se situaria, antes, do lado dos atributos que ela preza em seu parceiro,[15] como diz Lacan graciosamente, ou seja, do lado do órgão masculino que o significante fálico transforma em "fetiche" e promove à categoria de mais-de-gozar.[16] Em resumo, portanto, na medida em que o gozo da copulação é "articulado por um mais-de-gozar", causa do desejo, se é o objeto *a* da fantasia que desempenha esse papel para o homem, para a mulher o que o faz é o semblante fetichizado tirado do parceiro. Dessa primeira dissimetria resulta uma segunda: para o homem, a parceira fica sendo o Outro absoluto, ao passo que, para a mulher, ele se torna um amante castrado.

Ainda mais além dessa declinação renovada do falicismo feminino, Lacan procedeu a uma espécie de dedução de um desejo feminino específico, ao qual a mascarada proíbe todo acesso direto. Com efeito, só podemos deduzi-lo a partir do momento em que a mascarada o vela, interditando qualquer acesso direto.

Paradoxalmente, e me admira que isso não seja mais assinalado, é no fio das considerações sobre a homossexualidade feminina que ele o introduz. Sua demonstração se dá em diversos momentos. Muito longe de acentuar, na mulher homossexual, uma suposta renúncia à feminilidade, ele destaca, ao contrário, que esta constitui para ela o interesse supremo, invocando aí os fatos evidenciados por Jones, que, no dizer lacaniano, "detectou muito bem a ligação da fantasia do homem, testemunha invisível, com o cuidado que o sujeito tem com o gozo de sua parceira".[17]

Isso equivale a dizer, primeira tese, que, se a homossexual rivaliza como sujeito com o homem, é com a intenção... de exaltar a feminilidade, exceto que ela a localiza do lado de sua parceira e, por conseguinte, só participa dela por procuração. Em seguida vem uma observação sobre a "naturalidade" com que essas mulheres reivindicam "sua qualidade de homens". E por fim, Lacan conclui, em terceiro lugar: "Por aí talvez se descubra o acesso que leva da sexualidade feminina ao próprio desejo."[18] Frase notável, que evidentemente seria inaplicável ao homem, pois, para ele, o caminho vai do desejo ao ato, e não o inverso. Assim, do "bancar o homem" das mulheres, na atividade sexual ou em outra situação, Lacan deduz o desejo que as especifica, como se, em seu "bancar o homem", elas revelassem a que aspira uma mulher como tal.

Esse desejo se manifesta, diz Lacan, como "o esforço de um gozo envolto em sua própria contigüidade ..., para se realizar rivalizando com o desejo que a castração libera no macho ...".[19] Aí está, portanto, a resposta à famosa pergunta "o que quer a mulher?" Um desejo bem alheio a qualquer busca do ter, e que tampouco é a aspiração a ser que é a demanda de amor. Ele se define como o equivalente, se não de uma vontade, pelo menos de uma visada de gozo. Mas trata-se de um gozo específico, que se excetua do caráter "discreto" e, portanto, limitado do gozo propriamente fálico. Mais que um voto de alhures, um empenho, um "esforço" que rivaliza e em relação ao qual eu arriscaria de bom grado a formulação: gozar tanto quanto deseja. Assinalo, por outro lado, que a expressão "em rivalidade com", que conota a emulação, é reproduzida na página seguinte, quando Lacan observa que, na relação sexual, os "recorrentes do sexo" e os "partidários do desejo", ou seja, respectivamente, as mulheres e os homens, "se exercitam como rivais".

O Outro absoluto

Como vemos, a resposta de Lacan à questão do desejo feminino já implicava a consideração de um gozo outro, diferente do gozo chamado fálico com que nos entretém o inconsciente.

O gozo fálico, como gozo do Um, é gozo localizado, limitado e fora do corpo. É um gozo em sintonia com o significante, como ele descontínuo e fragmentado, que se presta, portanto, ao mais e ao menos, e que por isso é parceiro do sujeito como tal. É aquele que a castração deixa ao ser falante. É correlato, portanto, da falta-a-gozar, e funda o imperativo de gozo do supereu do qual se alimenta a culpa. No campo do erotismo, o gozo masturbatório do órgão fornece seu paradigma, que se desloca, no homem, até o cerne da relação sexual, enquanto, na mulher, julgou-se encontrar seu equivalente no gozo clitoridiano. Mas ele tem outras formas a serem repertoriadas, desde a dominação sobre um homem até a seriação de órgãos anônimos em nossas colecionadoras modernas. O gozo fálico não se limita, no entanto, ao registro do erotismo. Também é subjacente ao conjunto das realizações do sujeito no campo da realidade e constitui a substância de todas as satisfações capitalizáveis.

Daí uma pergunta: que lugar deixa a busca do gozo fálico ao "campo fechado" da relação sexual, e que deslocamentos na fronteira entre o amor e a copulação ela rege no discurso atual?

Será que o mapa do terno* e a agenda carregada do homem ou da mulher modernos se entendem tão bem? No campo da realidade, que a evolução das mentalidades, dos costumes e dos grupos sociais coloca cada vez mais sob o signo do unissexo,[20] as mulheres, cujos gozos foram confinados durante muito tempo, como efeito do discurso dominante, ao perímetro da casa, neste se incluindo o marido e o filho, as mulheres, dizia eu, viram abrir-se todas as portas da competição, sempre fálica. Esses remanejamentos, próprios da época, não deixam de ter repercussões nas condutas e nos ideais sexuados, assunto a que voltarei, e sobretudo não deixam de ter novos efeitos subjetivos. Na maioria das vezes, são efeitos de discordância, com a divisão do sujeito revestindo-se, nas mulheres, de uma divisão acentuada de seus gozos.

Um gozo "envolto em sua própria contigüidade" é outra coisa. Um gozo que não cai sob a barra do significante, que nada sabe do falo, e portanto não causado por um objeto *a*, é um gozo foracluído do simbólico, "fora do inconsciente". Esse gozo, que leva a crer que as mulheres não dizem tudo porque nada dizem sobre ele, será que tem uma clínica sequer concebível?

É o gozo "que a feminilidade furta", diz Lacan, expressão esta que introduz uma dupla nuance, ao mesmo tempo de apropriação e dissimulação. Com efeito, não se deve imaginar que o gozo suplementar seja ilustrado unicamente pelos místicos, com os quais, aliás, a análise tem pouquíssimo a ver. Convém também distingui-lo dos gozos que a teoria situou como pré-genitais e nos quais a criança, independentemente de seu sexo, é iniciada na relação com a mãe como objeto primordial. As pulsões parciais do pequeno perverso polimorfo certamente põem em jogo o corpo, mas obedecem à estrutura fragmentada do significante e são tão externas ao corpo quanto o gozo fálico. Nesse sentido, o pré-genital não é o gozo outro, e a relação com o corpo da mãe não é a chave desse gozo.

A questão, com ele, é a da relação sexual, ou melhor, da não-relação entre os dois gozos. É por isso mesmo que Lacan se refere a Tirésias, sem se contentar com a diferença entre gozo clitoridiano e vaginal, aproximativamente formulada pela teoria

* Tendre (fr. "ternura"): País imaginário do amor criado pela galanteria do século XVII. Seu "mapa" foi elaborado coletivamente em 1653-54 pelos habituês do salão de Mlle. De Scudéry, que o imortalizou em seu romance *Clélie, histoire romaine.* (N.T.)

analítica, para abordar seu caráter extático — único traço pelo qual ele se aproxima do gozo dos místicos. Daí o casal formado pelo idiota e pelo extasiado: o idiota, que goza solitariamente com o Um, sobretudo o do órgão; e o extasiado, ao contrário, que goza não se sabe onde e não se sabe com quê, um gozo deslocalizado e cuja causa escapa. Deste, o inconsciente, no qual só pululam os significantes e as imagens induzidas, nada sabe. Ele é sentido, manifesta-se na experiência, mas não se traduz em termos de saber. É o gozo real que se oculta por definição. Daí sua evocação numa estrutura que está necessariamente mais-além, como eu disse antes — mais-além do falo, mais-além do objeto, mais-além da consistência do dizer —, e que torna negativo tudo o que está aquém. Por isso, ele é desmedido, e o sujeito mais se vê "ultrapassado" por ele. Já o gozo fálico não ultrapassa o sujeito. Não tenho a pretensão de que ele seja homeostático, pois pode perturbar, elevar-se a um *pathos*, como sabemos, mas ele se mantém proporcional ao sujeito, assim como o objeto *a*, que certamente o divide, mas também se ajusta a sua hiância. O gozo outro, por sua vez, faz da mulher o Outro, o Outro absoluto. É por isso que Lacan pode dizer ironicamente, em *Mais, ainda*, que todo aquele que ama as mulheres, seja homem ou mulher, é heterossexual. Mas, como amar o que provoca tanto medo, desde sempre?

Que uso pode fazer o analista destas indicações? O inconsciente sabe muito, mas do gozo outro, por definição, não sabe nada. Não foi por acaso que a análise levou a enfatizar o gozo fálico, porque só o gozo que passou para o significante diz respeito a sua prática. O inconsciente não pára de articular quer a falta, quer as imagens cativantes, quer as letras em que o gozo se fixa. É também por isso que ele evidencia que existe um resto, e que o gozo nunca se diz todo. Mas isso não constitui uma objeção à análise, pois o que se pode estudar, ao contrário, são as conseqüências subjetivas, o que chamei de "mandamentos" [21] do encontro com um gozo que abole o sujeito, que o "ultrapassa",[22] deixando-o entre "uma pura ausência e uma pura sensibilidade",[23] e que só pode ser "re-suscitado",[24] sem ser transformado em significante. Esse encontro divide o ser feminino, e com isso gera defesas, recursos e exigências específicos.

Concluo, pois, que não é necessário que o inconsciente saiba mais sobre ele, pois esse mais — quantidade — só faria tornar mais lancinante o que é Outro, que não se sabe nem se imagina, mas que confina com tudo que se diz. Em matéria de gozo, "é somente ao mais-a-dizer que corresponde o não-bastante".[25]

II

CLÍNICA DIFERENCIAL

Introdução

Dizer que a mulher é o Outro absoluto é dizer que ela não será nada de tudo que se possa dizer a seu respeito, que ela fica fora do simbólico, real no duplo sentido daquilo que não se pode dizer e daquilo que se goza de não-fálico, com o Outro absoluto opondo um desmentido, por definição, a qualquer atribuição eventual.

Estará então o movimento analítico, em seu esforço de construir uma clínica da mulher, condenado a falar de outra coisa, especialmente da mãe, ou a declinar tudo o que será preciso acabar dizendo que a mulher não é? Também posso dizer que dela "tudo pode ser dito", mas no sentido do qualquer coisa: sempre haverá um exemplo possível e uma multidão de exemplos contrários. Originais, por definição. Uma raça de gozo.

A verdade é que, disso que não existe, podemos falar. "A gente a diz fêmea, a gente a di...fama,"* afirma Lacan. Coisa de que os séculos não se privaram, decerto para conjurar o assustador. Racismo dos gozos. Nada de clínica d'A mulher, a não ser imaginária e projetiva.

Entretanto, uma clínica das mulheres afetadas por serem não-todas, quer à maneira histérica, quer à obsessiva, fóbica ou psicótica, não é uma impossibilidade.

* J. Lacan, *Mais, ainda*, Rio de Janeiro: Jorge Zahar, 1982, p.114 [no original: "*On la dit, femme, on la diffame.*" (N.T.)]

HISTERIA E FEMINILIDADE

A histérica tornou-se incognoscível, aos olhos do que nos resta de psiquiatria. Mas também não convém que, a pretexto de não perdê-la, o psicanalista a reconheça em toda parte, simplesmente confundindo-a com a feminilidade. Sofremos de uma confusão clínica freqüente no que concerne à histeria: toda neurótica que se apresenta na análise é tida como histérica, quase que *a priori*, a menos que se suspeite de loucura. Esse é um erro clínico, sempre insistiu Lacan, no sentido inverso, porque a histeria é uma coisa muito precisa. Cujo paradigma ele forneceu numa análise fabulosa do chamado sonho da Bela Açougueira, relatado por Freud.

A título preliminar e para indicar o horizonte do desenvolvimento deste texto, lembro duas teses de Lacan: "A histérica", diz ele, "... é o inconsciente em exercício, que põe o mestre contra a parede de produzir um saber."[1] Observe-se que essa definição, essencial, não especifica a histérica como mulher. Implica até que em todo sujeito existe a histeria, e aqui poderíamos restituir vigor à idéia meio esquecida do núcleo histérico da neurose.

A segunda tese, muito mais tardia e surpreendente, postula que, em matéria de histeria, o homem é superior à mulher.[2] Eis algo que espanta, porque não é esse, havemos de reconhecer, o preconceito comum. Mas, então, por que esse preconceito e essa confusão com a feminilidade?

O comentário do chamado sonho da Bela Açougueira, que Lacan coloca no quinto capítulo de "A direção do tratamento", intitulado "É preciso tomar o desejo ao pé da letra", é muito instrutivo. Nessa breve passagem, verdadeira obra-prima de precisão e densidade, ele não polemiza com seus contemporâneos, como faz no restante do texto, mas expõe sua própria tese e, com esse único exemplo, faz uma demonstração tríplice: primeiro, da estrutura de linguagem do inconsciente, que fazia uns dez anos que ele vinha comentando; depois, do que é o inconsciente propriamente freudiano, como desejo expresso pela estrutura de linguagem do sonho; e por último, do que é o desejo histérico inconsciente.

A estrutura de linguagem

Lembro primeiramente o texto do sonho, desse sonho que Freud convoca para mostrar que o sonho é a expressão de um desejo, mesmo que seu enunciado descreva o malogro de um desejo, ou melhor, o malogro de um voto, de um anseio. Eis o sonho:

> Eu queria oferecer um jantar, mas não tinha nada em casa além de um pouco de salmão defumado. Quis sair para fazer compras, mas me lembrei que era domingo à tarde e que todas as lojas estariam fechadas. Tentei telefonar para alguns fornecedores, mas o telefone estava com defeito. Assim, tive que renunciar a meu desejo de oferecer um jantar.[3]

Sabemos que Lacan extraiu dos textos de Ferdinand de Saussure um matema que não se encontra neles, mas que condensa suas análises. Ele escreve o S maiúsculo do significante acima do *s* minúsculo do significado, para indicar que o significado é produzido pelo significante, que é efeito dele.

$$\frac{S}{s}$$

Isso já equivale a dizer que o significado distingue-se radicalmente do referente, ou seja, das coisas em si, do real visado quando se fala. Depois, relendo Freud com Jakobson, Lacan reconhece na metáfora e na metonímia[4] as duas operações de engendramento do significado. A metáfora, ao substituir um significante por outro, pondo S' no lugar de S, recalca o primeiro significante, fazendo-o passar para a categoria do significado. O resultado é o que Lacan chama de um efeito de sentido positivo, que ele grafa com um "mais" no nível do significado:

$$\frac{S'}{S} \rightarrow S\,(+)\,s$$

Já a metonímia combina dois significantes — e combinação não é substituição —, sem gerar um suplemento de sentido, o que Lacan escreve com um "menos" no nível do significado:

$$(S \rightarrow S') \rightarrow S\,(-)\,s$$

O sonho é uma metáfora

E Lacan passa a ler o sonho da Bela Açougueira, B.A., por meio dessa estrutura de linguagem, a qual ilustra maravilhosamente. Para sua demonstração, ele utiliza, é claro, o comentário de Freud, que concerne não apenas ao texto do sonho, mas também aos dados convocados pelas associações em torno de seu sonho.

A fatia de salmão defumado que aparece no sonho, no dizer de Freud, é uma alusão a uma amiga da sonhadora, amiga esta que alega desejar salmão, mas se proíbe de comê-lo. Ora, a Bela Açougueira faz a mesma coisa com o caviar: afirma ter vontade de comer caviar, convence o marido disso, mas insiste em que este não o compre para ela. O fato de uma mulher sonhar com caviar, isto é, com um alimento que não é vendido no açougue, já abre para outro lugar... alimentar, pelo menos. A partir daí, Freud deduz, ousadamente, que o comportamento dessas duas histéricas acopladas tem como significação o desejo de ter um desejo insatisfeito. Tudo isso precede o sonho e ainda não é da alçada do inconsciente.

Lacan não discute essa tese freudiana. Coloca-a num matema, escreve-a na estrutura significante/significado: "o desejo de caviar" é o significante cujo significado é "o desejo de um desejo insatisfeito":

$$\frac{S}{s} \quad ; \quad \frac{\text{“desejo de caviar”}}{\text{“desejo de um desejo insatisfeito”}}$$

Vê-se que Lacan não reduz o significante aos elementos da língua, já que faz do "desejo de caviar" um significante. De fato, pode-se chamar de significante todo elemento distinto, isolável e combinável com outros elementos igualmente distintos e isoláveis, que seja passível de ganhar sentido. Aqui, trata-se de "desejo de caviar", mas também poderia ser uma imagem ou um gesto. Uma bofetada, por exemplo, lembra Lacan, pode ser um significante, desde que entre numa estrutura combinatória de representações; o mesmo se dá com um chamado elemento somático, um tipo de dor corporal, como vemos nas conversões histéricas que Freud trouxe à luz.

Entretanto, o caviar de que fala Freud não aparece no sonho. O que aparece é o salmão, que substitui o caviar por efeito de metáfora, a qual faz desaparecer um significante (caviar) em prol de outro: salmão. Logo, já podemos escrever a estrutura metafórica do sonho:

$$\frac{S'}{S} \rightarrow S' (+) s \quad ; \quad \frac{\text{Salmão}}{\text{caviar}} \rightarrow \text{Salmão} (+) s$$

Cito: "Mas, que é a metáfora senão um efeito de sentido positivo, isto é, uma certa passagem do sujeito ao sentido do desejo?",[5] diz Lacan. Como vemos, o efeito de sentido positivo, isto é, o sentido positivo a mais produzido pela metáfora, não é outra coisa senão o que Freud chama de desejo do sonho, que, por sua vez, é realmente inconsciente.

$$(+)\ s = \text{desejo}$$

O sentido, portanto, é o próprio desejo. Essa frase se esclarece ao desenvolvermos os dois andares do matema do significante e do significado. Assim como a combinatória dos significantes se desenvolve em cadeia, simbolizável pelo binário S_1 e S_2, o significado, por sua vez, apresenta-se sob duas aparências. Primeiro, a significação, que é gramatical. É dela que nos servimos, em toda explicação de texto, para concordar quanto a uma frase, seguindo sua gramática, seus termos e sua definição semântica. Mas ela não esgota o significado, porque a toda significação produzida podemos perguntar, e em geral não deixamos de fazê-lo, o que ela "quer dizer". A questão concerne, pois, à meta da enunciação. Assim, há sempre um sentido excedente à significação:

$$\frac{S_1 \rightarrow S_2}{s} \quad \begin{array}{l} \rightarrow \text{significação} \\ \rightarrow \text{sentido} \end{array}$$

Ora, o "que quer dizer isso?" remete, em última análise, ao "que é que isso quer?". O problema, com efeito, não é tanto saber o que o sujeito quer nos dizer, mas o que quer esse sujeito que diz. Esse é o bê-á-bá da decifração que conduz à interpretação do desejo, e cuja estrutura de linguagem Lacan ressalta aqui, aquela sem a qual a interpretação ficaria desordenada. Retomo: o sonho, portanto, é uma metáfora que torna presente a dimensão do desejo. Mas isso ainda não nos diz o que é esse desejo como desejo inconsciente.

Não podemos ater-nos ao desejo insatisfeito de cada uma das duas amigas, uma com seu salmão, outra com seu caviar. Esse, de fato, não é um desejo inconsciente, mas um desejo pré-consciente, uma vez que se deduz simplesmente do discurso explícito da paciente. O desejo inconsciente não se deduz do discurso explícito, aproxima-se como significado através da metáfora. Logo, é preciso "ir mais-além para saber o que tal desejo quer dizer no inconsciente".

A metonímia no sonho

Antes de passar à interpretação do desejo inconsciente, detenho-me primeiro na metonímia. Façamos uma distinção entre o desejo insatisfeito e o desejo de um desejo insatisfeito. A propósito disso, há dois parágrafos difíceis. O desejo insatisfeito é expresso pelo significante "caviar", na medida em que ele o "simboliza como inacessível ...". Nesse ponto, estamos no nível do matema elementar:

$$\frac{S}{s} \; ; \; \frac{\text{caviar}}{\text{desejo insatisfeito}}$$

Mas, prossegue Lacan, "... a partir do momento em que o desejo se desliza no caviar como desejo de caviar, o desejo de caviar é sua metonímia, tornada necessária pela falta-a-ser a que ele se atém". Escrevamos essa operação com o matema significante sobre o significado:

$$\frac{\text{caviar}}{\text{d. insatisfeito}} \longrightarrow \frac{\text{d. de caviar}}{\text{d. de d. insatisfeito}} \text{. caviar} \rightarrow \text{d. caviar : (-) s}$$

O desejo de caviar é metonímia do desejo insatisfeito — e não sua metáfora. Por quê?

Lacan comenta justamente, na mesma página, o que chama de pouco de sentido da metonímia, o "menos" inscrito no nível do significado na fórmula geral.

"A metonímia", diz ele, "como lhes ensino, é o efeito possibilitado por não haver nenhuma significação que não remeta a outra significação, e no qual se produz o denominador mais comum entre elas, ou seja, o pouco de sentido (comumente confundido com o insignificante), o pouco de sentido, digo eu, que se revela no fundamento do desejo e lhe confere o toque de perversão que é tentador denunciar na histeria atual."

Deixo de lado, por enquanto, o toque de perversão.

Observo, primeiro, que não houve substituição de significante: diversamente da metáfora do sonho, na qual o salmão recalca o caviar, que só reaparece por associação, nenhum dos termos — caviar e desejo de caviar — desapareceu da cadeia. Quanto ao patamar do significado, quando se passa do desejo insatisfeito para o desejo de desejo insatisfeito, será que há um mais? Aparentemente, sim: não é a mesma coisa evocar a falta de caviar (desejo insatisfeito) e dar a entender que se deseja essa falta (desejo de desejo insatisfeito). Então, por que dizer que não há efeito de sentido positivo?

Só podemos entender isso com a distinção entre o sentido e a significação. As significações "desejo insatisfeito" e "desejo de desejo insatisfeito" diferem. Mas, no nível do sentido, a ser posto no denominador dessas significações, que é que se transferiu? (Lembro que Freud utilizou esse termo, "transferência", pela primeira vez, justamente a propósito do trabalho dos significantes no sonho.) Nada além da indicação de uma falta, inerente a todo desejo, e que insiste. Lermos "desejo insatisfeito" ou "desejo de desejo insatisfeito" não é a mesma significação, mas é o mesmo sentido da falta do sujeito.

$\frac{S}{s}$	→ significação	$\frac{\text{caviar}}{\text{d. insatisfeito}}$	$\frac{\text{d. de caviar}}{\text{d. de d. insatisfeito}}$
	→ sentido	sentido de falta	sentido de falta

Esse sentido único que insiste, de desejo insatisfeito para desejo de desejo insatisfeito, não será apenas um "pouco de sentido", o da simples falta, que não pode nos dizer qual é, em sua especificidade, o desejo inconsciente do sonho? Aí está o que resolve a questão do eventual toque de perversão. A quem se sentir tentado a imputar a um pendor masoquista a estratégia de privação assumida por nossas duas amigas, Lacan responde que isso é apenas uma aparência, e "o verdadeiro dessa aparência é que o desejo é a metonímia da falta-a-ser".[6] Que acontece, pois, com o sujeito do inconsciente, como aquele que quer alguma coisa determinada?

O sujeito do inconsciente

O sujeito do inconsciente não é, na verdade, a histérica gentil que conta seu sonho a Freud, numa dimensão de interpelação transferencial: "Então, caro professor, que me diz disso?" O senhor, ao trabalho! O sujeito do inconsciente, se fosse possível encarná-lo — mas não é, por isso eu o digo no condicional —, seria o agente da substituição metafórica.

Não se trata da pessoa, com todas as suas pantomimas, mas do que é determinado por essa metáfora. Vamos encontrar esse sujeito, cito, "num fluxo significante cujo mistério consiste em que o sujeito não sabe sequer fingir que é seu organizador".[7]

Cabe distinguir, portanto, por um lado, o inconsciente como estrutura de linguagem que se decifra, as formações significantes da metáfora e da metonímia, e por outro, o sentido inconsciente que se transfere nessa combinatória da cadeia, e que, por sua vez, pode ser apenas interpretado. É o inconsciente como desejo, como sujeito inconsciente.

Três identificações

A interpretação do sonho da Bela Açougueira, bastante simples, passa pela distinção prévia de três identificações.

Isto é sabido desde sempre e desde antes da psicanálise: o sujeito histérico tem uma propensão a se identificar, mas a identificação histérica é uma coisa complexa e estratificada.

A primeira identificação

A primeira identificação é com a amiga.

Podemos marcar as coordenadas dessa primeira identificação no esquema L de Lacan, no qual o eixo imaginário se cruza com o eixo da relação simbólica de sujeito para sujeito:

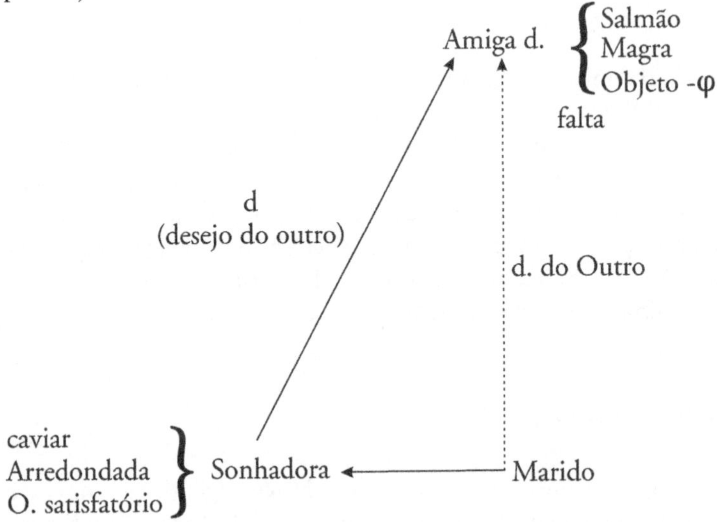

Trata-se de uma identificação, mais que com um simples significante, com uma conduta (recusar-se aquilo que se diz querer), que já aponta para o desejo. Ela deve ser situada no eixo imaginário, como identificação, através de um índice significante, com o desejo do outro — sem maiúscula, o semelhante.

O índice dessa identificação com a amiga é dado pelo desejo de caviar da paciente, que se decalca no desejo de salmão da amiga, como eu disse. Caviar e salmão, como objetos inacessíveis ou recusados, são os significantes do desejo insatisfeito de ambas.

Essa identificação com o desejo da amiga só é apreendida, no entanto, em relação ao terceiro termo, que deve ser grafado como A — no caso, o marido, aquele que se trata, diria eu, de fazer desejar. É preciso escrevê-lo no lugar do Outro, com maiúscula, na medida em que, para seduzi-lo, é preciso estar orientado em relação a seu desejo, uma vez que ele mesmo só se situa a partir de sua demanda, e como sentido dessa demanda.

Aqui, a estrutura é muito legível, porque a demanda do marido é muito explícita. De fato, trata-se de um homem que afirma saber o que quer: gosta de mulheres de formas arredondadas. Ora, ocorre que a paciente, sendo arredondada, tem tudo para satisfazer a demanda dele. Ao contrário, a amiga é magricela, não atende às condições de satisfação sexual do marido, e por isso o interesse discreto que o marido mostra pela amiga levanta uma questão. Indica-se aí um desejo, mas à maneira negativa: um interesse diferente, por algo com que ele não pode satisfazer-se, embora suas pulsões sejam satisfeitas. A linha de deiscência entre desejo como satisfação e demanda de satisfação é patente aqui.

Aliás, ela se encontra, em nossas duas amigas, na conjuntura do sonho. Com efeito, a amiga tem uma demanda: ir jantar. A significação disso é dada pelo elogio que ela faz à Bela Açougueira, "come-se muito bem em sua casa", mas seu sentido é totalmente diverso, como compreende nossa espirituosa açougueira: é que a amiga se compraz em despertar um desejo no marido, o açougueiro, o homem da "fatia de traseiro", embora nada indique que ela queira oferecer-se a ele como comestível, pelo contrário.

O sonho da própria paciente apresenta-se como um voto que passa por uma demanda e até por um apelo, o qual responde à demanda da amiga e encontra seu símbolo no instrumento que é o telefone. A significação é clara: tratar-se-ia de dar prazer à amiga, mas eis que a suposta intenção do sonho fracassa, revelando uma outra: "Pode esperar sentada para ver se vou ajudá-la a cativar a falta de meu marido!"

A amiga intervém, nesse ponto, como suporte do desejo — desejo a ser apreendido simplesmente como falta —, ao passo que a açougueira é objeto de satisfação. Nesse caso, temos uma ilustração mínima, muito precisa, de uma divisão que é paradigmática da histérica, a saber, a clivagem entre o objeto da satisfação e o objeto do desejo, entre o objeto-gozo e o objeto-falta. A noção de objeto-causa, que Lacan utilizou em algumas épocas de seu ensino, condensa, aliás, esses dois aspectos do objeto: com efeito, ele é, ao mesmo tempo, o objeto que falta e que nisso sustenta o desejo, e o objeto mais-de-gozar. Sua função é dupla, portanto: causar a falta e obturá-la. A histeria dissocia esses dois aspectos:

objeto-causa → objeto-falta
objeto-causa → objeto-gozo

A segunda identificação

A identificação imaginária com a amiga, portanto, não foi qualquer uma. Sua mola encontra-se no eixo simbólico da relação do sujeito com o Outro, no caso o marido. Mas precisamente, ela tem por base uma questão concernente ao desejo do Outro: "Não teria também ele um desejo que lhe fica atravessado, quando tudo está satisfeito?"[8] Será que a Bela Açougueira olha sua amiga do ponto de vista do Outro? Ela interroga o *ágalma*, o encanto da amiga, o mistério de sua sedução de magra, do ponto de vista do homem. O sujeito, significado da metáfora do sonho, é, pois, uma questão do Outro — no caso, o homem com quem, como sujeito, ela está identificada. Cito: "É nessa questão que se transforma o sujeito aqui mesmo. Com o que a mulher se identifica com o homem, e a fatia de salmão defumado surge no lugar do desejo do Outro."

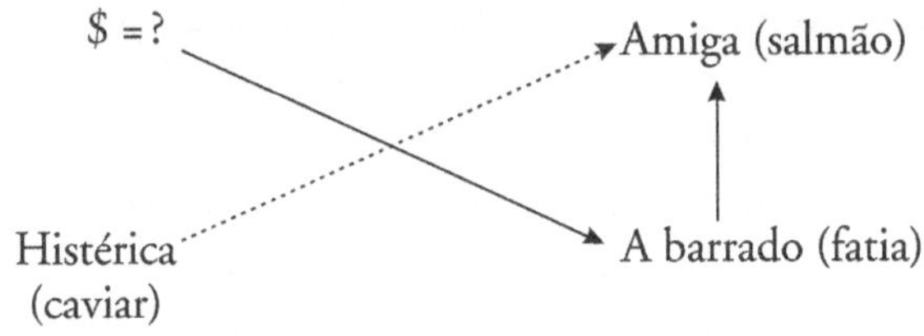

Mas de onde vem essa fatia de salmão defumado? É a primeira vez que Lacan introduz esse significante, enquanto a tradução do texto do sonho mencionava "um pouco de salmão". Trata-se de uma condensação, na verdade: o salmão vem da amiga, e a fatia vem do marido: de fato, foi ele quem falou, com sua postura de *bon vivant*, em "uma fatia de traseiro de uma bela garota". Assim, "a fatia", que, tal como "um pouco", não é o todo, torna-se o significante do desejo do Outro. Quando Lacan diz que "a mulher se identifica com o homem", portanto, isso não é um coelho que ele tira da cartola, nem tampouco um estudo de comportamento e de posturas imaginárias, mas resultado da decifração significante. Nada tem a ver com uma intuição psicológica.

Duas identificações, portanto. Uma primeira com a amiga, no eixo imaginário, e uma segunda no eixo simbólico: a identificação com o desejo do homem. Podemos constatar prontamente que a identificação da histérica com o homem está muito longe de excluir uma pantomima de feminilidade, porque todo o jogo da paciente com o caviar é do campo da mascarada feminina. Seu "bancar o homem" está no nível inconsciente do desejo, nada tendo a ver com uma aparência de menino.

A terceira identificação

Se ficássemos nessa segunda identificação, seríamos levados a pensar no sujeito histérico como uma eterna questão: ele seria aquele cujo ser só teria como fórmula a questão do Outro. Mas essa questão do Outro não é inefável. Tem seu significante: o falo, aqui definido como significante da falta e em relação ao qual se indica uma terceira identificação. "Ser o falo, nem que seja um falo meio magrelo. Não está aí a identificação última com o significante do desejo?"[9]

$$\frac{\Phi}{\$ = ?}$$

Essa expressão de uma identificação última antecipa-se às elaborações de Lacan em "Posição do inconsciente" e ao que ele chamou de eixo da separação em que o sujeito se separa dos significantes do Outro, identificando-se com o significante ou com os objetos de seu desejo. As três identificações em jogo no sonho são bem distintas, portanto: a primeira é a identificação com o objeto suporte do desejo, a segunda, com o sujeito do desejo, e a terceira, com o significante do desejo. Se dissesse "eu", o sujeito poderia dizer: "Eu sou uma falta-a-ser, com certeza, mas pelo menos posso ser o que falta ao Outro." "Ser o falo", aí está a fórmula do desejo do sonho da espirituosa açougueira, e se trata de um voto de se fazer ser através da falta do Outro.

Histeria e posição feminina

Ora, Lacan emprega a mesma expressão para designar a posição das mulheres na relação sexuada. Caberá concluirmos disso que histeria e feminilidade são uma coisa só, como aparentemente postula a etimologia, que deriva o termo de "útero"? A resposta de Lacan é totalmente diversa, e a fronteira entre histeria e feminilidade deve ser demarcada.

Distingamos o voto de ser o falo e a posição na relação sexual que torna a mulher falo. Esta não indica uma identificação, mas um lugar: o do complemento do desejo masculino. A fórmula da fantasia, $\$\lozenge a$, visualiza essa dissimetria entre o sujeito desejante e o parceiro como objeto complementar de seu desejo. Esse objeto pode ser abordado como imagem de *a*, mas também como significante, já que existem condições simbólicas na escolha de objeto — e como gozo de *a*. Na totalidade dos casos, ele extrai seu valor de ser o correspondente da falta fálica do sujeito. Essa dissimetria se traduz em que, na relação sexual, é preciso que o homem deseje, enquanto basta que a mulher se deixe desejar, que consinta. Daí a questão de saber o que é, para além desse consentimento, o desejo propriamente feminino.[10]

Tal questão não pode ser resolvida pelo ato, pois nela há diversas maneiras de inscrição. Quanto a isso, Lacan distingue muito categoricamente a maneira feminina e a maneira histérica, ainda que elas possam combinar-se. É que identificar-se com o desejo, que é o caso da histérica, impede a identificação com o objeto de gozo. Essa tese perpassa todo o ensino de Lacan, embora suas formulações tenham variado com o tempo.[11]

Daí a idéia, sempre confirmada, de que, na relação com o parceiro, o sujeito histérico conduz uma estratégia de subtração. "Esquiva", diz Lacan, ali onde Freud já trouxera à luz o duplo movimento de sedução e recusa, a mão que levanta a saia e a outra que a abaixa. A Bela Açougueira o mostra de forma charmosa e inofensiva: não se recusa ao gozo do marido e não sabemos exatamente que gozo extrai disso, mas sabemos que a única coisa que lhe interessa, de fato, é aquilo que não é satisfeito no marido, e, se ela se identifica com a amiga, é para tentar, pelo menos imaginariamente, deixar insatisfeita a satisfação do marido. Mas não há nisso nenhuma maldade: apenas o voto de se fazer ser o que falta ao Outro.

O caso de Dora não é menos exemplar. Para ela, é verdade, o Outro se divide. Existem dois homens: o Sr. K., homem do órgão, o homem que quer gozar, e há também o pai, sobre o qual se esclarece que é marcado pela impotência. É claro que ele se interessa pela Sra. K., e sem dúvida não é à toa, mas, em todo caso, não se interessa nela pelo gozo propriamente fálico do órgão. Para a Bela Açougueira, esses dois, o homem do gozo sexual e o homem do desejo sexual impotente, estão reunidos num só: o açougueiro do gozo e o açougueiro do desejo. Mas o que as fascina a ambas é o objeto *agalmático* que faz desejar. Da Sra. K. à contemplação da Madona, isso é tudo que interessa a Dora.

Daí não se deve concluir que o sujeito histérico seja um sujeito que se recusa a qualquer gozo. Ele é um sujeito que consome a falta, e isso é realmente um gozo, mas não é o gozo vivo. Dito de outra maneira, gozar da falta e gozar da carne são duas coisas muito diferentes. Essa vontade de deixar o gozo insatisfeito é o que define, de maneira precisa, a posição histérica. O que decerto contribui para desorientar os clínicos é que as histéricas, sobretudo hoje em dia, não se recusam a ir para a cama, às vezes até a colecionar amantes. Daí a concluir que se dedicam ao gozo... Mas a clínica psicanalítica não é uma clínica da observação das condutas, mesmo que, muitas vezes, permita explicar suas anomalias e mistérios.

A posição-mulher é outra. Lacan a define de maneira oposta. Já evoquei a interpretação que ele faz do desejo feminino, em seu texto de 1958, assim respondendo à famosa pergunta de Freud: "Que quer a mulher?" A resposta, em resumo, poderia ser: ela quer gozar. Não apenas isso goza mais — mensagem de Tirésias —, mas isso quer gozar.

Do sujeito histérico não se poderia dizer que ele quer gozar, nem tampouco o contrário, aliás. Então, que quer ele? Pelo que foi dito antes, depreende-se uma formulação. A histérica, ao deixar insatisfeito o gozo do Outro, quer um mais-ser. Assim, conviria dizer: a mulher quer gozar, a histérica quer ser. E até exige ser, ser alguma coisa para o Outro: não um objeto de gozo, mas o objeto precioso que sustenta o desejo e o amor. Podemos montar o quadro dos traços diferenciais, tais como Lacan os propõe. Do lado mulher, à esquerda, a referência ao gozo — um mais, portanto; do lado histeria, à direita, a referência ao desejo, um menos. Do lado esquerdo, um querer gozar; do direito, um querer ser. Mas ainda é preciso complementar esse quadro com as características da verdade do gozo efetivo, e esclarecer esse querer gozar da mulher. Ele é acompanhado por um querer fazer gozar. O gozo que o homem tem com a mulher a divide, diz Lacan em "O aturdito". Ou seja, o gozo do parceiro vem no lugar da causa do desejo dela. Distingamos com clareza os dois registros, o da oferta de gozar feita ao Outro pela mulher — e que difere da oferta de desejar da histérica — e, por outro lado, o gozo específico da mulher. E de fato acontece, muitas vezes, haver mulheres que nem querem fazer gozar — aversão primária da histérica, bem percebida por Freud — nem gozar, porque o gozo não é forçosamente desejável.

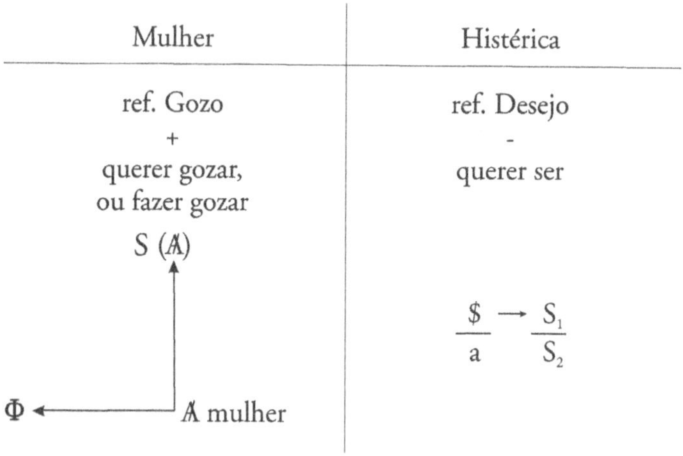

Fazer desejar...

Ao escrever o discurso da histérica, Lacan quer pôr em evidência, primeiro, o que constitui o valor da histeria: obter do mestre a produção de um saber, o que se verifica de Sócrates a Platão e desde as histéricas até Freud:

$$\frac{\$}{a} \rightarrow \frac{S_1}{S_2}$$

Mas sua verdade é outra, faz um hiato em relação ao que seu discurso obtém, porque o sujeito histérico quereria — indico-o no condicional, para marcar a impossibilidade — que houvesse *um saber do objeto*. Que o Outro pudesse dizer o objeto precioso, o *ágalma* da mulher, pois de fato, para a histérica, não se trata apenas de fazer o Outro desejar sexualmente, mas de fazê-lo dizer a causa. Daí a insatisfação que tropeça no impossível de dizer e se alimenta de todos os saberes produzidos. "Dize-me o que visa teu desejo, em mim ou no outro!" Essa questão, que certamente alimenta o discurso amoroso, também tem uma função de supereu. Só que não é o supereu de uma incitação-a-gozar, mas de uma incitação-ao-saber. Charcot passou perto. O sujeito histérico certamente procura um homem, mas um homem movido pelo desejo de saber, um homem para saber do objeto.

Resultado: na história da psicanálise, a série dos objetos parciais foi estabelecida graças às histéricas escutadas por Freud. Totalmente movidas pelo desejo como desejo do Outro, do homem, não foi sobre a mulher que elas o instruíram, mas sobre a causa do desejo masculino. Isso porque, no que concerne à mulher, dilacerada entre o significante do falo (Φ) e o da falta no Outro S(Ⱥ), o parceiro não é o objeto *a*.

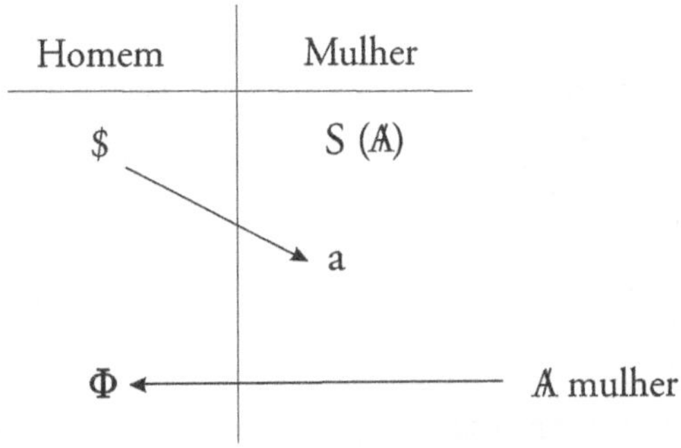

Foi preciso haver as histéricas, e o *a priori* do preconceito sexual que aplica seu próprio padrão ao parceiro, para que se acreditasse que elas falavam... das mulheres, quando, como no sonho da Bela Açougueira, falavam a língua do parceiro homem.

Quanto a essas questões, é verdade, Lacan variou as formulações. Ali onde distinguiu os sexos por um "ter ou ser o falo", ele chegou a dizer "ter ou ser um sintoma". As duas formulações não são equivalentes. Sendo o falo uma função negativa de falta, e o sintoma, uma função positiva de gozo, elas mais são opostas. A tal ponto que o querer "ser o falo", com que Lacan estigmatizou a histérica por algum tempo, significa exatamente: não querer ser o sintoma. Foi o que ele explicitou na segunda conferência sobre Joyce, de 1979, na qual tornou a acentuar a diferença entre a posição histérica e a da mulher. *Uma* mulher, disse ele, especifica-se por *ser* um sintoma. Não é o caso da histérica, que se caracteriza "por se interessar pelo sintoma do outro" e, portanto, não é um sintoma último, mas apenas "penúltimo".

Ser um sintoma único, pelo menos para Um, não é propriamente a exigência histérica, como sabemos desde Dora. Isso se traduz na experiência pelo fato de que, mesmo na conversa a dois, o sujeito histérico não forma um par, mas pelo menos um triângulo, às vezes mais. A dificuldade clínica é que a recíproca não é verdadeira. Uma mulher, seja ela obsessiva, fóbica ou até psicótica, também pode ter a ver com o que eu poderia chamar de suas rivais no sintoma, mas sem que estas exerçam o papel desempenhado pela outra mulher na histeria. Além disso, o homem obsessivo também tem seu triângulo, quando sustenta seu desejo pelo de um alter ego. Para a histérica, de qualquer modo, interessar-se pelo sintoma do outro significa não consentir em *ser* sintoma. Mas também não é ter um sintoma idêntico ao do homem. Ao contrário do que imaginam os espíritos apressados, o que não é *uma* mulher nem por isso é um homem. Sobre Sócrates, aliás, Lacan assinala que ele não é um homem. É uma terceira posição: a de ter um sintoma, como que por procuração de um homem. E isso não implica o corpo a corpo, esclarece Lacan. No ensino lacaniano, poderíamos acompanhar todas as formulações pelas quais ele se aproximou progressivamente dessa afirmação. Claro, Dora se interessa pela Sra. K. como sintoma, mas não quer ser a Sra. K. — vide a bofetada, quando esse lugar lhe é proposto. A Bela Açougueira, com seu sonhozinho de desafio a Freud, mostra com nitidez ainda maior, a partir do momento em que suporta na realidade as assiduidades do marido, o homem do órgão, que sonha apenas deixar o lugar do sintoma e, como diz Lacan em "O avesso da psicanálise", deixar o querido açougueiro para outra. Quanto a Sócrates, está muito claro que não quer ser o sintoma de Alcibíades, mas se interessa por Agatão como o que ocupa o lugar dele.

Entretanto, podemos compreender por que a histeria se presta a uma confusão com a posição feminina, e por que é mais freqüente nas mulheres. A feminilidade implica a relação com o Outro, o homem, para se realizar como sintoma. O fato de ela acentuar o "fazer gozar", como acabei de dizer, não impede o "fazer desejar" que é condição dele. Daí, ao que me parece, a acentuação do núcleo histérico nas mulheres. A histérica passa pela mesma mediação do Outro, mas com fins diferentes, e não para se realizar como seu sintoma. Como discurso, a histeria determina um sujeito que nunca está sozinho, mesmo que esteja isolado, um sujeito sempre pareado na realidade com um outro que se define pelo significante-mestre, e que o sujeito interroga quanto a seu desejo de saber sobre o sexo. Seu desejo se sustenta no sintoma do Outro, a tal ponto que quase poderíamos dizer que a histérica faz de si uma causa, mas uma causa de... saber. Não porque ela seja movida pelo desejo de saber, mas porque gostaria de inspirá-lo no outro.

Então, como situar o "bancar o homem" da histérica? Essa expressão adquire vários sentidos. Primeiro, designa o desafio histérico, seu "mostre-me se você é homem", no sentido do "que fiquem de pé os corajosos", mas designa também a identificação com o homem. Só que essa identificação não é qualquer uma, e é aí que muitas vezes nos enganamos. Pode ser uma identificação com seu ter fálico, ou, ao contrário, com sua falta. As duas, além disso, podem ficar próximas num mesmo sujeito, mas a identificação propriamente histérica, tal como é encontrada em Dora ou na Bela Açougueira, tal como Lacan a retomou em seu texto de 1973, a "Introdução à edição alemã de um primeiro volume dos *Escritos*", consiste no identificar-se com o homem como aquele que não é pleno, que também está insatisfeito, e cujo gozo é castrado. O clínico se perde facilmente nisso, porque as conseqüências dessa identificação podem apresentar-se, na fenomenologia da experiência, sob a forma de semblantes da hiperfeminilidade. Vejamos a Bela Açougueira: no nível imaginário, visível, ela banca a mulher na rivalidade com a amiga, mas essa mascarada resulta de que, no nível simbólico, como sujeito, ela se identifica com o homem em sua falta.

Também compreendemos por que Lacan pode sustentar que, em matéria de histeria, o homem é superior à mulher. É que, nele, o desejo de fazer desejar o saber pode não ser limitado pelo gozo. Sócrates é o modelo nesse aspecto, a seguirmos Lacan. Ele interpela Alcibíades, quer arrastá-lo para sua dialética, para a elaboração do saber filosófico, mas não procura subtrair-lhe nem o efeito de amor nem o efeito de gozo. Procura-o tão pouco que, quando Alcibíades lhe oferece isso, ele o rejeita e permanece impávido, inteiramente entregue a sua paixão.

Nessa relação com o Outro, no entanto, não nos esqueçamos de Deus, o Outro barrado por excelência. Quando Lacan afirma, no seminário *Mais, ainda*, que aquilo com que a mulher lida é Deus, essa afirmação parece enigmática, principalmente se a aplicarmos às mulheres de hoje. Mas sempre há, com efeito, além do homem, um Outro mais Outro que o homem, justamente em razão da especificação fálica que caracteriza este último. Aliás, a convicção de que, com a chave fálica, sabe-se o essencial do que há por saber sobre os homens alimenta, como é fato conhecido, o discurso das mulheres entre si. E quando Lacan disse, em 1958, que o que uma mulher invoca com seus votos, para além daquele que ela abraça, é um homem castrado, tocou na mesma aspiração:[12] um Outro cujo enigma não seja limitado pela chave fálica.

O amor, feminino

Na perspectiva de esclarecer a fronteira entre a feminilidade e a histeria, volto agora ao amor das mulheres, que dizem ser ciumento e exclusivo.

Ciumento ele é porque demanda o ser. Faz mais do que demandá-lo, aliás: em seus momentos de plenitude recíproca, chega a produzir como que um apagamento temporário do efeito de falta-a-ser, um corretivo transitório da castração. Correlativamente, a perda do amor tem um efeito depressivo no sujeito, que acredita perder uma parte de si mesmo e, como dizem algumas, não ser mais nada. Essa vertente da experiência comum, bastante evidente, é acentuada na histeria, mas não é apanágio dela. Está mais ou menos presente na maioria dos sujeitos, a despeito de algumas diferenças entre o homem e a mulher.

Por outro lado, o amor feminino é ciumento porque se prende, e isso é o mais interessante, às características de seu gozo. Ao contrário do gozo fálico, o gozo outro, suplementar, "ultrapassa" o sujeito. Para começar, por ser heterogêneo à estrutura descontínua dos fenômenos regulados pela linguagem, com a conseqüência de que esse gozo não é identificatório.

Podemos ver a diferença em relação ao homem, para quem o gozo fálico, que tem a mesma estrutura descontínua dos fenômenos do sujeito, tem valor identificatório. Por isso os homens se vangloriam de seus desempenhos, sempre fálicos, e se reconhecem como sendo mais homens quanto mais acumulam gozo fálico. Isso começa na escola primária, quando os meninos mostram seu órgão uns aos outros, comparam-no e o exercitam, para ver quem urina mais longe. O órgão ainda não está em funcionamento no plano estritamente sexual, mas o discurso já informou o menino que é nisso e com isso que ele se medirá. Depois vêm as conquistas sexuais, contabilizadas quando se é homem. Às vezes, e esse é um fenômeno divertido, sucede até que personagens célebres, a conselho de seus colaboradores, exibam uma amante de que não fazem uso, apenas porque, evidentemente, isso faz o homem se afirmar. Outrossim, em nossas paragens, todas as celebridades da política, do *show business* e dos esportes emperiquitam-se com uma mulher. Isso é uma realidade. Com certeza, não é preciso menos que isso para atingir o imaginário próprio de uma comunidade. É como se fosse sabido que, ao mostrar sua mulher, o homem se mostra. Constata-se, ademais, que as famílias desfeitas[13] de nossa época ainda não se tornaram a norma. Em todos os níveis, da política, da profissão ou do dinheiro, o homem se certifica de ser homem pela apropriação fálica.

O mesmo não acontece com a mulher. O gozo fálico, o do poder, no amor ou em outros campos, certamente não lhe está proibido. Podemos até dizer que lhe é cada vez mais acessível. É patente que a chamada liberação das mulheres lhes dá um acesso cada vez maior a todas as formas desse gozo. Só que sair-se tão bem quanto os homens não faz uma mulher. Daí os conflitos subjetivos discernidos há muito tempo na psicanálise, e cujas formas variam conforme as épocas, entre a apropriação fálica e a inquietação quanto à vida de mulher, como às vezes se costuma dizer.

No que concerne ao gozo outro, propriamente feminino, ele também não traz segurança. Uma mulher não se faz reconhecer como mulher pelo número de seus orgasmos ou pela intensidade de seus êxtases, salvo algumas exceções, é verdade. E, muito longe de se exibir, sucede a esse gozo esconder-se. Daí a necessidade de um outro recurso e os esforços para se identificar pelo amor. Em outras palavras, na impossibilidade de ser *A* mulher, resta ser "uma" mulher, a eleita de um homem. Ela toma emprestado o "um" do Outro, para se certificar de não ser apenas um sujeito qualquer — o que ela é, a partir do momento em que é um ser falante, sujeito ao falicismo —, mas ser, além disso, identificada como uma mulher escolhida. Assim, é compreensível que as mulheres, histéricas ou não, mais que os homens, amem o amor.

A MULHER, MASOQUISTA?

"Tudo pode ser imputado à mulher, já que, na dialética falocêntrica, ela representa o Outro absoluto."[1]

A pergunta em que Freud tropeçou, "que quer a mulher?", continua a assediar os discursos, e correu uma resposta que dizia: ela quer sofrer. Assim, os psicanalistas com dificuldade de captar a essência da feminilidade forjaram a tese do masoquismo feminino. Como se lhes parecesse inconcebível que um sujeito pudesse oferecer-se como objeto — caso da mulher, em sua relação com o desejo do homem — sem ser masoquista! É claro que o masoquista, no palco de seu roteiro, empenha-se em dar uma demonstração "irônica" de um "faça de mim o que quiser". As mulheres, por sua vez, deploram em altos brados o que a alienação própria de sua posição as leva a suportar. A tal ponto, de fato, que nos perguntamos o que pode levá-las a assumir essa posição, uma vez que nada as obriga a fazê-lo quando não querem — o que foi registrado por Lacan. Daí também o grito das feministas que evoquei, as quais, levando o extremismo a ponto de quererem proscrever qualquer relação sexual, interpelam suas co-irmãs: mulheres, será que vocês são masoquistas? Mas não é a transposição dos limites do princípio de prazer que constitui o masoquismo, ou então trata-se do masoquismo universal do ser falante, que nada tem de especialmente feminino.

Os enunciados responsáveis por essa concepção são de Freud, sobretudo em seus dois textos de 1919 e 1924, "Uma criança é espancada" e "O problema econômico do masoquismo". A tese não consiste em dizer que há mulheres masoquistas — elas existem, e homens também. Tampouco se contenta em simplesmente afirmar que as mulheres sofrem — elas realmente sofrem com a falta fálica, porém não mais que os homens com a ameaça de castração. Ela sustenta que o desejo feminino é de essência masoquista, que visa gozar com a dor, ou mesmo fazer-se mártir do Outro. Preconceito, diz Lacan, e até "monstruoso". Os analistas pós-freudianos, em especial as mulheres, foram mais que complacentes com ele, e a tese manteve-se "incontestada, contrariando a acumulação" de fatos clínicos de sentido inverso. Mas, será realmente essa a tese de Freud, para além de seus enunciados?

A metáfora do masoquismo

As formulações de Freud, se as isolarmos, parecem não dar margem alguma a dúvida. Há muitas delas; escolho duas, as mais marcantes. Evocando as encenações dos homens masoquistas, Freud diz e repete que "seu masoquismo coincide com uma posição *feminina*".[2] Em termos ainda mais radicais, ao introduzir a noção de "masoquismo feminino", distinguindo-o do masoquismo erógeno ou moral, ele o define como "expressão do ser da mulher".[3]

Freud comenta essas formulações o bastante para que seu sentido não deixe dúvidas nesse contexto. Elas não visam a esclarecer o problema da feminilidade, mas o das fantasias e práticas perversas, especialmente no homem.[4] Inscrevem a equivalência imaginária que Freud descobriu entre o "fazer-se espancar" do masoquista e o que ele chama de "papel" feminino na relação sexual. Para ser tratado como objeto do pai — expressão que Freud torna equivalente a fazer-se tratar como mulher —, o masoquista não tem outro recurso senão fazer-se espancar. Aqui, vemos que a expressão "posição feminina" merece ser esclarecida. Ela não designa diretamente o que chamamos de uma posição subjetiva. Refere-se, antes, a um lugar no par sexual, no qual é o outro, o homem, que é sujeito do desejo. A insistência de Freud em destacar a ligação da fantasia masoquista com o desejo edipiano, a identificação fortemente marcada entre o outro que bate e o pai — mesmo quando, na imaginação consciente do sujeito, é a mãe —, tudo isso indica com clareza que ele explora aí uma das versões do par sexual.

Freud declina, primeiro, as metonímias das representações de gozo, quais sejam, fazer-se amordaçar, amarrar, bater, açoitar, maltratar desta ou daquela forma, obrigar a uma obediência incondicional, sujar, degradar;[5] depois, a ordem e a variedade das pulsões implicadas: orais, anais e sádicas, conforme se trate de se oferecer para ser devorado, espancado ou sexualmente possuído;[6] e, por último, a série das encarnações do objeto: o filho dependente, o filho malvado, e a mulher na medida em que é castrada ou submetida ao coito. Como vemos, Freud explora metodicamente uma das versões do objeto complementar do desejo masculino. E, para sua surpresa, descobre, sem enunciá-lo inteiramente, o que Lacan formularia alguns anos depois, ou seja, que esse objeto é assexual. Isso é também o que ele diz ao qualificá-lo de "pré-genital". Na verdade, portanto, o masoquismo é invocado aqui como suplência da relação sexual que não existe, segundo a formulação posterior de Lacan. Trata-se de uma metáfora.

A definição dada por Freud à "essência do masoquismo"[7] é uma confirmação. O masoquismo substitui, segundo ele, uma fórmula de gozo por outra: "ser espancado" substitui "ser amado" no sentido genital. Freud qualifica essa substituição de "regressiva", o que comumente se repete sem maior reflexão. Mas, com esse adjetivo, na realidade, ele introduz algo muito preciso e que, na maioria das vezes, passa despercebido. Para Freud, regressão quer dizer mudança real no inconsciente. O recalcamento apaga um desejo da cena, mas o mantém inalterado, semelhante a si mesmo no inconsciente. A regressão, ao contrário, muda o estado das coisas no inconsciente, diz Freud. Que quer dizer isso senão que o desejo e o gozo que ele chama de regressivos são realmente diferentes? Deduzamos: para Freud, ser objeto à maneira masoquista e ser objeto na relação sexual são duas modalidades de desejo e de gozo diferentes. Certamente, Freud adjetiva de "feminino" o masoquismo que descobre no homem. Faz isso para assinalar que, na gênese desse masoquismo, se o sujeito acaba aspirando a ser espancado, é para ser como que a mulher do pai. Mas, a partir do momento em que acrescenta que uma substituição regressiva produz uma mudança real no inconsciente, ele indica, precisamente, a heterogeneidade das aspirações masoquista e feminina, e que ser espancado ou estar no lugar da mulher são duas coisas diferentes.

De resto, é de se notar que, ao tentar abordar a questão do desejo feminino em seus textos posteriores, de 1925, 1931 e 1932,[8] Freud não recorre ao masoquismo. A seqüência de suas elaborações é notável. Primeiro ele responde, quanto à menina: ela quer o pênis. Se perguntássemos "o que quer o homem?", coisa em que é impressionante que ninguém pense, sem dúvida por já ter a resposta, seria preciso dizer que ele quer um objeto cujo valor de mais-de-gozar compense o menos-gozar da castração. Apesar da diferença entre os dois, portanto, ei-los em igualdade por sua referência comum ao falo. Freud só tem uma única bússola para distinguir homem e mulher: as vicissitudes da castração, referencial singular, o único que pode ser comprovado. Logo, ele só se aproxima da especificidade da mulher pela subjetivação da falta fálica. Observe-se, entre parênteses, que essa falta é precisamente o que descortina para a mulher a possibilidade de ser objeto, sem ser o objeto espancado — ainda que às vezes também lhe suceda ser espancada, querendo ou não. Seja como for, a seqüência das elaborações freudianas teria começado por reduzir o Outro ao Um. Terá ele sido suficientemente censurado por isso?

Essa censura não é completamente justificada. Ao término de suas elaborações, ao desembocar na questão do "o que quer a mulher?", Freud indica de forma incontestável que percebe a parcialidade da solução fálica, no sentido de incompleta [*partiel*], e não de injusta [*partial*]. Além disso, as primeiras páginas do texto "A feminilidade" afirmam muito explicitamente que "não compete à psicanálise descrever o que é a mulher", porque, no dizer de Freud, essa é uma "tarefa irrealizável". Esse comentário segue-se a duas observações precisas. Na primeira, Freud mais uma vez interroga-se sobre a possibilidade de assimilar passividade e feminilidade. Conclui categoricamente: "essa concepção é equivocada e inútil".[9] Na segunda, ele volta à hipótese do masoquismo. Reafirma que o masoquismo é feminino, porque "as normas sociais e sua constituição própria obrigam a mulher a recalcar seus instintos agressivos",[10] mas recua ante a afirmação de que a mulher seja masoquista como tal. Assinala que também há homens masoquistas e extrai a conseqüência: "Eis-nos dispostos a reconhecer que a psicologia em si não nos fornece a chave do mistério feminino."

Concluo: Freud percebeu que a referência ao falo não esgotava a questão da feminilidade, e não confundiu o além do falo com a pulsão masoquista. Nesse sentido, a tese da "mulher masoquista" não é a tese freudiana: ele a introduziu e explorou, mas soube reconhecer que essa não era *A* resposta.

Além disso, assinalo que, no fim de seu artigo sobre a sexualidade feminina, Freud passa em revista — e esse é um caso raro em sua obra — as diversas contribuições trazidas para essa questão por seus alunos contemporâneos. Evoca o artigo de Hélène Deutsch sobre o masoquismo das mulheres.[11] Seria de esperar, portanto, que ele se posicionasse quanto a essa tese, mas nada. É muito divertido ver que ele felicita Deutsch por uma coisa completamente diferente: por ela haver reconhecido a relação primária, pré-edipiana, com a mãe. Assim, em sua prudência correta, ele continua um passo à frente de alguns dos pós-freudianos. Ao explorar a fantasia masoquista, ele descobre, na realidade... uma outra coisa. Primeiro, a função da própria fantasia, no que ela transcende as estruturas clínicas dos dois sexos e, em parte, fica isolada do conteúdo sintomático da neurose. Depois, a afinidade com o sofrimento do que chamamos, a partir de Lacan, de gozo. De fato, os textos que Freud dedica ao masoquismo, preciosos em muitos aspectos, nada nos ensinam sobre a mulher em si, porém muito sobre a não relação sexual e o gozo paradoxal do ser falante.

As confusões pós-freudianas talvez não mereçam tanto interesse. A retomada da questão por Lacan jogou-as quase num aquém do próprio Freud. A maioria delas imputou ao "masoquismo" fenômenos muito heterogêneos. Nessa categoria foram confundidos, primeiro, a perversão masoquista propriamente dita, segundo, o que a atividade da pulsão em si implica de um além do princípio de prazer, e terceiro, de maneira mais geral, o que cada sujeito paga por seu desejo, como preço pelo mais-de-gozar que sua fantasia lhe assegura. A fantasia repousa, sem dúvida, num limite ao gozo, mas também se pode perceber sem dificuldade, em todos os casos, que a lógica de uma vida se reduz a uma aritmética elementar que funda o *a priori* da fantasia, e na qual a questão toda diz respeito ao mais-de-gozar que passa por lucros e perdas. No entanto, consentir em pagar o preço não faz o masoquista. Ou então trata-se do masoquismo universal do sujeito, e caberá dizer: somos todos masoquistas, ainda mais que há um desejo decidido.

Essas confusões não são inocentes, sem dúvida, especialmente quando se trata de mulheres. Às vezes se percebem nelas umas prevenções engraçadas, nas quais aflora, precisamente, a função idealizadora da imputação de masoquismo. Extraio do livro de Hélène Deutsch sobre *A psicologia das mulheres*[12] um exemplo simultaneamente paradigmático e divertido. Trata-se de seu comentário sobre o célebre personagem de Carmem. Com tocante frescor, ela explica por que esse personagem comove profundamente todas as mulheres. É que, diz ela, Carmem comporta-se com o homem como a criança que brinca com a mosca de que sabe que arrancará as asas. Toda mulher se transtorna com isso, no âmago de seu ser. Vá lá, mas, por quê? Será porque ela subutilizará o precioso órgão passado para o significante? Na-nani-na-não. E eis o comentário impagável de Hélène Deutsch: é que, diz ela, todas reconhecem nisso o "masoquismo hiperfeminino", trágico e inconsciente de Carmem. Isso porque, não devemos enganar-nos, ao destruir o homem, é seu próprio coração que ela destrói, e é sua própria perda que ela assegura. Surpreendente. Imaginemos por um instante a aplicação dessa tese a todos os torturadores do mundo, aos carrascos de toda sorte que compõem a história humana...

Ares de masoquismo

A clínica diferencial da posição masoquista e da posição feminina, portanto, ainda está por fazer. Parto do seguinte: realmente era preciso haver algo que se prestasse à confusão para que a tese pudesse sustentar-se — invocando alguns fatos clínicos. Entre outros, este: as próprias mulheres, na maioria das vezes, deploram seu masoquismo. Então, que há em comum entre um masoquista e uma mulher? A resposta é simples: ambos, no par que formam com o suposto parceiro desejante, colocam-se no lugar do objeto. Esse lugar, evidentemente, evoca um terceiro, que é o analista. O masoquista, a mulher e o analista constituem uma série, na medida em que todos três "se fingem de objeto" — de modos muito diferentes, com certeza, pois nada permite supor que tudo que se finge de objeto decorra do mesmo desejo. Daí a questão do desejo masoquista, do desejo feminino e do desejo... do analista.

Quando falamos no ser da mulher, não nos esqueçamos de que este é um ser dividido entre o que é para o Outro e o que é como sujeito do desejo, entre seu ser complementar da castração masculina, por um lado, e seu ser como sujeito do inconsciente, por outro. Como Lacan assinalou algumas vezes, seu lugar no par sexual não tem como causa direta seu próprio desejo, mas o desejo do outro. Para ela, basta deixar-se desejar, no sentido do consentimento. Aí está o fenômeno do estupro, que indica o suficiente que esse consentimento sequer é uma condição necessária. Esse ser para o Outro, no correr dos anos, à medida que progrediu seu ensino, Lacan o designou por diversas formulações. Três delas são bastante isoláveis: "ser o falo", o que ninguém pode ser em si, "ser o objeto" e, por último, em 1975, "ser o sintoma"; todas, no entanto, deixam em suspenso a questão do desejo daquela ou daquele que surge nesse lugar do objeto.

É por isso que o desejo do masoquista, o desejo da mulher e o desejo do analista são problemáticos.

Quanto à mulher, portanto, como indiquei antes, resta deduzir seu desejo de sua posição no par sexual, já que, evidentemente, é possível supor que o consentimento evocado há pouco seja indicador de um desejo. O próprio Freud o entende dessa maneira, aliás, ao deslizar do papel erótico — ser genitalmente possuída — para a "disposição" subjetiva que supostamente corresponde a isso, e que ele formula por um voto: ser amada... pelo pai.

Eu disse "bancar o objeto" não para expressar o fingimento, mas porque essa expressão tem o mérito de comportar uma nuance de artifício que sublinha que o ser para o Outro não pode realizar-se sem a mediação do semblante. O imaginário, portanto, também entra em jogo aí. Isso tanto é válido para o analista que se presta à transferência quanto para a mulher, cuja mascarada foi reconhecida antes mesmo que Joan Riviere lhe desse esse nome. Ao contrário do que se poderia acreditar, também é válido com respeito ao masoquista, que só passa ao ato numa cena. Freud enfatizou, justificadamente, o traço de brincadeira incluído em seu roteiro, enquanto Lacan, em diversas ocasiões, assinalou que o masoquismo não é para valer: aquele que ele qualifica de "humorista delicado" enaltece, "por sua simulação, uma imagem demonstrativa".[13]

Podemos tentar uma primeira aproximação dos modos do objeto nos três casos: o masoquista se pretende o objeto depreciado, cultiva a aparência do rebotalho, banca o dejeto. A mulher, ao contrário, reveste-se do brilho fálico para ser o objeto *agalmático*. Quanto ao analista, ao sabor das metamorfoses que a transferência lhe impõe, passa do estatuto de *ágalma* do sujeito suposto saber que é, no começo, para o estado de rebotalho em que se transforma, no fim. Daí a questão de saber o que pode efetivamente impeli-lo a reproduzir esse "arranjo".

Essa partilha, no entanto, não passa de uma primeira aproximação, porque o objeto *agalmático* que cativa o desejo só retira seu poder da falta que inclui. Esse fato estrutural está na base do que bem poderíamos chamar de "mascarada masoquista". Sem ela, a tese do masoquismo feminino teria sido muito menos plausível. A mascarada tem várias facetas, sem dúvida. Na maioria das vezes, dissimula a falta, jogando com a beleza ou com o ter para encobri-la. Mas há também uma mascarada masoquista que, inversamente, ostenta a falta ou a dor, ou até a dor da falta. Às vezes chega a rivalizar na insuficiência e até a fomentar falsas fraquezas.

Um exemplo de minha clínica tornou-se memorável para mim nesse aspecto. É o de uma moça que vivia o que chamava de "o inferno do descoberto". Apesar da dubiedade lingüística do termo, ela entendia esse "descoberto" no sentido bancário mais realista. Isso era objeto da vigilância do marido e de brigas quase diárias com ele. Como a moça tinha uma renda mensal, o descoberto também tinha um ciclo mensal, passando da inquietação obsedante à efetivação, enquanto as rusgas oscilavam das admoestações às censuras. Há de se ter adivinhado que o marido era convocado para o lugar de provedor, encarregado de reabastecer a conta bancária. Não se esquivava disso, mas não sem protestar, sem fazer esperar, sem provocar os pedidos, e tudo isso geralmente acabava em lágrimas... e em amor. Já fazia algum tempo que durava essa brincadeira quando, por intromissão do destino, uma pequena herança veio cobrir o descoberto e desorganizar toda a vida do casal. Deixo de lado os detalhes. "Agora você se faz de insolente", dizia o marido. Era ele quem havia passado a se queixar ("Não sirvo mais para nada"), e recusava seus préstimos. A paciente acabou enunciando esta frase meio estranha: "Bem que eu sabia que ele não devia saber do meu dinheiro." Constatou-se então que essa mulher, desde que chegara à maioridade, sempre tivera duas contas bancárias, apenas uma das quais era conhecida, primeiro pelo pai, depois pelo marido. Na conta secreta, ela mantinha o que chamava de seu "pezinho-de-meia", porque, desde os dezoito anos, depositava regularmente todo o dinheiro que conseguia subtrair do olhar do Outro, o que lhe permitia, por outro lado, dissimular o que ganhava e, evidentemente, bancar... a pobre. Essa mascarada, que aliás chegava à verdadeira simulação, utilizava a farsa da falta de dinheiro como metonímia da falta fálica em seu valor sedutor. No entanto, não devemos apressar-nos a supor nela um gozo avarento do ter, do qual, aliás, ela não dava nenhuma indicação: antes, era o caráter secreto desse ter que a extasiava.

A lógica da mascarada masoquista não é difícil de captar: é uma adaptação, por assim dizer, inconsciente à implicação da castração no campo do amor. Posto que a característica da castração imaginária do objeto é uma das condições da escolha objetal no homem, é como se a adivinhação do inconsciente impusesse um quase calculismo: se ele gosta dos pobres, banquemos a pobre. Nem por isso se deve crer, ao contrário do que permite supor meu exemplo precedente, que aí só haja simulação, porque a condescendência pode chegar ao sacrifício efetivo. Essa mascarada tem em comum com o masoquismo o fato de fazer cintilar o avesso do objeto *agalmático*, a falta que fundamenta seu brilho e que lhe anuncia, talvez, o destino prometido no amor, ou seja, a redução a um mais-de-gozar do outro.

Ares de mulher

Lacan, ao dizer que o masoquismo feminino "é uma fantasia do desejo do homem",[14] fornece-nos a chave. Ela se produz no cruzamento de dois fatores: por um lado, a forma erotomaníaca do amor feminino, que institui a eleita, e por outro, as condições do desejo do homem, que requerem que o objeto tenha a significação da castração. A famosa complacência das mulheres para com a fantasia masculina, que as impele a "concessões" ilimitadas e que foi estigmatizada por Lacan em *Televisão*, gera, entre outros efeitos, a mascarada masoquista, e nos releva seu sentido: as características de sofrimento e falta exibidas devem ser imputadas ao que Lacan chamava de "os males da virtude/do vir-a-ti",[15] para designar as tribulações de quem se procura no desejo ou no gozo do Outro.

Deixando de lado o papel nela desempenhado pelo semblante, a mascarada masoquista difere enormemente do roteiro perverso. Na mascarada, a mulher se submete às condições do amor do Outro para que a fantasia do homem encontre nela "sua hora da verdade", como eu disse. Mas, em razão do recalcamento, a mascarada avança às cegas, "ao sabor do acaso", diz Lacan, por não conhecer as molas particulares do desejo que o inconsciente esconde. Vê-se o que favorece a vertente masoquista da mascarada: posto que a castração é a única condição do desejo válida para todos, essa mascarada é, de todas, a menos arriscada. Mas também continua à mercê do acaso, bom ou ruim, na medida em que a própria castração só tem efeito, para cada um, em formas particulares.

O masoquista, por seu turno, não deixa nada por conta da *tiquê*. Ao contrário, impõe uma relação de gozo por contrato. Pretende estabelecer, mais do que um direito ao gozo, um dever de gozo regulamentado, no qual a improvisação é impedida e no qual ele se faz mestre. Nada é mais oposto à posição feminina, sempre ajustada pelo Outro. Com a hora da verdade não há pacto possível. O objeto sexual, sejam quais forem os parâmetros mais ou menos típicos dos *sex symbols* de uma época com os quais se alimenta uma indústria, não é contratual. Decerto é por isso que Lacan observa que "a instância social da mulher" é "transcendente à ordem do contrato".[16]

Outra suposição, mais essencial ainda, situa-se no nível do que um e outro almejam, mediante e além do artifício do semblante. Pois devemos distinguir em cada um o que ele mostra e o que ele quer. Parece-me haver aí uma oposição simples: é certo que não sabemos muito bem o que busca a mulher, mas admitamos, por ora, que ela o busque por intermédio do amor. Ao contrário, o masoquista de verdade, quase sempre homem, como é sabido, visa no Outro o ponto de angústia em que os semblantes falham, aquele em que, justamente, em geral todos recuam, porque ninguém se instala de muito bom grado nas cercanias da pura angústia. O masoquista sabe disso e nisso fundamenta a certeza tranqüila da "simulação"[17] na qual faz monstração de ser o objeto rebotalho — pelo menos, é assim que compreendo que Lacan o qualifique de brincalhão.

Esse é o ponto que o neurótico em geral, e especialmente o histérico, evita com cuidado numa escolha, que é a da falta do desejo para enfrentar a eventualidade do real do gozo. Ao ostentar uma vontade de gozo afirmada, que pretende realizar-se pela dor, o masô, como se costuma dizer, na verdade realiza um desejo do qual não sabe, e que almeja a angústia do Outro, o ponto em que as miragens do semblante desistem da empreitada. Digamos que ele se faz causa da angústia do Outro, como sinal único do real do objeto, para além do semblante que não consegue alcançá-lo. Quanto à transgressão de gozo que ele programa, ela permanece dentro dos limites sensatos que não ultrapassam o despedaçamento que o significante lhe impõe.

Assim, percebe-se por que as mulheres, como tais, de modo algum são masoquistas. É que elas estão muito longe de visar o Outro além do semblante, ao qual seus encantos devem muito, ou quase tudo. A mascarada feminina não é o masoquismo que visa o Outro para além dos semblantes nem tampouco a mentira que os ingratos lhe imputam. Antes, é uma complacência para com os semblantes: não há limite, diz Lacan, para as concessões que a mulher se dispõe a fazer por um homem, com seu corpo, seus bens, sua alma; está tudo bom para ela quando se trata de se enfeitar para que a fantasia do homem encontre nela sua hora da verdade.[18] Apesar de eficaz, o toque de escárnio que ela amiúde introduz nisso não deixa de ser superficial, embora marque com uma nuance de protesto a alienação de seu ser a que a estrutura a condena. Mas ultrapassá-la seria sacrificar o próprio semblante da mulher. A experiência mostra que, em sua maioria, elas se resguardam disso.

No fundo, imputar as concessões das mulheres à mascarada é marcar o caráter condicional de seus sacrifícios, que não passam do preço pago por um benefício muito preciso. Digamos, de forma condensada, que a mulher às vezes assume ares de masoquista, mas para se dar ares de mulher, sendo a mulher de um homem, na impossibilidade de ser A mulher. O amor que ela convoca como complemento da castração, para nele assentar seu ser, define o campo de sua sujeição ao Outro e de uma alienação que reproduz a alienação própria do sujeito. Mas esse é também o campo, que as feministas quase nos levariam a esquecer, de seu poder como objeto causa do desejo.

Também para ela, no entanto, há, evidentemente, uma meta do além do semblante. E, mais que uma meta, um acesso (cf. o seminário *Mais, ainda*) a um outro gozo, o qual efetivamente supera as descontinuidades do gozo fálico. Distingamos bem o efeito de ser que se ganha no amor, ao preço de muitas concessões, do gozo que ela obtém de quebra, e que, este sim, vai além do semblante e nos obriga a relativizar aquilo a que sua mascarada a faz renunciar. Um único inconveniente: os percalços do amor.

"Masoquismo moral"?

A partir daí, podemos repensar a posição feminina em relação ao que Freud chamou, inicialmente, de masoquismo moral. Se Freud não afirmou que a mulher é masoquista, ele efetivamente descobriu e afirmou, ao contrário, o masoquismo universal na civilização. O gosto pela dor, que parece mover o perverso masoquista, só lhe interessou tanto por objetar à homeostase do prazer, e por respaldar a hipótese de 1920 sobre o mais-além do princípio do prazer. Freud voltou a ele em *O mal-estar na cultura*, para dizer que esta última educa o homem na posição sacrificial, por sua exigência cada vez mais desenfreada de sublimação, o que ele formula da seguinte maneira: sacrificar as pulsões aos ideais da cultura. É uma escolha forçada, obviamente.

Esse tema do sacrifício mereceria que nos detivéssemos nele, já que a atualidade política lhe confere, aliás, uma acuidade renovada.

Há um sacrifício inerente ao surgimento do sujeito como tal, pois o ser precisa sacrificar-se ao significante e à perda por ele implicada para que surja o próprio sujeito, mas a posição sacrificial é outra coisa. Ela é menos avaliada pelos objetos que imola que pelo motor do próprio ato, digamos, na causa do sacrifício. Os objetos a entrar nos lucros e perdas são os mais variados, só tendo em comum um único traço: representar, para o sujeito, algum valor de gozo. Por isso, o sacrificável é relativo aos interesses singulares do sujeito, não havendo nele nenhuma universalidade. Na maioria das vezes, o sujeito sacrifica um mais-de-gozar a um outro. Trata-se de sacrifícios "condicionais", exigidos pela estrutura. Estando excluído o gozo infinito, o falasser [*parlêtre*] fica condenado aos conflitos... de gozo. Não há outros conflitos. Assim, todos passam o tempo a fazer sacrifícios: sacrificar uma coisa a outra, a família à ambição, o amor à profissão, a felicidade ao saber, o filho ao homem amado, a mulher pobre à mulher rica etc. Pensemos em Marx e no caminho infernal que lhe custou sua mais-valia; pensemos também em Édipo e no preço consentido por sua paixão.

Do lado das mulheres, há um caso ilustrativo bastante conhecido, identificado na história da psicanálise: é a desistência feminina em favor do objeto, em sujeitos que renunciam a qualquer ambição pessoal em prol do homem amado que se dedicam a apoiar. Hélène Deutsch descreveu de maneira bastante exaltada esse tipo de abnegação, que ela ficou bem longe de exemplificar em sua vida, mas em que julgou reconhecer a verdadeira feminilidade. Mesmo assim, trata-se apenas de um sacrifício condicional, subordinado à satisfação narcísica de se realizar por procuração do outro, como "a mulher de...". Nisso, no fundo, estamos no registro da aritmética das satisfações. Desses sacrifícios condicionais, entretanto, o homem e a mulher não fazem o mesmo uso. Comumente, as mulheres fazem grande alarde do preço que pagam para chegar a seus fins. Os homens em geral são mais discretos, ou até pudicos, mas isso é porque a queixa, sem dúvida, embora não caia bem no desfile viril, é propícia à mascarada feminina.

O que Freud descreve no capítulo VII de *O mal-estar na cultura* vai mais longe. É a verdadeira posição sacrificial, que eleva o sacrifício condicional à dignidade de um fim, numa lógica infernal que pretende que o "masoquismo do eu", isto é, na realidade, o gozo retirado do sacrifício das satisfações pulsionais, alimente e sustente a ferocidade do supereu glutão. O *Kant com Sade* de Lacan faz eco ao *Mal-estar* de Freud: uma vez sacrificado, como preconiza Kant em sua grandiosa *Crítica da razão prática*, todo o patológico da sensibilidade ao universal da lei,[19] resta então o objeto oculto, a voz grossa que ordena o sacrifício. Não é por ser do tempo em que a voz dos profetas calou-se, e por querer atingir o universal tanto quanto a ciência, que essa moral deixa de ser uma moral feroz.[20] Os ardis da renúncia, ou, melhor dizendo, do gozo através da renúncia, fazem do civilizado, ao contrário das aparências, um ser ávido de falta-de-gozar, e a questão é saber se as mulheres contribuem para isso, "rivalizando" com o homem.

Tal não é a tese de Freud, longe disso. *Totem e tabu* já apresentava uma sociedade de irmãos em renúncia, irmãos no gozo da falta-de-gozar, que não incluía as mulheres. E, ao alegar que as exigências do supereu são mais frouxas na mulher — o que, em sua pena, não é um elogio —, ele concluiu, numa lógica correta, que ela é menos propensa a se sacrificar à cultura e mais arraigada nas satisfações primárias.

Será que nossas próprias elaborações não reatualizaram a idéia de uma dose de desprezo pelo ter, propriamente feminina, que iria além da dimensão de mascarada, chegando ao verdadeiro sacrifício? Eu mesma não sublinhei o soberbo desapego de Ysé, de Paul Claudel, em *Partilha do meio-dia*? Ysé, mulher verdadeira, segundo Lacan, que sacrifica tudo a um absoluto mortal. Na série, evocou-se Madeleine, a esposa de Gide, em quem Lacan reconhecia Medéia.[21] Todas três têm em comum um ato absoluto, que despedaça as meias medidas de qualquer dialética e instaura um ponto sem volta. Uma, em sua comoção, queima para sempre as mais belas cartas de amor. A outra sacrifica até os filhos amados para atingir o parceiro e saciar sua raiva. Ysé, porém, não compõe completamente uma série com as outras duas.

Observo, além disso, que esse tema da mulher sacrificial não é enfatizado na cultura pré-analítica, ao contrário. O Velho Testamento nos trouxe o sacrifício de Abraão, onde tudo se passa entre pai e filho; o julgamento de Salomão certamente evoca a renúncia sacrificial de uma mulher, mas nisso, tal como Norma, ela só está presente como mãe. Quanto a Medéia, a quem se dá tanta importância, ela ilustra o inverso do sacrifício feminino, na verdade: a vingança absoluta da mulher supera de longe o sacrifício da mãe. Onde encontraríamos um verdadeiro sacrifício feminino? Ifigênia, Alceste e Antígona, filha, amante e irmã, talvez possam colocar-nos no caminho do traço de especificidade.

Madeleine e Medéia se unem pela característica da vingança extrema. Se Lacan reconhece o sinal da mulher sob a imagem ingrata de Madeleine, não é tanto por ela aceitar perder as preciosas cartas, mas por atacar diretamente no ponto de "dor requintada", por um ato que atravessa as aparências. O que era visado não era o ter fálico, mas o ser, insubstituível e único — e é justamente isso que Gide ratifica, ao evocar o buraco negro deixado em lugar do coração por essas cartas perdidas, que, observa Lacan, só tinham como duplo o próprio objeto *a*. Não é certo que, em Madeleine, seja a característica da perda sofrida por ela mesma, sob a forma das preciosas cartas, que predomina em seu ato. Pois, para ela, suas famosas cartas, que Gide via como idênticas a seu ser, não foram selvagemente destituídas de seu *ágalma*, no exato instante em que ela descobriu o quanto a infame deslealdade do gozo desmentia o discurso do amor exaltado?

Ysé é outra coisa. Abandona tudo, mas não sacrifica nada, pois, para ela, nada mais tem valor senão o que ela encontra de um gozo do amor. Assim como o luto concentra toda a libido do sujeito e o torna alheio ao mundo por algum tempo, seu amor a arrebata do mundo. Essa aniquilação tem sua lógica: se o amor anula por um tempo o efeito castração, mais ainda quanto mais absoluto é, ele esvazia correlativamente de valor os objetos que lhe são correspondentes. É por isso que, quando quer evocar o gozo que, na mulher, não se relaciona com o falo, Lacan recorre à experiência mística. De fato, é notório que o amor extático do místico o subtrai dos interesses da criatura e de todos os desejos da gente comum. Nada a ver, portanto, com a paixão masoquista do sacrifício. O místico atesta que é com alegria que ele renuncia ao mundo, não por gostar da dor, mas por ser cativado por... Outra coisa: a tentação, o sonho, talvez, de se abolir no gozo de um amor infinito. É esse o horizonte longínquo, quase divino, em que se resolve, para além de sua dimensão de mascarada, o masoquismo erroneamente imputado àquelas que Lacan chama de "recorrentes do sexo".[22]

Ysé, Madeleine e Medéia não são figuras sacrificiais no sentido comum da definição. É verdade que dão primazia ao gozo de ser em relação ao de ter, ao absoluto em relação à contabilidade, mas só a ideologia do ter pode ler nisso uma significação de sacrifício. Freud lia melhor, no fundo, quando reconhecia aí, antes, uma recusa do supereu civilizado. Talvez essa seja uma chave para compreendermos o que nos é anunciado com uma grande quantidade de estatísticas: que as mulheres de hoje, as do discurso capitalista, seriam mais deprimidas que os homens.

AFLIÇÃO FEMININA

De uns tempos para cá, se escutarmos as vozes dos médicos, assim como as dos estatísticos, elas nos anunciarão que, na civilização moderna, as mulheres seriam mais deprimidas que os homens. Verdade ou mentira, esse pequeno mistério merece ser elucidado.

A querela da depressão

Há uma querela da depressão. Aliás, ela abarca uma briga maior entre a psicanálise e uma psiquiatria que, em nome de uma abordagem pretensamente científica, procede cada vez mais à foraclusão do sujeito. Esse debate já data de alguns anos, e nele não partimos do zero. Em oposição a uma psiquiatria que se crê tão moderna quanto sua farmacopéia, por só valorizar o mais obsoleto empirismo, e que passa por cima da dimensão do sujeito justamente onde é dele que se trata, podemos denunciar, com justa razão, tanto a "impropriedade conceitual" do termo "depressão" quanto a incoerência dos fenômenos que ele supostamente abrange.

Esta conclusão é unânime em tantos trabalhos, que a considero aceita: a depressão, no singular, simplesmente não existe. Decerto existem estados depressivos, que podemos descrever e recensear, mas seus graus e variações desafiam a unificação do conceito. Podemos dizer *a* psicose, *a* obsessão, *a* histeria etc., mas não podemos dizer *a* depressão. E nem mesmo *as* depressões, como diríamos *as* perversões, pela impossibilidade de descrever tipos que tenham alguma consistência. Quando muito, na variedade dos fenômenos, podemos isolar a coerência da psicose melancólica, mas sob a condição de não reduzi-la ao humor tristonho.

Alguns dados novos devem ser levados em conta, porém. O fato só existe por ser dito, afirmava Jacques Lacan. Nesse aspecto, não se pode duvidar de que os fatos da depressão vêm se multiplicando na civilização do mal-estar. Isso se deplora, se denuncia, mas existe. Este "se" que menciono é, neste ponto, o da globalidade sempre movida pela nostalgia, e que sonha com outras épocas mais heróicas ou mais estóicas, ou, pelo menos, mais palpitantes. Mas o fato está aí. Duplamente: como queixa dos sujeitos e como diagnóstico para tudo, por parte de médicos e psiquiatras. A crítica dessa nova moda já não está por fazer, mas, infelizmente, não tem nenhuma chance de sustar o fenômeno. O próprio psicanalista é implicado, pois a queixa que lhe é dirigida se formula, com freqüência cada vez maior, no vocabulário da depressão, que ao mesmo tempo motiva a demanda e, muitas vezes, objeta também à regra do bem dizer. Insiste-se comumente no caráter induzido dessa nova língua. O argumento é pertinente — quanto mais se diagnosticarem deprimidos, em nome do saber suposto do médico, mais haverá sujeitos que se dirão deprimidos —, mas é inútil e não discriminativo. Na verdade, não é esse o caso geral? Excetuada a invenção, acaso todos não falam numa língua do Outro, que aliás eles também induzem, já que recebem desse Outro "sua própria mensagem sob forma invertida"?

A verdade é que, como psicanalistas, não podemos mais falar a língua dos psiquiatras de hoje, embora nossas categorias diagnósticas nos venham dos psiquiatras clássicos.

Os tipos de sintomas de que continuamos a falar, a exemplo de Freud e Lacan — histeria, obsessão, fobia, perversões, paranóia, esquizofrenia, melancolia, mania etc. — foram descritos pela psiquiatria do começo do século XX. Nem Freud nem Lacan rejeitaram sua pertinência, ambos reconhecendo a consistência desses tipos. No que concerne a Freud, o final do capítulo 17 das *Conferências introdutórias sobre psicanálise*, intitulado "O sentido dos sintomas", é claramente instrutivo quanto a isso. Além da interpretação pelo sentido histórico e singular, ele se interroga sobre a interpretação a ser dada ao fato de haver tipos de sintomas. E não vê senão o recurso às experiências típicas da humanidade, à filogênese, para explicá-los. Essa referência obscura tornou-se supérflua pela atualização da estrutura, que evoca uma outra introdução — a da edição alemã dos *Escritos*, onde Lacan afirmou que os tipos clínicos, apesar de datarem de antes do discurso analítico, nem por isso deixam de ser do âmbito da estrutura. Essa referência à estrutura, de fato, é a única que permite conceber, ao mesmo tempo, a consistência dos fenômenos descritos pela psiquiatria clássica e o que também se constata por outro lado, isto é, que os sintomas mudam, mudaram, e são, como diz Lacan num neologismo calculado, "hystóricos".* Históricos em suas manifestações, por serem função da língua e do discurso da época, mas trans-históricos em sua estrutura, e esse fato, por si só, nos dispensa de refazer o vocabulário a cada guinada da história, impondo-nos reconhecer a mesma estrutura sob quadros cambiantes.

* Neologismo calcado na combinação de história e *hystérie* (histeria). (N.T.)

Essa inconsistência da noção de depressão, evidentemente, não é razão para que os fenômenos depressivos desestimulem o pensar. Eles devem ser incluídos no conjunto compósito dos sofrimentos que são endereçados ao psicanalista. Também os encontramos na transferência, no decorrer da análise, e até em sua fase final. Freud, esbarrando nas graves depressões de alguns sujeitos femininos no final do tratamento, e Lacan, assimilando o momento de passe a uma posição depressiva, são testemunhas disso e não recuaram diante do fenômeno, consistindo todo o problema em saber, em cada ocorrência, a que estrutura ou a que causa ele se refere.[1]

Sinal do tempo

Coloca-se a questão de saber o que esse fenômeno deve à época. Ela registra, com certeza, a ascensão de um novo discurso sobre a depressão. A multiplicação dos deprimidos é seu grande tema, diagnosticada como um sinal dos tempos, um sintoma dispendioso que impede o funcionamento e, para retomar o termo freudiano, uma hemorragia de energia e dinheiro que sobrecarrega a sociedade e desafia as políticas de saúde.

Esses novos doentes não provêm de uma geração espontânea. É muito evidente, e até banal hoje em dia, fazer referência, como causa primária, ao destino característico do sujeito moderno, numa civilização condicionada pelo discurso da ciência e pela globalização do capitalismo liberal que se seguiu a ele. A realidade mudou, de fato: padronização e anonimato superegóico dos estilos de vida, deterioração dos vínculos sociais, catástrofes mundiais etc.

Quanto aos sujeitos, a experiência da morte do Outro, cuja derrelição e angústia se fizeram descobrir, deixa-os carentes das antigas crenças no universal e das grandes causas do passado. Assim, vemos subirem no palco literário, de Kafka a Beckett, passando por Pessoa e muitos outros, as novas imagens do absurdo, todos esses heróis derrisórios que tateiam em situações de extravio, e sob os quais se revela a face oculta do que foi a vitalidade expansiva, inspirada e conquistadora do poeta norte-americano Walt Whitman, no século XIX.

Nenhuma ética supostamente contratual conseguirá estancar o clamor desse desamparo — *Hilflosigkeit*, dizia Freud. Como bom lógico, o século XX certamente não escreverá "Goedel e Heidegger com Habermas", tal como Lacan pôde escrever "Kant com Sade". É que, nessa crise dos semblantes, à frente da qual está a do pai, é claro, o sujeito fica transtornado, à procura de um novo desejo a esposar, que o liberte das simples satisfações taciturnas da pulsão. Deus já não é conveniente, nem tampouco os mestres do saber. Certamente podemos apostar no retorno dos pequenos deuses e suas seitas, desde que a histeria desempenhe seu papel, ela que não passa sem o Outro, mas, neste meio-tempo, é lógico que, num mundo em que os olhos estão tão abertos que todos os valores ficam sob a ameaça de serem suspeitos de impostura, em que o velho utilitarismo de Bentham, tal como relido por Lacan, recupera seu vigor, e em que, na verdade, o cinismo generalizado do gozo impera como senhor, é lógico, dizia eu, que, num mundo assim, os neuróticos, sempre meio ao estilo da "bela alma", se... deprimam, justamente eles, que uma longa análise nem sempre consegue fazer com que encarem o que Lacan designou de "soldo cínico" de toda elaboração de linguagem.

Esses deprimidos de quem não gostamos

Evidentemente, à medida dessas novas provações, surgiram novos recursos, a título de contrapartida, segundo parece. Havendo-se estendido ao psiquismo o direito à saúde, fez-se reconhecer uma legitimação crescente das queixas subjetivas. A psicanálise contribuiu amplamente para essa legitimação, embora não seja a única a colher os suspiros. Dir-se-ia que essa é também uma vitória em relação à foraclusão da dimensão própria do sujeito na civilização da ciência. Mas, como que por artimanha de uma razão pseudocientífica, com a categoria da depressão, o aviso de recebimento é hoje consignado ao sentido da queixa, e, por não se saber ler na deploração da dor pelos sujeitos o que ela traz de experiência íntima de término ou de perda, ela é reduzida às supostas disfunções da doença.

Um traço marcante, a meu ver, é que nada no discurso atual permite atribuir-lhe valor humanamente positivado. Não nos esqueçamos de que outras épocas souberam dar sentido, mesmo ao preço do que se nos afigura uma ilusão, às diversas formas de questionamento da vida. O tema da fé e do apelo a Deus abrigou muitas aspirações mortíferas, e a devoção sublimada, inúmeros desgostos com o mundo (cf. o *Biathanatos* de Donne*). A idealização romântica, por sua vez, soube absorver as amabilidades servis do homem abatido e os desesperos do amor, e até fazer deles uma pose sedutora. Quanto ao gosto mórbido pela melancolia, porventura ele não se justificou num suposto protesto contra a burrice — não é mesmo, caro Baudelaire? — etc. etc. Estes são apenas exemplos dispersos, tomados de empréstimo no campo da sublimação religiosa ou literária, mas permitem, em si mesmos, mostrar como, curiosamente, o discurso contemporâneo não gosta da depressão, ainda que tanto fale dela.

Incapaz de elaborá-la em formas sublimadas, pensa nela como um déficit, nunca como um valor. Uma falha em relação à saúde, quando é o médico quem fala, mas também uma falta, já que só o psicanalista a toma dessa maneira: uma falta moderna,

* Na década de 1610, o poeta e sacerdote inglês John Donne (1572-1631) escreveu essa espécie de tratado casuístico erudito sobre a possível legalidade do suicídio, que só foi publicado postumamente, em 1644. (N.T.)

com certeza, contra o obscuro imperativo de otimismo que nossa civilização impõe, contra a ordem de "progredir", "enfrentar" etc. Os próprios sujeitos a percebem em sua dimensão de demissão e, muitas vezes, evocam-na como uma renúncia ante a luta. Veja-se o "entrego os pontos" que evocamos há pouco.

É claro que sempre há, sobretudo graças à histeria, uma empatia especial pelo sujeito que já não tem êxito. O homem alegre e dinâmico é admirado ou invejado, mas é raro suscitar uma verdadeira simpatia. Ao contrário, cede-se com maior boa vontade ao contágio da tristeza do homem abatido, e a compaixão está sempre pronta a se dedicar e a dar apoio. Hoje em dia, porém, entre nós, o "*blues*" não é coletivizante, e uma civilização que valoriza a competitividade e a conquista — ainda que, em última análise, trate-se apenas da do mercado —, tal civilização não pode gostar de seus deprimidos, embora os gere em número cada vez maior, a título de doença do discurso capitalista. A própria empatia que evoquei, aliás, muitas vezes é mitigada, porque o sujeito que não cede em sua depressão irrita e, vez por outra, induz à fuga (Winnicott nos diria que sob o efeito de uma defesa maníaca!). Não é apenas que ele faça malograr os mais dedicados esforços. É que faz com que se experimente outra coisa: para além da impotência dos argumentos, bem como da inadequação das tentativas de persuasão, não obstante o desagrado dos cognitivistas, ele desvela lateralmente a desrazão do apego ao mundo — que, no entanto, não é desprovido de causa, S (A) — e, dando testemunho da contingência radical do que se acredita ser "o sentido" da vida, solicita no interlocutor o que Lacan chamou de a "junção mais íntima do sentimento de vida".[2]

O deprimido inquieta porque, por sua simples existência, ameaça o laço social. Daí a reprovação. Ela não é nova, mas hoje é unânime, ainda que por motivos muito diversos. As épocas de fervor religioso leram na depressão um insulto à fé, um ataque ao vínculo com o Outro divino, e fizeram dela um pecado. A época moderna vê nela, ao mesmo tempo, uma doença e uma desistência. Observe-se que a psicanálise não se excetua dessa reprovação. Quando Lacan situa a tristeza como uma covardia moral, apoiando-se em referências da época anterior às ciências — Sto. Tomás de Aquino, Dante e Espinosa —, ele decerto rompe com tudo o que se diz dela noutros lugares, porém não é menos juiz. Daí a necessidade de apreender o que distingue o veredicto da psicanálise do formulado pelo discurso comum.

Os ditos da depressão

Como tudo que chega a seu alcance, os psicanalistas só vêm a conhecer a depressão através dos ditos do sujeito. O analista em exercício, portanto, só sabe dela o que lhe é confiado, sob forma atual ou retrospectiva. Esse é um caminho que, não podemos desconhecer, deixa à margem todo um espaço clínico, pois não se encontra com os que passaram para o outro lado do muro da linguagem e que a psiquiatria acolhe. Refiro-me aos estados melancólicos em que o sujeito se fixa no silêncio e na dor petrificada, tornando-se inacessível, a partir de então, a qualquer apelo do semelhante. A exemplo do próprio Freud, e não menos de Lacan, o psicanalista sem dúvida deve instruir-se sobre esses casos extremos, ou esclarecê-los com seu saber, mas eles ficam fora do alcance do processo analítico, que não tem como acolher os que, emparedados numa dor e numa petrificação sem palavras, recusam-se ao exercício da fala. A tal ponto que nos poderíamos perguntar se, entre a psicanálise e a consistência dos estados depressivos, quando ela existe — e supondo que essa expressão tenha algum sentido —, não há uma relação de exclusão. Quando ela é falada, no entanto, fiamo-nos no que se diz dela, dentro e fora da psicanálise.

O estado depressivo é reduzido com excessiva facilidade, ao que me parece, ao afeto de tristeza. Sem dúvida por abordarmos esta última com a sentença com que Lacan a estigmatiza: tristeza, covardia moral. Mas o estado depressivo não se reduz ao afeto como sentimento. Quem diz "estou deprimido" implica, sem dúvida, dor e tristeza, a tal ponto que um deprimido... alegre seria algo próximo de uma contradição; mas a recíproca não é verdadeira. O sujeito triste nem sempre está deprimido, e o deprimido, por sua vez, pode estar nessa condição em meio a uma indiferença de sentimentos. Prova disso é que podemos falar de sujeitos que nunca estiveram deprimidos, mas não imaginamos um homem para quem a palavra "tristeza" não tenha nenhum sentido e que não possa referi-la a nenhuma experiência pessoal. De fato, existe uma tristeza genérica, o que equivale a dizer praticamente inevitável, universal — por que não? —, uma vez que se prende à condição do falasser [*parlêtre*]. É assim que Freud a situa, como o resultado normal de algumas transformações da libido — ainda que tenha suas formas patológicas.[3] Como efeito de linguagem, o sujeito é essencialmente saturnino.[4] A tese de Lacan, ao incluir a dimensão ética na abordagem da tristeza, não contradiz isso. Ele faz desse afeto o destino específico de quem se demite de seu dever "de se referenciar no inconsciente",[5] e portanto, uma falta, um pecado "que só é situado ... a partir do pensamento"; por outro lado, no entanto, como é impossível alguém se referenciar por inteiro no inconsciente, está dada a margem para aquilo que, do pecado da tristeza, é estruturalmente irredutível para todos.

Na afirmação da depressão, de fato, há sempre mais que a simples dimensão afetiva: o sujeito a evoca como uma perda de interesse ou de capacidade, em formulações do tipo "já não tenho... forças, coragem, ímpeto etc.", quando não é a própria vida que lhe parece não mais ter sentido, gosto nem valor. Isso é mais que a tristeza, cujas palavras são outras. É algo que toca no próprio ânimo do sujeito e repercute infalivelmente, no nível de suas iniciativas, como efeitos de inércia que, além da coloração do sentimento, afetam o próprio princípio do interesse e da ação. Poderíamos ficar tentados a concluir que se fala de depressão quando a tristeza passa ao ato, ao ato de inibir os dinamismos da vontade, mas isso equivaleria a desconhecer que a tristeza em si é apenas um efeito, e que é preciso buscar em outro lugar a causa dessa deflação libidinal que deixa o sujeito não apenas triste, mas como que "sem ímpeto". Com essa expressão, acaso lalíngua [*lalangue*] não registra uma referência implícita à causa? Aquela mesma que constatei num certo sujeito que, ao sair de uma depressão, justificadamente qualificada de melancólica, testemunhou, com notável precisão: "Eu não sofria, mas já não tinha comando de mim", e insistia em não poder dizê-lo senão através dessa expressão de sua lavra. Vê-se que ela tem uma surpreendente consonância com a de Lacan, quando ele diz que o sujeito melancólico tenta se reunir ao objeto *a* "cujo comando lhe escapa".[6]

De fato, na linguagem comum, o estado depressivo é formulado em metáforas corporais. Declina-se em imagens do corpo paralisado, imobilizado, que "não funciona mais", "não vai mais adiante", "não enfrenta mais", "entrega os pontos" etc. E não chegamos até a dizer "eu me prostro" para expressar a idéia de que renuncio, enquanto a dor é evocada numa imagem de petrificação e de movimento impedido, como observou Lacan em seu seminário sobre a angústia? Todas essas expressões que se depositam na língua nada mais são, sem dúvida, que restos de experiências subjetivas, porém, por mais degradado que seja seu poder metafórico, ainda assim elas deixam vestígios. Último recurso da preguiça do bem-dizer, em geral elas são suplantadas pelas palavras singulares que cada sujeito tira de seu repertório, para expressar, ao mesmo tempo, o vazio e a inércia, e os ditos da depressão sempre apontam para uma intersecção em que se conjugam a tristeza e a inibição.

A causa do desejo tomada pelo avesso

A psiquiatria de hoje dá grande importância a essa dimensão da inibição, porque ela lhe serve para desconhecer a tecla subjetiva, em prol de um suposto déficit do eu. Não é assim que a entendemos, mas, apesar disso, não há motivo para minimizar sua dimensão. O próprio Freud via nela um efeito da divisão do sujeito, e a imputava ora à defesa paralisante contra o retorno do recalcado, ora às proibições punitivas do supereu e às distribuições dos investimentos ordenadas por aquela e por estas.[7] Claramente, ele já a reconhecera como um fenômeno do sujeito e a ligara explicitamente à depressão. É verdade que, em sua célebre tríade, *inibição, sintoma* e *angústia*, assim como na retomada que dela fez Lacan durante seu seminário sobre a angústia, o termo "depressão" destaca-se por sua ausência e por sua diferença, se ali tentarmos inseri-lo. Na verdade, a tristeza depressiva não é a angústia, o afeto típico da relação com um real inassimilável; ao contrário, ela é um "senti-mente" que engana quanto à causa; também não é um sintoma — não tem sua estrutura nem sua consistência —, mas, antes, um estado do sujeito, passível de oscilações e compatível com as diferentes estruturas clínicas.

Sem ser estrutura nem afeto do real, a depressão, no entanto, faz parte das figuras da inibição. Aliás, foi assim que Freud a entendeu quando, ao falar dela no fim de seu primeiro capítulo, esclareceu que, nos "estados depressivos", a inibição é "global",[8] paralisando o conjunto das funções libidinais. Por aí se evidencia que os estados depressivos, por mais variados e flutuantes que sejam, mesmo assim enquadram-se no âmbito de uma formulação unitária. Digo: suspensa da causa do desejo, a inapetência apática e dolorosa a que chamamos depressão encontra sua condição estrutural maior na queda de sua eficácia. Assim, falar de depressão nada mais é que tomar essa causa do desejo pelo avesso, por seus fiascos ou suas vacilações.

Observo, aliás, que essa tese explicita de imediato o que chamo de efeito antidepressivo da psicanálise. Por mais limitado que seja, nem por isso este é menos patente, e decorre do fato de que, do começo ao fim, a psicanálise funciona pela causa do desejo. Primeiro na entrada, quando introduz o sujeito numa temporalidade de espera que sustenta ou restaura o vetor do desejo, e também na saída, porque a conclusão, por menos que se dê, marca um além da posição depressiva.[9]

Esta formulação é válida para todas as estruturas, quer se trate das vacilações da causa, nas neuroses, ou de sua colocação fora de jogo, na psicose melancólica. Por um lado, há a foraclusão própria da psicose e seu correlato de um gozo como excedente, que explicam sua colocação fora de jogo. Suas formas são múltiplas e nem sempre espetaculares ou patéticas: desde indiferença, apatia e apragmatismo os mais discretos — a ponto, às vezes, de se confundirem com o "normal" — até os paroxismos mais impressionantes da dor e da inércia melancólicas. Pelo lado das neuroses, são também numerosas as ocasiões em que falha, durante algum tempo, o que Lacan chamava de "potência da pura perda".[10] Essa expressão, que convoca a eficácia vital do que Freud, por sua vez, referia ao objeto perdido, é ótima para indicar que "a morte atualizada na seqüência significante"[11] tanto preside o sentimento da vida e seus dinamismos quanto suas recaídas depressivas, e que, portanto, estas decorrem de conjunturas mais contingentes, a serem situadas na articulação da relação com o objeto.

Eficácia da castração

Se perguntarmos: Então, o que deprime seria o intolerável da castração?, a resposta só pode ser negativa. A castração, se esse é o nome que damos à perda da coisa gerada pela linguagem, sem dúvida está sempre implicada no afeto depressivo, mas, se é uma das condições deste, está longe de ser sua causa. Podemos até acentuar a tese inversa, ou seja, que a causa do desejo só adquire sua função pela eficácia da castração — o que é dito pela expressão "potência da pura perda", segundo Lacan. E qual é essa potência, senão a que impulsiona e mantém toda sorte de dinamismos, conquistas e iniciativas, aquela que assim oferece ao sujeito já morto do significante a vitalidade anômala e paradoxal de um desejo decidido?

Se existe um afeto próprio da castração, ele não é realmente a depressão, mas a angústia ou até o horror, que são algo totalmente diverso. Então, será essa uma triste verdade, como sugere a língua? A verdade não é triste: é horrível, desumana; e o horror não deprime, mas, antes, desperta. Concebe-se, assim, que uma análise que, longe de resolver a castração, a reproduz ("assunção da castração", dizia Lacan em certa época, no vocabulário da transformação do sujeito, e, mais tarde, instauração da função proposicional $\forall x.\varphi x$, que reescreve a castração em termos da lógica dos conjuntos), concebe-se, dizia eu, que uma análise efetivamente resolva o que chamarei de tentações depressivas e que, vez por outra, consiga invertê-las no efeito de entusiasmo, sem que haja necessidade de exortação ou de outra sugestão.

A depressão não é diretamente produzida pela castração, nosso único universal, talvez, mas pelas soluções singulares que cada sujeito lhe dá, as quais variam em função das contingências, mas sempre implicam a dimensão ética. Nesse sentido, a expressão que evoca o sujeito como "estruturalmente deprimido" — subentendendo-se, em razão da castração — carece de exatidão. Seria mais correto dizer "estruturalmente deprimível", pois que a depressão sempre surge em função das metamorfoses da articulação com o objeto.

A clínica da causa, na medida em que articula a falta da castração com o objeto mais-de-gozar que corresponde a ela, desdobra-se entre dois limites. Num extremo, a castração funda a potência desejante, erigindo o objeto em sua potência *agalmática*. É o que ilustra, embora muito longe de nós, Alcibíades, "o desejante por excelência",[12] para quem a castração está incluída no objeto: $a/-\varphi$. No outro extremo está a extinção dos fogos, a perda da relação com o mundo, a estase do ser petrificado do melancólico, ele mesmo transformado em objeto rejeitado, encarnando um gozo externo à referência fálica: a/φ_0.

Entre os dois situam-se todos os fenômenos ambíguos da neurose. Chamo-os de ambíguos porque os estados depressivos do sujeito neurótico são igualmente imagens do desejo: são o que resta dele quando, desintrincando-se da pulsão, daquilo que Lacan chama de sua alma pesada, ele se desliga dos "rebentos vivazes da tendência ferida",[13] e tende a se reduzir a sua instância negativa. Então, recusando todos os mais-de-gozar, e mesmo quando, como se costuma dizer, "tem tudo para ser feliz", o sujeito, por sua inapetência tristonha, se anula. Não se trata do grau zero do desejo, mas de sua redução mais ou menos consumada ao fundamento do $(-\varphi)$ da castração. Nesse estado, o sujeito efetivamente goza com alguma coisa, porque sua rejeição das ofertas da vida fomenta a utopia oca desse nada que é a outra coisa que não existe, e sobre a qual Paul Claudel, em *O sapato de cetim*, diz, maravilhosamente: "E não é nada senão esse nada que libera de tudo?" E, com efeito, porventura ele não deixa o sujeito gozar com a consistência, por assim dizer, acorporal da castração, a ser escrita como $(-\varphi \cong a)$?

Da histeria à obsessão, as formas certamente diferem, não excluindo, além disso, toda sorte de conjugações com os tristes prazeres do auto-erotismo, ou até os gozos taciturnos da pulsão, mas o importante aqui é a curva de conjunto em que se distribuem os fenômenos. Do desejo conquistador ao desejo abolido do melancólico, passando pelo desejo problemático ou duvidoso da neurose, o amor pelo objeto, o ódio a si mesmo e o investimento narcísico ordenam-se nessa ordem. A articulação com o gozo se impõe, evidentemente: a partir do momento em que o próprio desejo é uma defesa, ali onde ele diminui, o gozo aumenta. Portanto, também é exato dizer que o estado depressivo é uma forma de gozo, mas essa formulação só será operacional se conseguirmos, em cada caso, fornecer suas coordenadas singulares.

Clínica diferencial

É aí que reencontro a questão de as mulheres se deprimirem com maior freqüência. As estatísticas mais recentes alegam constatar isso, embora, no tocante à psicose maníaco-depressiva, não registrem, entre o homem e a mulher, nenhuma variação significativa. Este último ponto não há de nos espantar, se considerarmos que o império da foraclusão não conhece a fronteira entre os sexos. Quanto às primeiras, os psicanalistas, que não se fiam em estatísticas, poderiam desprezá-las e ver nelas apenas um artifício: de fato, o que hoje se imputa à depressão é a queixa.

Ora, a propensão para a queixa, assim como a tolerância que a acolhe, varia em função dos sexos. Se as mulheres se queixam mais facilmente, é porque a confissão das fraquezas do ser, de sua tristeza, sua dor ou seu desânimo, em suma, de tudo o que pode reduzir seu ímpeto e sua combatividade, é mais compatível com as imagens padronizadas da feminilidade que com os ideais da virilidade. E tem mais: a queixa em si feminiza, a tal ponto que, do lado do homem, aprende-se a refreá-la, ao passo que, do lado da mulher, nada impede que se faça uso dela, chegando-se a ponto, às vezes, de colocá-la a serviço da arte de agradar: "Um arzinho de dúvida e melancolia,/ sabes, Ninon, deixa-te muito mais bela", já dizia Musset numa incitação.

Entretanto, não podemos esquecer que o próprio Freud, ao conectar a depressão da mulher a sua posição no tocante à castração, faz da inveja do pênis um fator predisponente. Conhecemos o impressionante itinerário feminino que ele nos descreve, à luz de sua experiência com a transferência: iniciado pela inveja e pela reivindicação, ele prosseguia pela expectativa do substituto, indo terminar na depressão grave, por desespero diante do impossível. Essas três fases, ademais, não deixavam de ser homólogas aos três tempos da erotomania que, pouco depois, foi descrita por uma certa psiquiatria, e a constatação empírica, fora da transferência, não parece contradizê-las com clareza. Parece até que se admite de bom grado que os sentimentos de inferioridade, de menos-valia — a deficiência de auto-estima, como hoje se costuma dizer —, tão propícios ao estado depressivo, são mais freqüentes nas mulheres e, aliás, bem atribuídos à inveja, porque esta faz com que se vivenciem as experiências de impotência próprias de todo sujeito no registro da comparação desvalorizadora que imagina que os outros estão menos expostos a isso.

A questão, evidentemente, não é estatística. Antes, está em saber o que poderia servir de base para essa dissimetria entre homens e mulheres quanto aos estados depressivos. Por que os "partidários do desejo" estariam menos sujeitos a eles que as "recorrentes do sexo"?[14] E, já que se trata da causa do desejo, busquemos a resposta do lado dos infortúnios do amor, que bem poderiam programar, para as mulheres, lutos sem equivalente no homem. Refiro-me aqui ao amor sexuado, deixando de lado o que se dirige à criança. Também ele comporta seu quinhão de inquietações, sofrimentos e renúncias, é claro, mas, para dizer a verdade, creio que mais atormenta do que deprime.

O amor, como é sabido desde sempre, é o tratamento espontâneo e quase natural da tristeza e do abatimento, e os afetos de plenitude e alegria que ele suscita opõem-se termo a termo, aliás, aos sentimentos de tristeza e vazio que marcam a posição depressiva. Quanto a esta, curiosamente, de um sexo para outro, há uma dissimetria bastante homóloga à que se observa quanto à homossexualidade: a do homem provém mais dos impasses do desejo, enquanto a da mulher é gerada a partir da falta de amor. Tomo-a por essa faceta.

Um suplemento de melancolia

Freud reconheceu o valor fálico do amor, já que postulou a equivalência entre a angústia de castração que é própria do homem e a angústia de perda do amor que é própria da mulher, mas as formulações de Lacan que distinguem o ter e o ser fálicos, como afirmei, é que permitem nos havermos melhor com isso. Formulemos a dissimetria: o ser fálico, única identificação que sustenta o ser mulher, sustenta-se no amor. Não é o que acontece com o homem, cuja virilidade se afirma pelo lado do ter, pela potência sexual e suas múltiplas metonímias. O ser mulher sustenta-se duplamente no amor, na medida em que o "ser amada" equivale a "ser o falo", e também na medida em que só se ama a partir da própria falta. Assim, podemos dizer: o amor, feminino.

Foi isso, aliás, que conduziu Lacan a afirmar, numa formulação ainda mais provocadora por ser perfeitamente rigorosa, que, quando um homem ama, o que decerto também acontece, é como mulher, ou, dito de outra maneira, como sujeito da falta, ele próprio, pois, no que concerne a seu ser de homem, ele não entende nada de amor — o que tudo indica, de fato —, porque "se basta com seu gozo".[15] As mulheres amam, portanto, mas por invocarem o amor. E o amor é invocado por ser um dom, enquanto o desejo é "apossamento". Por aí se compreende o efeito antidepressivo do encontro amoroso, que, embora comporte o corpo a corpo, não se reduz a ele, porque o amor se dirige ao dizer, efetuando o reconhecimento enigmático de dois inconscientes.[16]

Infelizmente, o amor é arriscado e, além disso, efêmero, como se sabe desde sempre. É por isso, aliás, que aspira a não cessar de se escrever, a se elevar ao necessário. Exaltante, quando ganhamos no encontro, o amor é também deprimente, quando perdemos. Ao colocar a causa do desejo no Outro, ele deixa o sujeito à mercê dos caprichos da resposta deste, e como que ameaçado de ausência. Essa alienação também é válida em relação ao homem, é claro, exceto que, quanto a ele, seu ser se sustenta em outra coisa que não o amor. As mulheres, com mais freqüência, fazem-se uma causa do amor e, quando ele falta, por contingência ou por um dado da civilização, já que hoje em dia ele está em crise, ficam carentes de causa. Pior: quando não se esquiva, o amor pode, por sua própria presença, oprimir o sujeito sob o peso de um Outro tão mais esmagador quanto mais lhe é remetida a causa do desejo. Freud reconheceu isso, ao destacar que o amor e a melancolia são dois casos de "esmagamento pelo objeto". Quanto a Lacan, em seu Seminário 1, ele não recua em dizer que o amor é um tipo de suicídio! Aqui, com efeito, a elação amorosa, a plenitude e a alegria dissimulam uma entrega ao Outro cujos graus são variados, mas que pode chegar ao extremo da abolição voluntária, em algumas formas de misticismo, por exemplo. Assim, quer se deixe apanhar, quer se furte, o amor sempre programa algum desencanto e, ao se fiar nele, toda mulher fica sempre meio... viúva! As conseqüências são variadas, quer se trate do luto agudo muito freqüente, da redução ao mínimo da alegria de viver, ou, às vezes, de metamorfoses imprevisíveis, tais como a redução típica ao ter que, com o correr do tempo, às vezes transforma a jovem apaixonada desiludida numa megera amarga! Ah, quem nos falará dos móbeis de certas avarezas femininas, como por exemplo a da Eugénie Grandet, de Balzac, ou a da Tristana de Buñuel?

Um fiapo de tristeza

Até aqui, só evoquei os efeitos do amor e suas conseqüências no nível da identificação fálica do ser. Mas é preciso referi-los também ao campo do gozo. Lacan assinalou nele uma articulação precisa, que liga a insaciabilidade do amor à não-relação sexual, e a exigência propriamente feminina a seu estatuto de Outro absoluto, não-toda na função fálica.

É notável que, no que concerne às mulheres, Lacan nunca sustentou a mesma opinião que Freud, ele que não deixou de introduzir o novo quanto à sexuação e suas conseqüências. Sem dúvida manteve a ênfase que Freud depositou na falta feminina, ao formular que todo sujeito, como tal, inscreve-se na função fálica da castração, mas, em se tratando de situar a diferença, reconheceu-a do lado de um gozo suplementar, "não-todo" fálico. Um gozo foracluído da linguagem, que o inconsciente não conhece, inassimilável, como que rejeitado ao limite da série — segregação —, excessivo em relação à cifragem possível. O problema é perceptível: se o remédio para a tristeza é "referenciar-se no inconsciente", em seus signos e suas ficções, qual será o afeto do gozo que não se inscreve nele e do qual a mulher, na medida em que é Outro para si mesma, está encarregada?[17]

Podemos aqui voltar ao problema da culpa. Freud, como sabemos, a remete ao pai, ao pai da Lei, ao pai morto de *Totem e tabu*, ao pai eternizado pelo assassinato, ao do monoteísmo. Evidentemente, isso é apenas um mito, mas ata irredutivelmente a culpa ao amor por esse pai morto, transformado em Nome-do-Pai e perante o qual a dívida é impossível de quitar. Pois bem, nessa questão, a distância entre Freud e Lacan é sensível.

A culpa, Lacan não a refere ao pai, mas ao gozo: ao gozo tal como existe no simbólico (é a própria falta deste último que torna falho o gozo, incluindo a existência e o sexo),[18] e também ao gozo como marcado pelo simbólico. Falho ele é, portanto, duplamente: por sua ex-sistência, de um lado, e também por seu desfalcamento pelo significante. "*Coupabilité*", diz Lacan.* pecado original é duplo: pelo gozo que existe e pelo que não existe mais. Nesse aspecto, o Nome-do-Pai, cuja "verdadeira função" é "unir (e não opor) um desejo à Lei",[19] longe de gerar a culpa, mais faz tamponá-la. Essa é a tese que explica realmente o fato de a culpa só se elevar à certeza delirante nos casos de psicose, precisamente onde falta a mediação paterna.

A tese freudiana que acaba atribuindo a culpa melancólica à identificação com o pai primitivo, aliás, não contradiz isso, por menos que reconheçamos nesse pai não o Nome-do-Pai, mas o pai de antes do assassinato, aquele que goza. Eu gostaria ainda de chamar atenção para as ultimíssimas observações de Freud de que dispomos, em número de nove, datadas de junho de 1938, porque elas apontam para uma abordagem que não passa pelo pai.[20] Sua própria seqüência é indicativa da gravitação dos pensamentos de Freud, uma vez que quatro delas dizem respeito à inferioridade feminina, à culpa ligada ao amor insatisfeito, à inibição e ao misticismo. Retenho delas apenas a inibição, visto ser correlata da depressão, como afirmei. Freud situa sua causa primordial na masturbação infantil, na medida em que seu gozo é "insuficiente em si". O que é, segundo me parece, um modo de dizer que o gozo fálico, na verdade pouco amável, não satisfaz. É o gozo "que não convém", culpado por definição, e cujo contra-senso a inibição deprimida denuncia e rejeita.

Quanto ao ser do gozo que nenhum significante identifica, nem mesmo o significante fálico, ele só é visado no discurso pelo insulto: "tanto a primeira quanto a

---

* Neologismo que altera a grafia de culpa (*culpabilité*) mediante o uso do radical de *couper* (cortar, reduzir etc.). (N.T.)

última palavra do diálogo",[21] beirando o inefável. Isso me leva à mulher que... é difamada.* Mais do que efeito da maldade, porém, isso se deve à impossibilidade de dizê-la com as palavras do gozo fálico. O importante, aqui, é que essa impossibilidade é igualmente dela, e que a experiência mostra, com efeito, que ela mesma não raro se difama. Reconheçamos nesse traço de melancolia que lhe é característico uma tentativa de falar de si mesma como Outro. Ora, no gozo não cifrado que lhe é próprio, e que a ultrapassa, porque não passa para o inconsciente, não há meio de uma mulher "se referenciar".[22] Daí um suplemento de tristeza, sempre possível e como que imotivado, se quisermos admitir aqui o termo que Guirault aplica a alguns assassinatos em que o sujeito visa diretamente o *kakon* do ser.

Nada a ver com os sentimentos de insuficiência que evoquei acima: esse traço e esse afeto sem dúvida não excluem a vivência de "inferioridade", mas, em si mesmos, não se referem à falta nem ao gozo fálicos, os quais mais geram angústia e inibição. O delírio de indignidade melancólica — que é outra coisa, naturalmente — é revelador neste ponto: passando ao extremo, ele mostra que o rechaço para o auto-insulto do gozo foracluído é á última defesa verbal antes da expulsão desse mesmo gozo pela passagem ao ato suicida. Mais comumente, quero dizer, fora da psicose, o rechaço para a injúria é como que o primeiro grau de uma sublimação paradoxal, que surge no lugar do gozo "de onde se vocifera que 'o universo é uma falha na pureza do Não-Ser'".[23]

Esse estatuto do gozo dá sentido ao apelo propriamente feminino de um amor eletivo. Essa exigência não pode resolver a desarmonia dos gozos, mas antes repete a desunião que, na aproximação dos sexos, dá vida ao Outro absoluto, tornando a mulher sempre Outra, Outra para si mesma. O amor, portanto, deixa-a sozinha com sua *heteridade*, mas pode ao menos indexá-la pelo nome do amante, como Julieta eternizada por Romeu, Isolda, por Tristão, ou Beatriz, por Dante. Daí se deduz que, para uma mulher, a perda do amor ultrapassa a dimensão fálica a que Freud a reduzia, pois o que ela perde, ao perder o amor, é ela mesma, porém como Outro denominado. Se, para Freud, o trabalho do luto sempre deixa subsistir um núcleo irredutível de fixação "inconsolável" ao ser perdido, e ainda mais inesquecível por ele ter sido radicalmente estranho, inassimilável,[24] Lacan faz divisar uma outra face do fenômeno, na qual o inesquecível para a mulher é o que o amor fez dela: o Outro que, com um mesmo movimento, o amor institui e... reabilita. Porque é justamente isso que nos é imposto pela lição dos amores místicos.

* Cabe ressaltar aqui a homofonia entre a mulher (*la femme*) *que l'on diffame* (que é difamada) e *que l'on dit femme* (que é dita mulher). (N.T.)

Benefícios do bem-dizer

Então, será que a psicanálise deprime as mulheres, como Freud julgou possível constatar? A pergunta equivale, na verdade, a indagar como e até que ponto a ética do bem-dizer, própria da psicanálise, é passível de aliviar a carga de gozo dos sujeitos e, especialmente, dos que não estão inteiramente no gozo fálico.

A psicanálise, que opera justamente *através* do amor transferencial, não trabalha *pelo* amor. Melhor dizendo, não teria esperança na solução espontânea que ele propõe. É divertido, aliás, constatar que Freud se formulou essa pergunta nos textos que dedicou à transferência, por volta de 1914, hesitando quanto ao que conviria atribuir ao amor. Sua resposta, como sabemos, é categoricamente ríspida. Ao contrário do que comumente se esperaria, uma psicanálise não garante nada quanto ao amor.

Faz melhor que isso, no entanto: longe de resolver a contingência, ela a confirma, revelando, sob seu efeito de ser, o des-ser irredutível do desejo e, sob a aspiração unificadora, a objeção do gozo fálico e da causa fantasística.

O bem-dizer, portanto, não poupa ninguém de ser afetado pelos paradoxos do gozo, na dupla vertente da limitação fálica e de seus suplementos, que às vezes cabem às mulheres. Mas a psicanálise é, hoje, o único discurso que oferece uma causa... diferente, e, por menos que o sujeito seja o "analisando lógico" que evoquei anteriormente, haverá um ganho de saber. Ora, isso não deixa de ter efeitos terapêuticos e subjetivos, porque, elevando as impotências vividas às coerções estruturais que as transcendem, toca no princípio mesmo do horror da castração, às vezes a ponto de produzir um certo efeito de entusiasmo. Daí concluirmos que a tristeza do aquém do bem-dizer pode ser estigmatizada, legitimamente, como uma falha. No que concerne ao amor, embora não se ganhe nada quanto a sua contingência, ele não sairá perdendo com isso, e pode até tornar-se "mais digno que a profusão do palavrório que ele constitui até hoje",[25] a acreditarmos em Jacques Lacan.

III

A Mãe

A MÃE NO INCONSCIENTE

A primazia do pai não existe mais, o que não é novidade. É uma falha decorrente da ciência, costuma-se dizer. De fato. Mas, em que pode transformar-se a família, fora dessa primazia? Será que a instância da mãe não assume um peso proporcional ao efeito de desagregação molecular que marcou o século passado, e do qual o indivíduo, muito mais que a família, anuncia-se como o derradeiro resíduo?

Prescindir do pai, dizia Lacan, sob a condição de servir-se dele. Da mãe, parece que também é possível prescindirmos, ou querermos fazê-lo, ou até devermos fazê-lo, o que já indica a dissimetria, mas sob a condição de que primeiro ela tenha servido... pelo menos para a produção do corpo. O sonho de Frankenstein confirma isso, e os avanços das técnicas de reprodução-ficção não o desmentem, ainda não. Ocorreu a Lacan designar as mulheres pelo termo "poedeiras". O toque um pouquinho infamante dessa redução etológica deixa claro que a mãe, como genitora, não é um semblante, ao passo que a disjunção entre a função reprodutora, real, e a função de semblante, simbólica, encontra-se exatamente invertida do lado do pai, o qual, como Nome, é um semblante, mas não um genitor.

Deixando de lado esse ponto limite da reprodução dos corpos, a função de maternação é substituível. As antigas práticas das amas-secas, assim como as práticas mais atuais da adoção, dão testemunho disso. Aliás, não faltaram tentativas históricas de substituir as mães, na fantasia ou na realidade. Basta pensarmos em Rousseau, com seu *Émile*, no qual a preocupação de afastar a mãe para sempre é tão premente, que o autor a torna uma condição *sine qua non* para criar... um homem. Exceto que, primeiro, de acordo com ele, é preciso que ela o amamente! Não nos esqueçamos também das diversas tentativas de educação não maternal, coletivizadora, que marcaram o século XIX, e com ideologias muito opostas.

Todavia, no vínculo social de hoje, a mãe ou seu substituto torna-se, num número cada vez maior de casos, o parceiro preponderante ou exclusivo da criança, ou, pelo menos, o único que é estável. Daí uma configuração que se tornou muito comum: uma mãe com seu filho ou filhos, acrescida, vez por outra, de um homem — ou uma série de homens que se sucedem —, ao qual se dá o nome de "companheiro da mamãe". Obviamente, as configurações concretas são múltiplas e variadas, mas a mobilidade dos laços sociais e amorosos dá ao cara-a-cara da criança com a mãe um peso novo na história, o qual não pode deixar de ter conseqüências subjetivas.

O debate sobre a mãe

Como se associa a psicanálise com essa mudança de situação na civilização? É uma pergunta dupla. Refere-se ao próprio discurso analítico, ao que se diz ou não numa psicanálise entre o analisando e o analista. Porém refere-se não menos à elaboração teórica que o explica, pois esta não deixa de responder pelos fatos que colhemos aí, já que prática e doutrina são solidárias nesse ponto.

Um fato curioso: a questão da função e do lugar da mãe na subjetividade é coextensiva à história das doutrinas do sintoma. A teoria analítica serviu-se muito do papai e da mamãe, isso é sabido. Infância, talvez! A questão essencial, de qualquer modo, concerne à causa do fato subjetivo central, irredutível, que Freud chamou de castração — o que significa, essencialmente, prejuízo de gozo —, a qual, diferentemente do Édipo, "não é um mito"[1] e requer alguns objetos compensatórios. Freud construiu uma estrutura que distribuía as funções: de um lado, um objeto de satisfação primária, de outro, uma função de limite. Assim se confrontam, no romance edipiano da criança, a mãe-objeto — seja de amor, de desejo ou de gozo —, objeto a ser perdido, e o pai freudiano, portador da proibição.

Depois desse pai do mito de Édipo, foi a mãe que os pós-freudianos fizeram subir no palco das causas. Várias mães, a rigor, com seu corpo cheio de objetos (Melanie Klein), seus cuidados (Winnicott) e seu amor primário (Balint). Em cada um dos casos, identificou-se a causa da infelicidade subjetiva com o fracasso ou os limites da função materna: cheia de objetos, ela poderia ser culpada de receptação; como envoltório incondicional, faltaria para com a presença absoluta; como amor, pecaria por "parcialidade", se assim posso dizer. Misturando desse modo a bela repartição freudiana, portanto, depositou-se nos ombros dela, ao lado da oferta de gozar, a primeira limitação do gozo, substituindo-se o princípio da legitimidade paterna pela falta do amor materno.

Esse retorno à mãe é parcialmente esclarecido por seu contexto. Inscreveu-se nos problemas do desenvolvimento da história da psicanálise: por um lado, sua extensão às crianças e à psicose, e por outro, seu esbarrão em limites com que o próprio Freud havia deparado. Após a idade áurea das primeiras descobertas colhidas nesse dispositivo, sabemos que ele foi forçado a constatar que o sintoma era apenas parcialmente dócil à operação de decifração, e a levar em conta o elemento resistente da estrutura. Em seguida, restava conceber esse componente recalcitrante. Pulsão de morte, além do princípio de prazer, reação terapêutica negativa, tropeço na análise interminável e, por último, mal-estar na cultura foram esses os termos da resposta de Freud.

Sem dúvida, lá estava o sintoma, desde o começo, para atestar uma certa hiância no gozo, mas, no começo, foi possível crer que ela era contingente e imputá-la a alguma distorção individual. Instruído pela experiência, Freud concluiu que ela era irredutível e até dupla: a coisa mancava, de um lado, por falta — a castração —, e de outro, por excesso: o imperialismo das pulsões, sempre parciais, mas que nunca desistem, nem mesmo ao preço do desprazer. Em outras palavras, há um gozo impossível de atingir, mas há também um gozo impossível... de reduzir.

Foi nesse contexto dos paradoxos do gozo que os psicanalistas posteriores a Freud convocaram a mãe. Não sem que uma lógica secreta os impulsionasse: com a mãe, afinal, foi o primeiro objeto do gozo impossível que eles elevaram à condição de culpado pela limitação. Quanto a esse ponto, nada era mais simples, aliás, do que apoiar-se na autoridade dos ditos do analisando, porque ele era o primeiro que, livre para dizer o que lhe ocorresse, não conseguia fazer outra coisa, houvesse o que houvesse, senão voltar, sempre e repetidamente, à infância e a seus primeiros objetos. Que a fala na transferência é como imantada pelas figuras originárias é um fato, mesmo que seja preciso mais do que isso, evidentemente, para situar a ordem das causas. E na queixa do analisando, já que essa é a forma inicialmente assumida pela fala transferencial, a mãe é infalivelmente convocada, inscrita no cerne das lembranças mais marcantes.

Será que isso quer dizer que é preciso atribuir o erro à família? Não é esse o postulado da psicanálise. Muitas coisas transitam entre as gerações, sem dúvida, mas, com certeza, não a causa dos sintomas: invocar uma causalidade familiar nesse nível tornaria ininteligíveis os efeitos terapêuticos da fala sob transferência, que se desenrola totalmente no espaço do sujeito. Mas isso não impede que cada um traga no mais íntimo de si a marca do "Outro primordial". Nesse aspecto, a psicanálise está em sintonia com o declínio do pai na cultura, pelo menos por não ter parado de enfatizar cada vez mais o papel da mãe.

Podemos traçar a curva geral desse debate. Ele concerne à função estruturante da mãe.

Freud acentuou sem ambigüidade a função essencial, central para ambos os sexos, da castração materna, no que diz respeito ao desfecho do complexo de castração.

Uns cinqüenta anos depois, com Winnicott, Balint e o chamado *middle group* inglês, passou-se resolutamente a outra coisa, qual seja: o papel insubstituível da presença e do amor maternos. Restou ainda, de permeio, inserir em seu lugar Melanie Klein, que menos assinalou a castração da mãe que seus objetos bons e maus.

Quanto a Lacan, de início chamou atenção para o desejo dela. O que equivale a dizer que, ali onde havia surgido a mãe do amor, ele invocou... a mulher. E a mulher para ele foi, primeiro, a mulher do pai, aquela que se inscreveu em sua escrita da metáfora paterna, assim retornando a um Édipo freudiano racionalizado em termos de linguagem. Mas Lacan não se deteve nisso, como sabemos: foi além do Édipo, onde situou a mulher barrada, Outra, não toda ocupada com o homem ou o filho, dessa vez.

É justamente esta a nossa pergunta: que dizer da mãe, do ponto de vista que inclui o além do Édipo? Não foi apenas a sociedade que mudou, acentuando cada vez mais, é verdade, o papel preponderante e às vezes exclusivo da mãe junto ao filho. Também a psicanálise mudou com o ensino de Lacan, com sua formalização, nos anos 1970, de uma lógica que não é a lógica unária do Édipo e que implica novos avanços quanto à feminilidade. Aliás, assinalo que, para Lacan, desde 1958, a ênfase depositada pelos psicanalistas nessas carências de amor materno ou no imaginário do corpo materno era passível de interpretação: ele reconhecia aí, com efeito, "uma promoção conceitual da sexualidade da mulher",[2] com isso chamando atenção para a economia do desejo e do gozo. De fato, hoje em dia — falo do lado dos alunos de Lacan —, estamos acentuando a função de seu gozo. Resta ainda saber qual.

As recriminações feitas à mãe

Evidentemente, há um discurso prévio sobre a mãe que faz dela o objeto vital por excelência: o pólo das primeiras efervescências sensuais, a figura que cativa a nostalgia essencial do ser falante, o próprio símbolo do amor. Ecos disso ressurgem, é claro, nos ditos dos analisandos, mas, em essência, estes acentuam outra coisa: a angústia e a recriminação. Para situar esse desvio dos discursos, evocarei dois exemplos que têm o mérito de pôr em cena, entre a mãe e o filho, de maneira contrastante, o imaginário da castração.

Por um lado, o dito de uma analisanda que se lembrou da menina que fora para sua mãe e, por outro, a lembrança comovida que um filho guardou de uma mãe... excepcional. Lembrou-se a analisanda: ela devia estar com uns oito ou nove anos e tinha uma cabeleira magnífica, com duas longas marias-chiquinhas. Um dia, a mãe lhe anunciou: "Vamos ao cabeleireiro cortar suas madeixas." Por mais que ela implorasse, de nada adiantou, porque o espantoso projeto da mãe era fazer para si própria um coque postiço! Atualmente, ela mesma transformada em mãe, a analisanda ainda guarda no alto de um armário esse coque, objeto *agalmático* roubado que, afinal, sua mãe nunca ousou utilizar. A outra história é o contrário. Trata-se de um filho que não é analisando, mas um músico célebre, o catalão Pablo Casals. Ele se recordou do momento de uma visão perturbadora. Na época, morava em Paris, por vontade da mãe, a qual, embora não tivesse recursos, queria para ele escolas dignas de seu talento. Um dia, ela chegou em casa, irreconhecível, depois de vender sua bela e farta cabeleira, alegremente sacrificada à vocação do filho. Nesse caso, foram a gratidão idealizadora e a saudade do objeto perdido que nimbam a lembrança.

Ao contrário, na associação livre, sejam quais forem as variações individuais, é mais como acusada que a mãe se instala. Imperiosa, possessiva, obscena ou, ao contrário, indiferente, fria e mortífera, presente demais ou ausente demais, atenta demais ou distraída demais, quer cubra de mimos, quer prive, quer se preocupe, quer se mostre negligente, por suas recusas ou por suas dádivas, ela é, para o sujeito, uma imagem de suas primeiras angústias, lugar de um enigma insondável e de uma ameaça obscura. No cerne do inconsciente, as falhas da mãe sempre têm lugar, chegando até à "devastação", às vezes, quando se trata da filha, diz Lacan.

Essas recriminações, não basta recenseá-las como um bom empirista. É preciso também construir a estrutura que encerra seu polimorfismo. Pois bem, é impressionante constatar que as doutrinas analíticas sobre a mãe, na maioria das vezes, transmitem as recriminações do neurótico, as que permanecem registradas na memória como vestígios do drama que Freud designou pelo termo "neurose infantil". Não é a voz da mãe que ouvimos nelas, mas a da queixa infantil que insiste na deploração do analisando, sem que sua verdadeira causa seja mais esclarecida. Essa transposição simplista dos ditos dos analisandos faz da própria doutrina um produto da neurose. Assim, Lacan pôde qualificar Melanie Klein, por exemplo, de "tripeira inspirada", "arúspice de olhos de menina".[3]

Uma coisa é fato: da mãe de quem se fala à mãe que fala, a distância é grande. A primeira é objeto, vista pelo prisma da fantasia do falante. A segunda é sujeito, eventualmente analisanda e, como tal, às voltas com a divisão do falasser [*parlêtre*]. O problema todo, por conseguinte, é apreender, em cada caso, "por que caminho passam as fantasias, para ir da mãe ao filho",[4] porque não se pode duvidar de que as fantasias que ela suscita devem algo a sua própria subjetividade, a sua falta e a sua maneira de obturá-la.

Potência materna

Esses caminhos só podem ser os do discurso. É como ser da fala que ela deixa sua marca no filho. Mas excetuando o fato de que a fala acerta na mosca quanto ao corpo, só exerce a totalidade de seus efeitos enquanto encarnada e, sendo assim, não há contradição em evocar, por outro lado, o peso do gozo materno.

Lacan teve de polemizar com os defensores do corpo-a-corpo silencioso que supostamente conjugaria numa unidade primária, dita indiferenciada ou não, a mãe e seu produto. O texto "Observações sobre o relatório de Daniel Lagache" fez eco a isso, mas o debate visou, além do interlocutor do momento, todos os partidários de uma causalidade pré-verbal da realidade psíquica. Decerto não se pode negar que a mãe, como genitora e parturiente, é um ser corporal, mas tampouco é possível negar que a reprodução dos corpos é inteiramente ordenada, ou até programada, pelo discurso. Não há como ignorar que, no nível das necessidades vitais primárias do organismo e dos cuidados que elas requerem, só entra em jogo o que Lacan propôs chamar de uma "relação de objeto *no real*";[5] mas a questão analítica diz respeito a outra coisa, isto é, à emergência do sujeito e à marca que ele recebe do Outro.

O corpo está implicado nisso, com certeza. Primeiro porque, se a criança por nascer já constitui um sujeito no dito dos pais, quando ela surge no mundo é como corpo, no sentido do organismo sexuado. Organismo que sem dúvida é preciso fazer viver, mas sobretudo organismo a ser... civilizado e subjugado aos usos prescritos. A mãe, ou seu substituto, não deixa de ter que pôr a mão na massa: ao emprestar sua voz aos primeiros imperativos de regulação e contenção, ela é, nesse aspecto, a primeira mediação do que realmente convém chamarmos de... a polícia do corpo. Esta não pode passar simplesmente pelo silêncio dos hábitos regularizados, embora suas marcas não deixem de ter influência. É preciso haver a linguagem em que a demanda se articula, e que é a única a permitir que esse corpo seja "corporalizado de maneira significante". Winnicott, Balint e alguns outros podem muito bem sonhar com um tempo prévio do envoltório mítico de uma presença sem palavras e sem exigências. Mesmo que a suponhamos, ela só concerniria aos limbos do sujeito em que nada de analisável pode se inscrever.

Os poderes do verbo vão longe, chegando até a regular o gozo, e desses poderes, a mãe é a primeira representante, uma vez que é ela quem introduz o filho na demanda articulada ao impor a oferta em que ela se aliena: a dupla oferta da língua em que demandar, bem como da resposta que vem do Outro.

O filho-objeto

É aí que a vontade materna às vezes o disputa em seu amor, e que o filho pode ter a experiência da autoridade ou do capricho dela. Penso, por exemplo, na mãe que tinha como ponto de honra que, na data do primeiro aniversário, cada um de seus filhos houvesse adquirido o controle dos esfíncteres! O grande princípio moderno, anti-sadiano, de que ninguém tem o direito de dispor do corpo do outro acaba, desse modo, encontrando um obstáculo nessa zona limite da maternação, ficando a humanização primária do corpo exposta aos excessos e transgressões que, antes mesmo de entrar em jogo para a criança a apreensão da diferença sexual, já a aprisionam no "serviço sexual da mãe",[6] na posição de fetiche e, às vezes, na de vítima.

O declínio do terceiro paterno é acompanhado, aliás, pela ascensão de toda sorte de especialistas, como se houvesse uma compreensão de que as mães não podem assumir sozinhas a humanização completa dos filhos. Há uma legião deles oferecendo-se para se interpor no par primário e dizer às mães o que elas devem ou não devem fazer. E às vezes, nem mesmo o próprio pedopsicanalista, se assim posso chamá-lo, recua em se comprometer como Outro do Outro materno, para dar alguns conselhos às mães! Vejam-se Winnicott e Françoise Dolto. Na verdade, esse processo pode ser lido desde o famoso caso freudiano do Pequeno Hans, no qual, numa família prestes a se desfazer, o "Professor" é chamado à medida que ocorre uma carência do pai.

Esses desvios da maternação prestam-se para indicar a que ponto a divisão da mãe e o lugar que ela concede ao filho são o que é determinante nisso. Essa já era, aliás, embora formulada de outra maneira, a tese de Freud: sabemos da função estruturante que ele reconheceu na chamada fase do complexo de castração e na angústia específica que nela se manifesta. Ora, esta só adquire importância, a seus olhos, a partir da descoberta da falta de pênis na mãe, que Freud identifica com a castração dela e a partir da qual são geradas as respostas sintomáticas do sujeito. Falar de divisão do sujeito — no caso, a da mãe como Outro do filho — é designar, ao mesmo tempo, a falta que funda o desejo, inscrita precisamente pelo símbolo ($-\varphi$), e o objeto que lhe é correspondente na fantasia. Toda criança encontra-se na posição de sofrer a experiência e marca disso. Tanto assim que existe um ditado que registra uma dessas ligações, aquele que diz "mulher santa, filho perverso". Os psicanalistas, por seu lado, adquiriram o hábito de falar de mães de filhos... psicóticos, retardados, doentes etc.[7]

Nesse caso, seria "amor materno" uma expressão vã? Certamente, não; antes, trata-se de que, como qualquer amor, ele é estruturado pela fantasia. O que não quer dizer que seja imaginário, longe disso, mas sim que, na realidade, reduz o parceiro a ser apenas o objeto evocado pela divisão subjetiva. E mais, a alienação inerente ao amor é elevada pela relação mãe-filho a uma potência superior, na medida em que, no começo, o recém-nascido não é um sujeito, mas um objeto. Objeto real nas mãos da mãe, que, muito além do que é exigido pelos cuidados, pode servir-se dele como de uma propriedade, uma boneca erótica com que gozar e a que fazer gozar. Freud já havia apontado essa ambigüidade erótica dos cuidados maternos, da qual o sujeito à espera deverá emergir como efeito da fala. Esse é o passo que o pequeno autista nunca dá, e que, para qualquer outra criança, nunca é senão o primeiro passo no caminho da separação.

O filho intérprete

Muito dependerá, portanto, do lugar que o inconsciente materno reserve para esse objeto surgido no real — se lhe for reservado algum, pois também há mães que são apenas poedeiras de objetos a abandonar, e para as quais, por não ser um substituto fálico, o filho não passa de um pedaço de carne. Lacan formulou essa hipótese a propósito da criança esquizofrênica. Na maioria dos casos, a solução materna para a falta fálica, e a maneira como o filho é situado nela, é que marca o destino da criança.

Mas convém ainda lembrar que a constância da fantasia do sujeito-mãe não exclui o impacto das conjunturas variáveis da vida, e também dá margem à leitura que o pequeno sujeito fará delas. Não nos esqueçamos de que, para a mãe, tal como para qualquer outro, o desejo sustentado pela fantasia e o gozo que se apóia nela participam do impossível de dizer, e portanto, só se aproximam por intermédio da interpretação que o pequeno sujeito faz do discurso que o envolve.

Assim compreendemos por que o complexo de castração se apresenta numa temporalidade de fase. É preciso haver uma certa maturação do organismo, sem dúvida, mas sobretudo um momento crucial, que é um momento de encontro em que, ao sabor das circunstâncias, o enigma do Outro barrado se atualiza para o sujeito, não raro em duas vertentes: como mistério de seu desejo e como opacidade de seu gozo. O nascimento de um novo filho, um luto, uma separação, uma partida, em suma, todos os acidentes que afetam a libido da mãe e, em linhas mais gerais, dos pais, são ocasiões propícias a isso.

Convém também concluir que a tão remexida idéia do filho desejado não deve ser manejada de maneira simplista demais, e que o desejo de um filho não é idêntico a uma vontade de ter filhos: as esterilidades psicogênicas o evidenciam, e os ditos dos analisandos o demonstram com freqüência. Como no caso de um sujeito cujo nascimento, desejado e aguardado com alegre impaciência por uma família inteira, logo foi ensombrecido pela morte simultânea do avô materno. Por ter sofrido em seus primeiros três anos de vida a depressão da mãe, sem dúvida patologicamente fixada no pai, e que dizia "meu filho matou meu pai", o sujeito, na "insondável relação que [une] o menino às idéias que cercaram sua concepção",[8] não pôde identificar-se com o significante da vida e se interpretou, em sua vinda ao mundo, não como o filho desejado que efetivamente fora, mas como o filho condenado à morte em quem realmente se transformou.

Conquistador da presença e do amor maternos, em função de sua própria demanda, o filho inicialmente se oferece, nos engodos da sedução, para realizar o que os ditos e condutas da mãe deixam entrever do objeto de seu desejo. Nesse processo, a mãe é elevada à condição de potência simbólica, detentora dos poderes da fala e, por conseguinte, dos poderes originários das primeiras frases. "O dito primeiro decreta, legifera, sentencia, é oráculo, confere ao outro real sua obscura autoridade."[9] Deixa uma marca na memória, na qual reencontramos a voz, às vezes devastadora e persecutória, de suas palavras, seus imperativos e seus comentários... inesquecíveis.

Mas essa dominação tropeça numa outra face dos poderes da fala: a de significar, além de seus ditos, através de suas contradições, seus silêncios, seus hiatos ou seus equívocos, tudo o que ela não diz, mas dá a entender aos ouvidos atentos do jovem sujeito, de um desejo indizível que neles se deixa ler, enquanto a opacidade do gozo mais se deixa surpreender em cenas furtivamente vislumbradas. Na decifração desse enigma, é o próprio lugar de seu ser e sua identificação última que a criança busca, perscrutando e interrogando o Outro materno, de maneira ainda mais insistente por ter a expectativa de encontrar nisso a chave de sua "indizível e estúpida existência",[10] bem como a resposta à questão do que ela é para o Outro. O amor, tanto quanto o desejo, começa pela falta.

Se dei certo destaque a uma referência de Lacan, a que ele faz a *La femme pauvre*, de Léon Bloy,[11] foi porque podemos opor, numa mulher, a mãe e a mulher: a mãe que, de certo modo, por intermédio do filho, recupera o objeto de sua falta, e a mulher que, na medida em que sua libido se dirige ao homem, coloca-se como despojada daquilo que procura nele. Uma que tem, a rica, portanto, e outra que não tem, a pobre, por metáfora do (-φ). Basta que falte na mãe a diz-mensão [*dit-mension*] de um desejo outro, outro que não o que se satisfaz na relação com o filho, e este ficará condenado à alienação máxima de realizar a fantasia da mãe, e, por menos que lhe seja expresso que ele a preenche, o filho ficará totalmente preso em seu ser de objeto, como propriedade da mãe.

Não é a falta de amor, mas o excesso de amor, que pode ser prejudicial aqui, e que clama por um efeito de separação necessário. Foi por isso que Lacan enfatizou o desejo da mãe. Este deve ser entendido como o desejo da mulher na mãe, desejo adequado para limitar a paixão materna, para torná-la *não-toda* mãe, ou, em outras palavras, *não-toda* para seu filho e até *não-toda* para a série de filhos, os rivais fraternos. Isso já estava implícito na escrita da metáfora paterna, pois a operação que coloca o significante do pai no lugar do significante da mãe tem por resultado especificar a falta materna como falta fálica e instituir o pai como parceiro fora da série. A mãe não é toda para seu filho porque sua aspiração fálica divide-se entre o homem e o filho, e é bom que seja assim, porque é o desejo da mulher, mais geralmente um desejo outro mantido fora das gratificações da maternidade, que introduz a criança, por meio da angústia de castração, numa dialética de identificações contraditórias pela qual ela poderá soltar-se da posição passiva de objeto da mãe e, no fim, assumir seu próprio sexo.

A mãe, Outro

Mas, que dizer da mãe como Outro absoluto? O texto de 1958 sobre a sexualidade feminina não a exclui da relação com o filho. Lacan assinala explicitamente que conviria, e eu o cito, "indagar se a mediação fálica drena tudo o que pode se manifestar de pulsional na mulher, notadamente toda a corrente do instinto materno".[12] Sem dúvida não é por acaso que, por uma vez, Lacan utiliza o termo "instinto", o qual rejeita em todos os outros lugares, a ele preferindo o termo "pulsão", mais desvinculado de qualquer conotação de naturalidade, para traduzir o *Trieb* de Freud. Qual pode ser a repercussão, na criança, do que eventualmente se realiza para uma mulher à margem de qualquer inscrição fálica?

O desejo propriamente feminino deixa a mãe ausente para seu filho, como eu disse, mas, para o filho, a diferença será grande, conforme essa ausência se decifre na ordem fálica ou, ao contrário, ultrapasse-a obscuramente. Pelo fato de o falicismo falar e se veicular em signos, ele instaura entre os objetos uma ordem na qual o filho encontra um modo de se situar, nem que seja a título de menos-valia. Ao contrário, o *não-todo* se cala, por definição, e com um silêncio absoluto, que freqüenta as margens de tudo o que se ordena na série fálica. Num dos pólos da nocividade materna, evoquei a mãe totalmente ocupada com o filho. No pólo oposto, conviria situar a mãe nada ocupada com o filho, e confrontar o filho refém da primeira com o filho abandonado da segunda, sem recursos diante do poder de um silêncio insondável, que equivale a um ponto de foraclusão. Isso não implica, em absoluto, o abandono pela mãe, ou talvez devêssemos falar de um abandono subjetivo, por falta do único significante que equivale ao significante do gozo, ou seja, o Falo.

Assim, a variedade das imagens da mãe abre-se em leque entre dois extremos: o da mãe que é mãe em demasia, e cujas presas se fecham sobre o filho, e o da mãe que é mulher em demasia, ocupada alhures, às vezes a ponto de ser tão Outra que é impossível alguém se reconhecer nela. Caberia ainda introduzir aqui muitas nuances. "Para apegar-se demais a um filho", dizia Lacan, existem muitas maneiras. Com efeito, conforme se trate mais de seu corpo ou mais de seu ser de sujeito, e conforme se trate de um menino ou uma menina, isso mudará muita coisa.

Sabemos, por exemplo, do espanto de Freud ao descobrir, com o tempo, a estranha consistência do vínculo que une a filha à mãe. Lacan o confirmou ao assinalar, nos anos 1970, que, no tocante à experiência analítica, realmente parece que a filha espera mais "subsistência" da mãe que do pai, ainda que a mãe seja, para ela, o que Lacan chama de uma "devastação". Percebe-se que esse termo, por conotar um arrasamento de todos os referenciais, vai muito além das discórdias rivalizantes que são próprias do registro fálico, e que, em estreita consonância com a idéia da mulher barrada como Outro absoluto, não está longe de elevar a mãe à categoria do impensável.

A filha, no entanto, não é a única a arcar, vez por outra, com o custo do extremismo materno. O escritor francês Romain Gary atesta isso em seu relato autobiográfico *La promesse de l'aube* [A promessa da aurora]. Filho único e sem pai, ele carregava as esperanças ilimitadas de uma mãe a quem nada era capaz de deter. Prometido a vários destinos excepcionais, não foi o violinista genial com que ela sonhava, nem tampouco o tenista superdotado para quem ela conseguiu, com base num blefe, uma partida na Côte d'Azur com o rei da Suécia, que acabou se dignando sorrir de seu adversário medíocre; no entanto, independentemente de seus desempenhos decepcionantes, o filho podia contar com uma mãe indefectível. Quando veio a guerra, como aviador em missão no campo dos Aliados, ele continuou a receber as cartas sempre amorosas de uma mãe que, no entanto, nunca mais tornaria a ver, porque já estava morta! Seu amor havia antecipado esse alucinante diálogo póstumo: ela confiara a um diplomata essas cartas de além-túmulo, que deveriam dar apoio a seu filho nessa provação! O que equivale a dizer a que ponto as cartas de tal mãe deviam sacrificar pouco à atualidade, mesmo num momento em que esta regia inúmeros destinos. E, ao pensar no fim trágico de Romain Gary, não posso me impedir de supor que, mais que outros, ele foi realmente embalado, na aurora, segundo a bela expressão que Lacan aplicou justamente à mãe, pelas "falsas promessas de seu verdadeiro desespero".

Na totalidade dos casos, é por sua fala que a mãe deixa sua marca. Lacan recordou, em seu seminário *Mais, ainda*, que a mulher enquanto mãe faz o homenzinho falar, e que, uma vez que lhe compete transmitir "lalíngua", ela "tem efeitos de inconsciente".[13] Nessa transmissão, não se trata de um exercício cognitivo, porque "lalíngua" não é apenas, para cada um, o idioma de sua região, mas antes, a língua privada do par originário formado pela mãe e seu pequeno "prematuro", a língua do Eros do primeiro corpo-a-corpo, cujas palavras deixam marcas pelo gozo que encerram.

Mas a mãe não deixa de ser mediadora de um discurso em que não pode deixar de introduzir seus hábitos. E é ai que podemos diagnosticar a ascensão de sua dominação, no despedaçamento dos laços sociais contemporâneos. É que, quanto mais as transmissões intergeracionais se reduzem unicamente às prescrições implícitas de seu desejo, muito especialmente do que ela deseja para o filho, mais este vê suas opções subjetivas em relação ao desejo do Outro reduzirem-se ao binário de uma alternativa: ou assumir o mandato materno, fazendo daquilo a que foi prometido no desejo dela uma vocação, ou rejeitá-lo e se inscrever sob uma marca de exclusão, só afirmando o que lhe resta de liberdade, portanto, sob a forma do negativo. Essa regência crescente do "ser nomeado para" pela mãe, como transmissora do social, Lacan a havia prognosticado cerca de 20 anos atrás. O curso dos acontecimentos não parece tê-lo desmentido, longe disso.

A ANGÚSTIA DA MÃE

Uma pergunta é formulada pela psicanálise: de que serve o amor de uma mãe? De que serve ele para a "humanização" desse rebento de corpo que é inicialmente a criança?

Questionamento do amor materno

Faz muito tempo que o amor materno é questionado. Primeiro, na civilização. Nela se registra um movimento duplo: um que idealiza o amor materno como se ele bastasse para tudo, outro que suspeita que as mães sempre foram desiguais em relação a ele, em nome do pressentimento bastante compartilhado de que, entre a mãe e o filho, é preciso um terceiro. Como prova disso, invoco dois fatos opostos, mas convergentes. Primeiro, as "utopias comunitárias" que marcaram o século XIX. Sem dúvida elas tiveram um alcance maior em seu esforço de retirar a criança da singularidade familiar, mas todas supunham que as diferenças individuais, odiosas para todas as formas de coletivismo, enraizavam-se nas marcas deixadas pelos amores infantis. Depois, num registro que se pretendia mais científico, assinalo o fato notável de que o "declínio do paternalismo" foi acompanhado pela ascensão de toda sorte de especialistas — puericultores, educadores, psicólogos — que se ofereciam, como eu disse, enquanto Outro do Outro materno.

Na própria psicanálise, o questionamento da libido materna tornou-se um fenômeno geral. Ele começa, aliás, nos ditos do próprio analisando. Entre um e outro, as diferenças são grandes, mas, a despeito dessa diversidade, é como acusada que a mãe é representada na associação livre, na maioria das vezes. Que é que não se diz dela? Imperiosa, obscena e possessiva, ou, ao contrário, indiferente, fria e mortal, demasiadamente isto ou aquilo, atenta ou distraída demais, quer sature, quer prive, quer se preocupe, quer negligencie, tanto por suas recusas quanto por suas dádivas, ela aparece como a imagem das primeiras angústias, o lugar, ao mesmo tempo, de uma ameaça obscura e de um enigma insondável.

Por isso, as falhas da mãe estão sempre presentes no cerne do discurso do inconsciente e, mesmo quando o sujeito não tem censuras a lhe fazer, ainda resta uma: a de ser inesquecível demais, às vezes a ponto de ser "devastadora"... no caso da filha, pois a parcialidade do sexo não deixa de imprimir aí a sua marca. Esta é perceptível, aliás, no próprio Freud: severo em relação à mulher — muitas vezes foi recriminado por isso —, foi mais positivo com a mãe que todos os seus sucessores. Fazendo da ligação amorosa sensual com esse objeto primário a experiência insubstituível em que se enraízam, para o sujeito, todas as suas futuras aptidões amorosas, ele julgou até reconhecer no apego ao filho o único amor sem ambivalência, e teve dificuldade de admitir o que o tempo acabou por lhe impor: que, para a menina, o veredicto era mais sombrio, talvez até inapelável.

Mas é preciso apreender a lógica que ordena esses diversos dados da experiência, e que Lacan evidenciou em sua retomada do Édipo freudiano, ao enfatizar o "desejo da mãe" como distinto do amor materno, e que deve ser entendido como desejo sexuado, ou, em outras palavras, desejo de mulher.

Para Freud, em sua construção do mito de Édipo, a mãe é essencialmente um objeto. E objeto quer dizer, aqui, objeto erótico, cobiçado e passível de ser perdido. Seguindo essa linha, quis-se, numa certa orientação, enfatizar mais seu corpo que sua fala. Mas aqui há algo por esclarecer. Com certeza, a imagem da mãe está sempre ligada ao impensável da reprodução dos corpos vivos, cuja pergunta "de onde vêm os bebês" assombra o imaginário do Pequeno Hans de Freud, assim como de muitos outros. Além disso, é certo que, entre a mãe e seu filho, a coisa realmente começa por um corpo-a-corpo em que o lactente, como sujeito, ainda não fez sua aparição, em virtude da prematuração. Contudo, uma vez distinguidos o Imaginário, o Simbólico e o Real, percebe-se que esse objeto também é o Outro, a potência simbólica que detém o poder dos oferecimentos da fala. São as palavras da mãe, seus imperativos e seus comentários, que inscrevem na memória a voz, às vezes devastadora e persecutória, que o analisando evoca com tanta freqüência. "Minha mãe dizia que..." Assim, fazendo eco à formulação sobre o pai de quem poderíamos prescindir, dir-se-ia da mãe, antes, que... devemos prescindir dela. E por quê, senão para não mais servi-la?

A mãe, a mulher

A necessidade do efeito de separação é, de uma forma ou de outra, reconhecida por todo o movimento analítico. Mas é nesse nível que se situa o risco de desconhecer o verdadeiro corte, pois, aqui, o que separa a mãe e o filho deve estar referido ao outro corte, trazido à luz por Lacan, que passa entre o organismo vivo, animal, se quisermos, e o sujeito como efeito do simbólico. Essa tese liga-se, como se sabe, à descoberta freudiana chamada castração: é o simbólico que, assegurando seu domínio sobre o ser vivo, nele introduz a falta que Lacan declinou como falta de gozo e falta-a-ser, e que efetivamente confere um papel fundamental ao "objeto perdido" na humanização do rebento. Poderíamos acompanhar esse tema na literatura psicanalítica. Ele oscila entre dois pólos: a própria mãe como objeto perdido, motivo de uma nostalgia fundamental, e a criança como objeto a ser subtraído da influência materna, sem o que ela fica presa "ao serviço sexual da mãe".[1]

Nessa operação de separação, não é o amor da mãe que é mediador, mas a divisão dela por um objeto que causa seu desejo. Foi por isso que Lacan, em seu *Seminário 4*, contrariando os defensores da "relação de objeto", acentuou tanto a idéia da falta de objeto e a necessidade de a criança encontrar, além da mãe como potência preenchedora ou preenchida, a mãe desejante, ou, em outras palavras, a mãe em quem a falta fálica está em seu lugar de causa do desejo. Aí se introduz a divergência entre ser mãe e ser mulher. Ambos se referem à falta fálica, sem dúvida, porém de modos diferentes. O ser mãe resolve essa falta através do ter, sob a forma do filho, substituto do objeto fálico que lhe falta. No entanto, o ser mulher da mãe não se resolve inteiramente no ter fálico substitutivo, como afirmei. Justamente na medida em que seu desejo diverge para o homem, é mais a ser ou a receber esse falo que a mulher aspira: a sê-lo, através do amor que faliciza, e a recebê-lo, por intermédio do órgão com que ela goza, mas, nos dois casos, ao preço de não o ter. Pobreza feminina!

A dupla ausência

O desejo feminino como tal cria a ausência da mãe. Ausência a ser simbolizada, mas ausência muito necessária, porque descortina a dialética da separação. Na medida em que é mulher, a mãe não é toda para seu filho. Dividindo-se sua relação com o falo, o filho não a satura. Mas essa é apenas uma faceta das coisas, pois coloca-se uma questão suplementar a partir das fórmulas da sexuação. Estas inscrevem uma outra divisão, diferente da que acabo de evocar, e que é interna ao registro fálico: a divisão entre sua relação com o falo (-φ) e aquilo que é absolutamente Outro, S(A).[2] Assim, podemos distinguir na ausência da mãe, isto é, no desejo feminino, na medida em que ele torna a mãe ausente, aquilo que se inscreve dessa ausência pelo lado da simbolização fálica e se indica como Outro sem se inscrever, e cujas conseqüências eventuais, para o filho, é preciso interrogar.

O desejo fálico da mulher subtrai alguma coisa do filho, sem dúvida, mas tem também um efeito separador, como eu disse. De fato, o falicismo fala, veicula-se em signos, é legível. O filho, portanto, não deixa de se fazer intérprete dele, e é esse referenciar-se que objeta a sua própria captura na identificação imediata com o falo. Inversamente, o silêncio do não-todo fálico, Outro absoluto que se relaciona com um gozo diferente, que Lacan qualifica de louco, de enigmático, esse silêncio não se inscreve e permanece indecifrável. Ele faz da mãe, em seu querer inconsciente, uma mulher que não se ocupa inteiramente do filho fálico. Isso quer dizer que a nocividade materna, da qual se faz tanto caso, divide-se entre dois pólos: a possessividade, muito comumente denunciada, e o abandono, percebido com menos freqüência. Totalmente ocupada com o filho, ela faz dele seu refém fálico; em nada ocupada com ele, deixa-o sem recursos diante de seu poder de silêncio, um silêncio que não é de fala, mas de foraclusão.

Esse deixar de lado subjetivo nada tem a ver com o abandono da criança no nível da realidade corporal, e pode coadunar-se com a presença da mãe, ou até de algo como um amor paradoxal, quase indiferente, pois que recai sobre a posse do corpo como real. Isso é possibilitado pelo fato de que, na totalidade dos casos, o filho não tem valor apenas como símbolo fálico. Embora cifra fálica, ele é também objeto real, impossível de cifrar, "que aparece no real"[3] em lugar do S(A). Disso podemos tentar buscar os indícios.

A angústia

Tomo a angústia materna como índice, já que, segundo Lacan, ela não é "sem objeto", ainda que esse objeto seja o real fora da significação do falo. Evidentemente, podemos abordá-lo, à maneira clássica, como angústia de castração, que se declina de maneira variada. Angústia de perder o filho, é claro — e sabemos da força das fantasias que visam à morte do filho; também angústia de sua castração: angústia de privar, de exigir, por parte daquela que está encarregada do que chamei de primeiro "policiamento do corpo", uma vez que cabe a ela fazer o filho entrar nas limitações programadas pelo discurso. E por aí vai. Mas a angústia diante do real do gozo foracluído é outra coisa; faz fronteira com a angústia de castração propriamente dita, mas distingue-se dela.

Evocarei quanto a isso alguns fatos clínicos distintos, mas, a meu ver, indicativos. Começo pelo mais *soft*, por assim dizer: o lado sempre meio estupefato da jovem parturiente, depois que ela põe seu ovo. Não podemos desconhecer que, nesse toque de estupor, que oscila do pavor ao deslumbramento e faz com que, por outro lado, às vezes ela fuja da análise e se conceda férias das palavras, nem tudo deve ser atribuído à restauração fálica!

Há também o afeto da gravidez como reação à parasitação do corpo pelo elemento estranho que é o feto. Essas reações são muito variadas, e nem sempre são de angústia. Podem ir desde a repleção eufórica, produzida pela equivalência fálica, até o verdadeiro horror, que, numa certa mãe, pôde manter-se durante nove meses no nível da mais pura angústia hipocondríaca.

A angústia referente aos cuidados a serem prestados ao recém-nascido também é um fato notável. Há um pavor de não saber lidar com essa coisa viva, esse bebê que não fala, que ainda não está sujeito ao recalcamento, portanto, e que por isso presentifica uma proximidade maior do gozo da vida como gozo ainda não marcado. Há mães que se apavoram com esse objeto, que imaginam já não saber fazer sequer o que todos os mamíferos sabem por instinto: carregar, alimentar, aquecer etc.

Para a jovem mãe, nesse caso, o recurso, em geral, é voltar-se para sua própria mãe, uma espécie de congênere, ainda que sua angústia se dê na medida das censuras que esta tenha a lhe fazer. É a relação com o gozo vivo que se mobiliza aqui e que, em todos os casos, é função dos recalcamentos da própria mãe. Assinalo, aliás, que as reações frente aos bebês estendem-se muito além das mães, e sob formas sempre muito vivamente contrastantes, que vão do gosto à aversão, do mal-estar angustiado à paixão fascinada, da indiferença estudada à vocação permanente etc.

Por fim, cabe-me evocar as psicoses puerperais, que, fato notável, não excluem os cuidados com a criança, mas assinalam que, para uma dada mãe, um nascimento pode ser o encontro com um real passível de provocar o delírio, ao presentificar um ponto de foraclusão.

"O serviço da mãe"

Pergunto agora: como uma mãe usa seu filho, já que há mais de uma forma? O "serviço sexual" da mãe, quando não está no nível do puro real, é entendido como serviço fálico, mas ele próprio se estratifica.

Podemos utilizar, ao que me parece, a distinção entre órgão e significante, para distinguir dois pólos desse uso da criança. A criança-órgão — em termos freudianos, diríamos a criança-pênis — é o corpo tomado como um boneco erótico. Nesse nível, muitos abusos são permitidos, e o princípio anti-sadiano segundo o qual ninguém tem o direito de dispor do corpo do outro esbarra num limite certeiro, porque essa relação, sob a capa do amor e da educação, está aberta aos excessos, como mencionei antes. A análise dá muitos exemplos disso, mas hoje eu gostaria de me referir a um texto que vem de outro lugar, de um homem em boas condições de ter horror a todos os gozos que não sejam os do próprio órgão; refiro-me a Henry de Montherlant.

Num pequeno texto de sátira, conduzido em estilo, a bem da verdade, bastante exagerado, no qual descreve um trem espanhol, ele convoca, "berrando a plenos pulmões, o neném, o chorão internacional que assombra os trens, tal como os percevejos assombram as camas". Vocês já podem perceber o tom. Prossigo, introduzindo alguns cortes, para abreviar:

> Grudada nele como a *goule** ao cadáver, sua mãe chupa-lhe o pescoço, as orelhas e o cabelo, imita com seus beijos o barulho de bosta caindo, infecta-o com micróbios

* Divindade feminina das lendas orientais, vampiresa em estágio intermediário de transformação, que bebe sangue mas ainda pode suportar a luz do dia. No folclore árabe, as *goules* podem transformar-se em lindas moças, que seduzem os viajantes para beber seu sangue. (N.T.)

> bucais, fala de maneira ainda mais boba do que ele, quando este fala, urina nas calças quando ele se urina, põe-lhe a mão no traseiro, excita-o com todas as suas forças a berrar mais alto. ... O vagão inteiro delira ao redor do feto .... O vagão inteiro faz besteiras com ele, já não passa de um vasto *mnhã mnhã* ... (Isso significa "mamãe" e, moralmente, não tem maior importância do que o zurrar de um asno), *papá... cacá...* (duas palavras que querem dizer mais ou menos a mesma coisa), esforça-se por vencê-lo na burrice, enquanto aquele ser convulsionado projeta por todo lado sua saliva, sua urina e seu catarro, que os espectadores recebem com fervor religioso.[4]

Estamos bem longe do "ideal do anjo", não é?, e da "abnegação do gozo" própria da mãe de Gide![5]

Entretanto, não é apenas pelo corpo-a-corpo que a criança tem serventia. O filho-falo é outra coisa. Como ser de discurso, ele está menos a serviço do erotismo da mãe que do narcisismo dela, moldado que é pelos significantes maternos, fadado a assumir as quimeras e sonhos da mãe, e até as prescrições secretas do discurso materno. Esses dois usos se distinguem, mas não se opõem, e podem obviamente conjugar-se. Às vezes, daí resultam grandes vocações, sobretudo no campo da sublimação. Quando eles se desligam, quando o primeiro se torna exclusivo, constata-se que a possessão erótica não exclui o abandono do sujeito no silêncio do Outro, como sucede com algumas crianças esquizofrênicas.

Um amor nomeável

Então, qual é o valor da mãe para a humanização do filho? Os fenômenos do hospitalismo aí estão para indicar que os cuidados com o corpo não são tudo: a humanização da criança humana passa por um desejo não anônimo. Concluímos, pois, que, para a criança, a dedicação materna tem um valor tanto maior quanto mais a mãe não é toda sua, e quanto mais não está toda num alhures insondável: mas é preciso que seu amor de mulher esteja referido a um nome. Só há amor por um nome, dizia Lacan: no caso, o nome de um homem, que pode ser qualquer um, mas que, pelo simples fato de ser nomeável, cria um limite para a metonímia do falo, assim como para a opacidade do Outro absoluto. Só mediante essa condição é que a criança poderá ser inscrita num desejo particularizado.

UMA NEUROSE INFANTIL

A interpretação encarnada

Que a criança é interpretada em sua vida, desde muito cedo, é uma evidência. Mas, quem a interpreta? Primeiro o Outro, sem dúvida, e depois o inconsciente, com muita rapidez. No entanto, poderíamos dizer outra coisa: a criança é também intérprete e até, talvez... interpretação. Essa é a tese implícita de Lacan em suas duas notas a Jenny Aubry, nas quais ele situa a criança ora como verdade do casal, ora como verdade unicamente da mãe.

Essa é uma grande distinção, que, apesar de formulada de maneira condensada e nos termos mais simples, não deixa de remeter a uma oposição estrutural que teria motivos para se inscrever com os dois significantes da metáfora paterna. Dizer que a criança representa uma verdade que não é dela, mas do Outro, seja a do casal, seja a da mãe, porventura não é dizer que ela é uma interpretação encarnada, que aquilo que nem a mãe nem o casal decifram de seu inconsciente e de sua união, seu sintoma o faz aparecer no real sob uma forma que implica o gozo?

Digamos isso de outra maneira, utilizando formulações posteriores de Lacan: assim como os adultos, as crianças têm sintomas, até muito polimorfos e amiúde transitórios — donde uma dificuldade diagnóstica redobrada —, mas, por seus sintomas, pelos sintomas que têm, elas *são* sintomas, sintomas do Outro, que emprestam seu corpo para que a verdade do Outro goze neles, exatamente como Lacan pôde dizer que a mulher é um sintoma para o homem, ou que o próprio analista é um sintoma. Evidentemente, a partir disso, a questão é saber como se articula para cada criança, em cada etapa, seu "ser sintoma" e o sintoma que seria o seu, e que lhe daria seu nome próprio de gozo.

Passemos à criança interpretada. Quando começa isso?

Não nos esqueçamos de que a criança aparece, inicialmente, como um objeto, mas que ela o é sob formas diversas. Em sua vinda ao mundo, primeiro ela é real, uma boneca viva, uma coisinha erótica, um corpo usufruído pelo outro. Isso vai longe, chega até a constituir, talvez, uma exceção ao "não existe relação sexual". Lacan o enunciou uma vez, bem no fim de seu ensino, com uma frase realmente espantosa, e que ainda guarda para mim uma parcela de enigma. Lembrando seu "não existe relação sexual", ele acrescentou: "*exceto entre as gerações.*" De fato, como corpo vivo desfrutado pela mãe, a criança constitui um limite para esta outra formulação: "não existe gozo do corpo do Outro"; pelo menos, é assim que entendo, por ora, o "exceto entre as gerações". E é verdade que, para a mulher, a criança, que Freud reduziu a seu valor fálico, é também real. Com esse rebento de corpo, a mulher vê aparecer no real mesmo da vida S(A) o equivalente de sua própria falta.

Aqui poderia enxertar-se toda uma clínica do cotidiano da maternidade, que se debruçaria sobre a maneira como as mulheres vivem e terminam suas gestações. Conhecemos seus dois pólos: de um lado, a coisa vai da euforia ao êxtase beato, e de outro, do horror da parasitação ao sentimento de mutilação das depressões pós-parto, sem falar também das psicoses puerperais. Há nisso toda uma série, toda uma gama de fenômenos que atestam, de modo incontestável, que o corpo-a-corpo da mãe com o filho é uma relação de gozo. Entretanto, o estatuto de objeto que é próprio da criança nem por isso se esgota. Objeto ela também é como criança-imagem, imagem muito comovente para uns, muito repulsiva para outros! Pensem na paixão com que se fotografa o recém-nascido, em todos os filmes que às vezes acompanham seu crescimento passo a passo, e que são vistos com saudade 20 anos depois! E deixo de lado o mais conhecido, a criança-significante, nimbada do valor fálico com que os pais se deleitam.

Seja como for, não é essa criança-objeto que é interpretada. A interpretação supõe um elemento faltoso, e por isso, o aparecimento da criança interpretável, e não mais, simplesmente, da criança-objeto de gozo, usufruída nos planos real, imaginário ou simbólico, pode ser datado do primeiro aparecimento do menos-um do sujeito. Este emerge com um grito, primeira manifestação do ser vivo que escava seu buraco no Outro. No estoque dos significantes que revestem a criança, antes mesmo que ela nasça, o grito instaura o lugar vazio do sujeito, que a partir de então pode funcionar como um X que a resposta do Outro interpreta. O ser interpretado começa aí para a criança, e se manifesta claramente na clínica da maternação, na qual se constata cotidianamente a atividade interpretativa das mães, que emprestam sua voz e palavras às manifestações ainda inarticuladas do bebê que elas elevam a um valor significante. Esse *Che vuoi?* que vem do Outro materno, e que encontra nele suas primeiras respostas, em geral em termos de pulsões, faz do interpretado uma precondição do intérprete.

É que a criança é também o intérprete, o decifrador. Mas, para isso, é preciso que ela entre na estrutura da fala, e que aí se cave suficientemente o intervalo significante para fazer sua oferta... à interpretação, justamente. O encontro com o enigma do Outro é decisivo nesse ponto, e, por menos que esteja saturada, toda criança, com efeito, faz questão de estabelecer sua própria leitura do dito do Outro, principalmente da mãe. Sabemos da atenção que as crianças mais pequeninas prestam aos ditos do Outro, mas também aos silêncios, às contradições, às mentiras, em suma, a todas as hiâncias de seu discurso. Ela está visivelmente interessada em seu próprio ser, pois o que procura desvendar nisso é o mistério de sua concepção e de seu sexo. O interpretado descobre-se intérprete, portanto, e é nesse nó das interpretações que jaz o segredo de todas as suas identificações. Vemos aí o que falta à criança na síndrome de hospitalismo evocada no fim das duas notas para Jenny Aubry. As necessidades vitais podem ser satisfeitas por cuidados relativamente anônimos, mas, na falta desse "interesse particularizado" evocado por Lacan, a criança fica carente do Outro intérprete, bem como do Outro a ser interpretado, através do que ela mesma poderia vir a sê-lo num desejo não anônimo.

Procurem a neurose infantil

Para esclarecer essa questão da criança interpretada-intérprete, escolhi um caso que não provém da psicose infantil: a pequena Piggle, de Winnicott.[1] Nas instituições para crianças, os psicanalistas certamente lidam com um sem-número de crianças que não estão no campo da neurose, mas creio que a neurose infantil continua a ser um referencial essencial, inclusive no que concerne ao diagnóstico do adulto, às vezes tão espinhoso. E, de fato, em todos os casos de adultos em que há problemas de diagnóstico, em que não se consegue dizer ao certo se se trata de psicoses ou neuroses — o que é concebível na medida em que, numa neurose, a consistência de uma fantasia pode saturar a questão do sujeito e que uma psicose pode não ser desencadeada —, em todos os casos, portanto, que estiveram na origem da promoção do termo *borderline*, bem como das personalidades narcísicas, e que não apresentam efeitos paradigmáticos de foraclusão, nenhum grande fenômeno de linguagem, nenhum desencadeamento patognomônico, nós nos perguntamos se há grandes fenômenos neuróticos, ou seja, fenômenos de divisão subjetiva na transferência, mas procuramos também os vestígios, as cicatrizes — o termo é de Freud — da neurose infantil. Assim, eu escolheria como lema clínico "procurem a neurose infantil", tal como se costuma dizer, em outras esferas, "procurem a mulher".

Procurar a neurose infantil é, primeiramente, "procurar o complexo de castração", que, como sabemos, é toda uma organização que está muito longe de se reduzir à presença de imagens de mutilação, que é uma elaboração do grande afeto que é a angústia de castração, e se confunde com o que Freud chamou de neurose infantil. Nesse ponto, concordo com a tese que Michel Silvestre elaborou outrora: a neurose infantil e a neurose do adulto não são homogêneas, não são simétricas. Como dizia ele, a segunda não pode ser resolvida porque supre a impossibilidade da relação sexual. A primeira, ao contrário, é quase uma passagem obrigatória para todos os sujeitos que não serão loucos, e, em cada um desses sujeitos que não estão na alçada da psicose, devemos poder encontrar os estigmas, assim como a solução. Dizer que essa é uma passagem obrigatória indica também que se trata de uma fase evolutiva. Já não empregamos o termo "desenvolvimento", mas existe, de qualquer modo, uma diacronia, assim como fases típicas.

Para começar, portanto, lembro o efeito estrutural e separador do complexo de castração. Essa é uma tese clássica, mas que perdura. Ao repensar o Édipo, Lacan nunca questionou a castração, longe disso. Seu seminário sobre *A relação de objeto* enfatiza a falta de objeto na mãe, quase ironicamente, convém dizer, visto que a idéia de relação de objeto estava em moda na época. O complexo de castração é a resposta da criança a seu encontro com a falta fálica da mãe, porque a castração não se registra diretamente do lado do sujeito. Só adquire seu alcance a partir da atualização da falta do Outro — no caso, a mãe — e da questão concernente ao objeto que responde a essa falta.

Escolhi, pois, o caso de uma menina às voltas com o complexo de castração: a Pequena Piggle, de Winnicott. Nesse caso, a pequena analisanda, Piggle, me interessa mais que o próprio analista Winnicott, pois, com a menina, ele me parece ficar um pouco a reboque.

Piggle e Hans

Poderíamos deter-nos no par Piggle e Hans. Há entre eles muitas analogias, assim como algumas diferenças. Primeiro, trata-se de duas crianças que chamaríamos de... normais, se me permitem esse termo, que hoje não é apreciado. Quanto a Winnicott, ele o emprega, e não está longe de achar que, a rigor, a Pequena Piggle poderia prescindir de psicanálise. Considera que, no caso dela — e o diz textualmente —, poder-se-ia contar com as aptidões evolutivas. Ou, dito de outra maneira, com o dinamismo do trabalho inconsciente, para resolver a questão que se apresentava. Também o Pequeno Hans tem um sintomazinho bem banal, freqüente nas crianças pequenas. Até então, tratava-se de um garotinho com quem todos se encantavam e que nada tinha de especial.

Além disso, eles têm outro ponto em comum: é que só lidam com a análise pelo fato de seus pais serem adeptos da psicanálise. O pai de Hans é adepto de Freud, felicíssimo em dizer ao Professor: finalmente, aí está um menino que se presta para sua doutrina e a confirma. Também os pais da Pequena Piggle são convertidos. Aliás, eles mesmos falam "winnicotês". Chega a ser espantoso! Temos uma experiência disso quando, como fiz eu, lemos o caso pela primeira vez e em seguida o retomamos: guardamos anotações na lembrança, mas já não sabemos se são de Winnicott ou não, e temos de verificar para saber se estão nas cartas dos pais ou no texto dele. Nesse caso, na verdade, fala-se uma única língua, e percebe-se uma transferência para Winnicott que é, *grosso modo*, tão poderosa quanto a do pai de Hans para Freud: aliás, tal como lá se dizia *Professor* Freud, aqui se diz *Doutor* Winnicott. Essa nuance não escapa a Piggle, que, no momento em que sua transferência começa a ser perpassada por algumas dúvidas, pergunta e demanda: "Por que Doutor?", "Será que ele é mesmo médico, esse Doutor Winnicott?"

Há mais uma coisa que aproxima os dois casos. É a intervenção dos pais no tratamento, por meio de seus relatos, de suas perguntas aos filhos e da coleta de grande parte dos dados. No caso do Pequeno Hans, isso fica muito claro. Podemos indagar-nos o que é a análise desse menino, que só viu o psicanalista uma ou duas vezes. No caso da Pequena Piggle, é diferente, porque ela o viu 16 vezes, porém ao longo de dois anos e meio. Também não é algo extremamente intensivo. Aliás, Winnicott formula essa indagação em seu breve prefácio: pergunta a si mesmo se, num dispositivo tão pouco clássico, é possível falar de psicanálise.

Esta, creio eu, é uma pergunta que não nos fazemos, porque não temos um dispositivo clássico. Para nós, isso é uma análise; Winnicott duvida, mas nós não. Ele considera uma audácia o fato de não haver três ou quatro sessões por semana, regulares e obrigatórias. Não só as sessões são muito espaçadas, em razão da distância, diz ele, como, além disso, trata-se de sessões realizadas conforme a demanda. É preciso que a menina insista em ver o Doutor Winnicott. Logo, isso leva um certo tempo. Primeiro é preciso ela dizer "Me leva ao Dr. Winnicott", e então a mãe diz, "Sim, logo", e espera que a menina peça mais uma vez. Depois, ela escreve ao Dr. Winnicott: "Doutor, ela pediu duas vezes" etc., e finalmente o encontro se dá. Portanto, é um dispositivo particular, no qual se pretende que a criança dê mostras de boa vontade. É evidente que se entende que a demanda da menina, apesar de perfeitamente autêntica, mesmo assim, sobretudo no começo, é uma repercussão da demanda dos pais, por efeito de sugestão: faz-se dizer pela boca da menina que se gostaria que Winnicott a recebesse.

Houve, portanto, 16 sessões, que se estenderam entre 3 de fevereiro de 1964 e 28 de outubro de 1966. Uma coincidência: começaram no mesmo ano da criação da Escola Freudiana de Paris, não faz tanto tempo assim. A Pequena Piggle tinha dois anos e quatro meses. Seu grande problema ela também compartilha com Hans: era a angústia. Há muitos outros sintomas infantis possíveis — anorexia, enurese, agitação, insônia etc. —, mas, nas duas crianças, o problema girou em torno do eixo da angústia. As circunstâncias desta são perfeitamente identificáveis no caso de Piggle: foi o nascimento da irmã caçula. Em Hans, houve outros fatores identificados na conjuntura do desencadeamento, mas com Piggle, tratou-se somente do nascimento da irmãzinha, ou seja, do aparecimento de um novo objeto do Outro. Vemos de imediato que a castração materna não é evocada diretamente, mas de forma indireta, como implicação do novo objeto que permite presumir que faltava alguma coisa à mãe.

Há um outro ponto em comum na curva dos tratamentos: de onde eles partem e o ponto a que chegam. Voltarei a isso.

Não me esqueço de que também há diferenças. Para começar, a idade: cinco anos em um, dois anos e meio na outra, o que é muito, muito diferente; o sexo, é claro; e acima de tudo, o sintoma. Piggle não tem nenhuma fobia, ao passo que Hans, com sua fobia ao cavalo, eleva sua angústia à condição de sintoma.

Que é que substitui isso em Piggle? Os pesadelos, que fazem com que ela não queira mais se deitar, não queira dormir, acorde gritando, e que tornam as noites especialmente movimentadas. É evidente que isso a coloca numa dificuldade maior, de certo modo. A fobia, como elaboração sintomática da angústia, alivia, nem que seja por localizar a angústia, deslocando-a de seu lugar de origem, isto é, do cara-a-cara com a mãe, para um objeto mais distante, passível de ser evitado. Isso é um enorme benefício para o sujeito. Já a pobre Pequena Piggle não tem como fugir de seus pesadelos, eles a seguem. Além disso, ela tem manifestações complementares à angústia, que os pais diagnosticam no nível do humor: tristeza, apatia, lágrimas e fragilidade, numa garotinha que nos é descrita como transbordante de vitalidade e sem medo de nada, até o nascimento da irmã menor.

Ainda há uma outra grande diferença, que são os pais. Em relação à Pequena Piggle, dizemos "os pais". Para o Pequeno Hans, existiam o pai e a mãe, bem separados, em todos os sentidos do termo. Dizemos "os pais" porque, enquanto havia discórdia entre os pais de Hans, há no caso de Piggle uma concordância manifesta, patente, embora um momento de tensão seja evocado de passagem pela mãe. É o que nos dá a oportunidade de constatar que isso não é melhor, e que, afinal, não é nesse nível que as coisas se jogam! O próprio Winnicott está tão de acordo com os pais que, fenômeno notável, apesar de tudo, observa: "carta dos pais... escrita pela mãe", e apenas uma vez há uma palavra do pai. Esse é um pequeno traço sintomático do casal, e talvez do próprio Winnicott. Trata-se de pais meio fundidos, digamos, pelo menos no relato...

Talvez isso até vá mais longe, pois, malgrado algumas chamadas à ordem feitas a ele pela Pequena Piggle, ou por seu inconsciente, pelo menos, Winnicott considera que o pai, em certos momentos, banca a mãe e equivale à mãe. É notável constatar, de fato, que ambos emprestam o corpo. Não sei se isso é efeito de uma inclinação ou da formação winnicottiana dos dois, mas ambos consentem num certo tipo de corpo-a-corpo com a filha. E nós a vemos pedir para sugar os "mamás", como chama os seios da mãe, o que lhe acaba sendo permitido, após certa hesitação, por não se saber se isso é muito ortodoxo. De maneira homóloga, ela quer chupar o polegar do pai, e é-nos descrita uma viagem [de trem] em que ela chupou o polegar do pai o tempo todo. Esse fato tem sua importância. No caso do Pequeno Hans, o elemento falóforo era minorado pela relação de discórdia entre os pais, pela incapacidade de o pai se fazer ouvir pela mulher, que não o amava nem o desejava. Mas vemos aí que, mesmo com o bom entendimento, o elemento falóforo não deixa de ser elidido. Não está ausente, mas é diminuído e, embora seja evocado em algumas interpretações, isso nunca se dá sem confusão.

Piggle pré-interpretada

Antes de ver o Dr. Winnicott, Piggle já é interpretada em termos do Édipo do senso comum, do Édipo tal como hoje o arrastam por toda parte, ou seja, ela é descrita, no começo de sua vida, como uma menina muito apegada ao pai e que trata a mãe com arrogância. Também lemos sobre a mudança constatada em termos edipianos. A angústia surgida é interpretada como efeito de uma decepção com o pai, que, como fica subentendido, deu um filho à mãe (o que não demorará a ser dito à menina, com todas as letras). No cômputo final, o aparecimento da angústia e seus distúrbios do humor são tomados por uma regressão à condição de bebê. Vocês estão vendo que há uma resposta nos primeiros textos da mãe. À pergunta sobre "que está acontecendo?", ela responde que a menina sofre de abandono por seus objetos edipianos e quer regredir, na rivalidade com o bebê, ao estágio de lactente. A mãe fica muito abalada, isso é sensível, pelo fato de sua filhinha ter perdido a alegria aparente, a autonomia, o equilíbrio. Diz que "agora ela se machuca, ela cai, quando nunca se machucava nem caía".

E como entra no consultório de Winnicott essa Piggle já interpretada, até doutrinada? Vejamos seu vocabulário: é uma menina muito pequena — menos de dois anos e meio — que diz "Tenho preocupações"! Mas vimos nos textos da mãe: "Ela é muito preocupada." Piggle chega ao consultório de Winnicott, portanto, com a idéia de que ele entende de "*babacar*" e de mãe preta. Isso lhe fora dito, a transferência já lhe fora insuflada. E que faz ela ao entrar? Primeira sessão: começa a pegar os brinquedos que estão numa caixa e diz: "Outro, outro, outro..." Winnicott, como seria razoável, lhe diz: "Outro bebê?" O contexto convidava a essa observação: por que não? Ela não hesita e responde, pegando outro brinquedo: "De onde veio isso?" É onde Winnicott reconhece, evidentemente, a pergunta freudiana por excelência, que sabemos estar ligada à angústia de castração: "De onde vêm os bebês?" Trata-se realmente da questão da simbolização da existência, diante da qual Hans também tropeça, tendo, além dela, a questão de seu sexo.

A pergunta da Pequena Piggle, com efeito, é uma pergunta de base. Ela entra com uma pergunta, não entra com uma queixa. Não sei se podemos dizer que "nada é sem razão", o que seria uma tese hegeliana por excelência; para nós, de qualquer modo, o sem razão não deixa de estar inserido em razões, e estamos lidando, nesse caso, com um sujeito em busca das razões. O espantoso, o estarrecedor, é ver com que ingênua confiança, convém dizer, Winnicott se compromete a fornecer a resposta. À pergunta sem resposta "De onde vêm os bebês", Winnicott responde. Responde como empirista, é óbvio, dizendo que o homem põe alguma coisa na mulher e isso gera um filho. Há, portanto, uma resposta, que se sustenta em três termos: o homem, a mulher e a alguma coisa. Piggle, interpretada pelos pais, agora o é por Winnicott, e de maneira extremamente... ingênua. Quanto a ela, Piggle, mantém-se, por ora, do lado da pergunta sempre presente, à espera.

As palavras do inconsciente

Piggle também tem suas palavras do inconsciente. Não dorme, não quer ir dormir, agita-se e acorda, mas fala durante a noite. Não se trata do que chamaríamos de pavores noturnos clássicos. Ela tem pesadelos que falam. E, no fundo, muito depressa, antes mesmo que ela chegue, dispõe-se de um texto mínimo. Não é nada equivalente ao cavalo de Hans, mas, ainda assim, são palavras de angústia. Uma palavra, melhor dizendo, e depois uma espécie de fantasmagoria noturna. A palavra é o "*babacar*", espécie de neologismo infantil. Indaga-se: isso pode levar a pensar em "*car*", em "*baby*". Mas, afinal, não é do que se trata: o "*babacar*" é uma palavra que não quer dizer nada. E a Pequena Piggle esclarece: "... por causa do *babacar*." Isso nos faz lembrar a formulação que Lacan tanto sublinhou a respeito de Hans, "por causa do cavalo". Em Piggle, é por causa do "*babacar*". Naturalmente, esse "*babacar*" surge num diálogo com os pais, porque, ao lermos o texto, vemos que os pais pressionam a menina, observam-na, perscrutam-na, questionam-na: "Que é que há? Por quê?..." Portanto, isso surge num diálogo. Ela também os desnorteia um pouco, como Hans desnorteava os pais com o cavalo. Mas a coisa é séria: o "*babacar*" é o significante sem significado, sem outro significado senão o enigma, sem significação que proteja da angústia. Não tem a eficácia do cavalo de Hans, porque o *babacar* é algo que tem a virtude da ubiqüidade, está sempre em toda parte.

É o nome da causa da angústia, "*babacar*" — não da causa do desejo, mas da angústia — e é algo que nunca a deixa. Não estou dizendo que Piggle nunca o esqueça: é o "*babacar*" que não a esquece. Os pais observam de passagem que, quando está tudo bem, num bom momento, de repente ela fica imóvel, diz "o *babacar*", e tudo se estraga. Aliás, ela tem respostas impressionantes. Certa vez, a mãe lhe diz: "Não se preocupe!", e ela responde: "Mas eu quero me preocupar!"

O outro elemento verbal é uma frase. Há algumas variações, mas a matriz é "a mamãe preta quer os seus mamás". Como formulação, ela é poderosa; há muitas coisas nessa frase produzida pelo inconsciente de uma menina de dois anos e quatro meses. Mamãe preta é, muito claramente, se assim posso dizer, o nome do Outro barrado, ameaçador. Há toda uma semântica do negro na cultura — o romance *noir*, as más intenções* etc. Digamos que o preto é a cor do *kakon*, e é também a cor do luto. Aqui, vemos que é o nome do Outro maléfico, perigoso. Além disso, ao

* Que no francês se dizem "*les noirs desseins*". (N.T.)

longo de todo o caso, veremos que o preto pode circular, é metonímico. A mamãe preta conservará essa identidade negativa, mas o preto circulará e, sucessivamente, veremos surgir o bebê Sush — nome da irmãzinha caçula — preto, assim como a Piggle preta, e, em cada um dos casos, isso significa "mau".

"A mamãe preta quer os seus mamás": será possível encontrarmos algo mais simples, como nome do Outro barrado, do que "mamãe preta", e mais condensado para ilustrar o sonho que interpreta, que diz o que ela quer, ou seja, seus "mamás"? O sonho interpreta, aqui, o desejo em termos de objeto oral, com os "mamás" dando o nome do objeto como desejo do Outro. Pura e simplesmente.

Alguns comentários

Não há dúvida de que esse objeto — que a mamãe preta reclama como uma posse, como algo que lhe foi tirado, roubado — designa também o próprio ser da Pequena Piggle. Temos nesse caso um indicador preciso: é que, no momento em que aparecem o "*babacar*" e "a mamãe preta" que "pede seus mamás", os pais — e isso é o que mais os inquieta — indicam, de modo absolutamente incontestável, o aparecimento de problemas de identidade.

Há toda uma parte das interpretações dos pais que se formula em termos do ciúme infantil, em termos do que Lacan chamou de *jalouissance*,* o ciúme do objeto outro, a ser situado no eixo imaginário. Porém há mais que isso. A partir do momento em que surgem, junto com a irmãzinha, o "*babacar*" e "a mamãe preta", Piggle não quer mais ser ela mesma, não quer mais, pelo menos, ser chamada por seu nome. Finge ser a mamãe, ser o bebê, porém nunca mais é Piggle. E, além disso, a mãe nota que ela muda de voz, de entonação, começa a adotar uma vozinha aguda, artificial, que inquieta os pais. Logo se percebe aí, precisamente, como o nascimento da outra criança abalou o que se poderia chamar de segurança do filho único, que sem dúvida ainda não é uma segurança de fantasia, mas é certamente o embrião desta; o nascimento abalou-a a ponto de produzir o que convém realmente chamar de efeito de despersonalização. A Pequena Piggle já não sabe quem ela é.

Trata-se de uma desidentificação selvagem, como reação ao nascimento da irmã. Isso prova que, para ela, seu lugar no desejo do Outro coloca doravante uma questão. Antes, ela sem dúvida tinha a certeza de um lugar singular, e podia se identificar com a pequena maravilha da família. Mas o novo objeto faz com que já não saiba qual é seu lugar nem qual é seu valor. Por isso, o apelo à interpretação é tam-

* Neologismo que combina *jalousie* (ciúme) e *jouissance* (gozo), e que equivaleria a "ciúme gozoso" ou "gozo enciumado". (N.T.)

bém um apelo a uma nova identificação. E assim, quando o sonho interpreta o desejo do Outro em termos orais, essa é também uma forma de denominar seu ser de objeto em "sua ereção de ser vivo", segundo a expressão de Lacan. Aliás, Winnicott o compreende nesses termos. Ele não tem a mesma linguagem que nós, se quisermos, mas é assim que o entende.

Não há dúvida de que os "mamás" também designam o objeto dela e interpretam seu desejo e uma parte de seu gozo. Temos no relato da Pequena Piggle dois transes orais, num dos quais Winnicott deposita mais ênfase, dizendo que "é um orgasmo oral generalizado". Este se produz na nona sessão, mas, já na segunda sessão, Winnicott e Piggle haviam começado a se comunicar, nas palavras dele, por barulhos com a boca e movimentos de sensualidade oral. Winnicott esclarece: "Ela começou a fazer caretas, a revirar a língua dentro da boca, eu a imitei, e foi assim que nos comunicamos a respeito da fome, do paladar, de barulhos com a boca e da sensualidade oral em geral. Foi satisfatório." Essa foi a primeira ocorrência, bastante discreta, e depois houve a nona sessão, na qual Winnicott disse ter havido um orgasmo generalizado.

A questão da transferência

Qual é o significante da transferência? Não há dúvida alguma, ao que me parece: é o "*babacar*". Piggle chega com seu "*babacar*" e o apresenta a Winnicott, que é aquele sobre quem lhe disseram que é entendido em matéria de "*babacar*" e de "mamãe preta". Portanto, podemos inscrever esse "*babacar*", sem exagero, no matema da transferência, tal como Lacan o escreveu em 1964.

Trata-se do significante do enigma, que representa junto a Winnicott o *s* minúsculo do sujeito desconhecido, que se espera vir a saber quem é, estando ainda vazio o parêntese do suposto saber.

$$\frac{\text{Babacar} \longrightarrow \text{Winnicott}}{\text{s (...........)}}$$

Aliás, e isso é muito surpreendente, depois da primeira sessão, ao chegar em casa, Piggle comenta: "O Doutor Winnicott não sabe nada do *babacar*." É verdadeiramente extraordinário! Na segunda sessão, Winnicott a questiona sobre o "*babacar*", situando ela própria como o sujeito que sabe do *babacar*, e em seguida arrisca uma interpretação: ele seria o preto que mete medo. O resultado não é muito claro, mas, na terceira sessão, a menina esclarece sua posição: "Peguei o trem para Londres para ver Winnicott", "quero saber por que a mamãe preta e o *babacar*". E Winnicott responde: "Tentaremos descobrir."

Temos aí, com efeito, uma épura da entrada na transferência, e podemos acompanhá-la ao longo de toda a sua evolução. Winnicott a comenta muito no plano da confiança, do amor, mas as coisas acontecem em outro nível, na verdade. Por ocasião da grande sessão, momento decisivo do tratamento, que é a nona sessão, a qual também descortina a saída da análise, temos o testemunho exato do abalo do sujeito suposto saber, com respeito a Winnicott.

"Nós, as meninas..."

Qual é a curva dessa análise? Apontei alguma coisa análoga no caso do Pequeno Hans: começa pelas palavras do inconsciente, o "*babacar*" e a "mamãe preta", e termina enfim num pequeno romance familiar. Também tínhamos isso no caso do Pequeno Hans: partindo do cavalo da angústia até, no final, um pouco sugestionado por Freud, sem dúvida, ele inventar sua ficção resolutiva dos impasses edipianos: a avó para o pai e a mãe para ele. Vemos que a menina Piggle também fabricou para si sua pequena ficção. Esta começa na oitava sessão, mas o auge é a nona. Realço apenas o que me parece determinante para meu objetivo. Winnicott já fizera diversas interpretações sobre a voracidade oral, por um lado, e principalmente sobre a rivalidade com a irmã, por outro. Chegamos à oitava sessão. Víramos o preto circular entre todos os personagens, e Piggle volta a falar da irmã caçula, o que Winnicott interpreta em termos de amor-ódio, no eixo imaginário a-a', dizendo: "Você detesta a Susan, mas ao mesmo tempo a ama." É quando a menina lhe dá uma liçãozinha.

Numa réplica imediata, explica-lhe que ela e a irmã são parecidas e distingue gostar e amar. Diz a Winnicott: "Nós duas tomamos banho de lama, nós duas trocamos de roupa", e depois acrescenta (esta é a passagem central): "Eu gosto da Susan, o papai ama a mamãe; a mamãe gosta mais da Susan, e é de mim que o papai gosta mais." É realmente muito preciso e deveras notável. Não chegarei a propor que se trata de uma metáfora paterna invertida, o que seria dizer demais, porém, se construíssemos o grafo dos vetores amorosos desenhados pela menina, veríamos que falta um, o que iria da mãe para o pai. Para a Pequena Piggle, está claro que o amor do pai vai para a mãe e, secundariamente, para ela, mas o amor da mãe vai para a filha, mais precisamente para sua irmã. Aí encontramos uma segunda interpretação do desejo da mãe, que já não é dos "mamás".

A nona sessão confirma isso. Piggle já está menos angustiada, tudo melhorou. Na sessão, ela começa a descrever uma espécie de pugilato com a "mamãe preta", porém já não estamos no clima de angústia, trata-se de um confronto do tipo "cai fora, que é minha vez". Diz ela: "A mamãe preta chega e quer pegar minha cama, eu tenho uma cama muito bonita, quero ficar com ela" etc. Há uma página e meia sobre o pugilato com "a mamãe preta"; tudo isso é relativamente lúdico, Piggle murmura e brinca. Winnicott diz que "a coisa se torna confusa", sente-se sonolento. Ora, ele sempre toma suas sonolências como signos importantíssimos do que está acontecendo do lado do paciente. É então que Piggle expõe seu pequeno romance, seu romance familiar do futuro, com suas promessas, tal como Hans, que dizia: "Você vai morar com a vovó e eu vou morar com a mamãe."

Essas promessas de futuro são precedidas por um pequeno preâmbulo de muito valor. Diz ela: "Por muito tempo a mamãe não queria um bebê, depois quis um menino, mas teve uma menina." A mãe fica muito chateada e faz com que seja incluída uma nota de protesto. "Ela sabe muito bem", afirma, "que eu não me importava que fosse menino ou menina na primeira vez, e que, na segunda, eu queria um menino, mas não na primeira." Seja como for, a Pequena Piggle não acredita nisso e continua, e é aí que começa o romance, que diz: "A Susan e eu vamos ter um menino, quando crescermos. Eu e a Susan vamos ter de achar um senhor papai para casar." Aí está o romance: as meninas terão um menino, mas a precondição necessária será encontrar um senhor papai para casar.

Quanto a isso, podemos tecer um certo número de comentários. Primeiro, esse romance confirma e esclarece o que fora dito na oitava sessão: papai ama a mamãe, que ama o filho... menino. Vemos que o falo está implicado. Piggle, portanto, tem sua interpretação da mulher, muito clara: ela é mãe, ficando o homem no lugar do instrumento. Há algo ainda mais exato: uma mãe que quer um filho. Em outras palavras, o falo não deve ser procurado no homem, mas no filho. O homem é "um senhor papai para casar". Essa expressão me interessa e merece que nos detenhamos. Talvez venha do próprio Winnicott, pois, em certo momento, ele diz: "Na transferência, sou um senhor muito papai." Já conhecíamos — é um clássico do inconsciente — a divisão da mulher entre a mulher-mãe e a mulher-mulher, mas a divisão do homem em homem-papai e homem puro e simples é uma novidade do caso da Pequena Piggle e do texto de Winnicott. Ao que parece, ele sempre zela pelo restabelecimento da igualdade entre os sexos, isso é muito claro, em cada uma de suas duas faces, portanto! A maneira como aborda a castração, aliás, mereceria um estudo por si só.

Resumo o romance de Piggle: "Nós, as meninas, teremos um menino." E aí está uma solução para a inveja do pênis. Winnicott não se mexe, fica sonolento, como diz. E ela, lúdica: "O senhor ouviu o que eu disse, Dr. Winnicott?" Uma vez que o interpela, "O senhor ouviu o que eu disse?", ele interpreta, e de um modo que muito surpreende. Por mais que eu examine o material, não compreendo o que fundamenta sua colocação. Embora ela diga "eu terei um filho", e até "nós, meninas, teremos um filho, sob a condição de encontrar um pai", ele lhe diz que Piggle está assumindo a posição do menino em relação à irmã. Essa interpretação pela identificação com o menino não é o que o material impõe nesse momento. A menina não retruca explicitamente, mas é aí que vemos aparecer o que anunciei há pouco, a dúvida transferencial da Pequena Piggle.

Para começar, ela havia iniciado a sessão dizendo para ele ficar calado, para escutar, que tudo correria bem. Nesse sentido, continua sua brincadeira, falando de lado, e diz: "Essa é a minha cama, não posso ir de trem ver o senhor Winnicott, não, você não pode ir de trem ver o senhor Winnicott, ele entende mesmo de sonhos ruins, não, não entende, entende, não entende...", e assim sucessivamente. Piggle tem toda uma conversa sobre o saber duvidoso do senhor Winnicott. Chega até a lhe escrever, depois, em seu aniversário: "Vamos mandar para o senhor uma faca de cortar sonhos", e muitas outras respostas transferenciais gentilmente negativas, isto é, de des-suposição de saber. De qualquer modo, Piggle encontrou uma solução para o desejo: passamos de sua interpretação pelo objeto oral, os "mamás", para a interpretação pelo objeto fálico (cf. o menino portador do falo) e, no fundo, ela passou a ter sua fórmula do homem e da mulher. O homem, o pai, ama a mamãe. Traduzo isso dizendo que o homem procura uma mulher. E a mulher, a mãe, bem, o que ela procura é um filho, isso fica muito claro.

Agora, vejamos os resultados. No caminho que vai das palavras do inconsciente para a solução romanceada "nós teremos um filho", que houve com as angústias?

Elas foram reduzidas. A menina livrou-se da "mamãe preta" e do "*babacar*". Quanto a este, ele simplesmente desaparece do discurso, sem ter adquirido um sentido; simplesmente não se fala mais nele. É uma maneira de resolver o enigma. A "mamãe preta" também desaparece, mas de outra forma: é morta. A Pequena Piggle conta ter sonhado que mataria a mamãe preta. Tinha visto assassinatos na televisão, com fuzis e tudo o mais. Ficou meio angustiada antes de falar, mas, no final, fica tudo bem, a mãe preta está morta. Há esta frase: "Ela estava morta no sonho." Antes disso, já tinha havido uma mudança, o personagem se tornara menos real. Diz Winnicott: já não é a mesma coisa; antes ela estava presente, e agora, é como se só estivesse no sonho; ou seja, ele percebe que se produziu um efeito de simbolização. Um traço clínico assinala esse efeito de simbolização: logo no começo, um dia a mãe pergunta a Piggle: "Será que a mamãe preta veio?"; a menina responde: "A mamãe preta não vem, ela está em mim", isto é, sempre presente. Nesta sessão, ao contrário, ela esclarece: "A mamãe preta não vem mais." Portanto, ela começou um movimento de presença-ausência, e finalmente a mamãe preta é morta, o que constitui, na verdade, um modo de transformá-la em significante: doravante só restará dela a lembrança, e sua consistência de angústia terá sido riscada do mapa. O benefício sintomático, portanto, é também muito claro: é a vitória sobre a angústia e o ajuste de uma posição antecipada do ser mulher-mãe. Piggle ainda tem momentos de angústia, mas eles já não são maciços. Há um outro grande efeito identificável, que é a queda do efeito-supereu.

O supereu

Um dos grandes interesses desse caso me parece referir-se à emergência do supereu. A "mamãe preta" que reivindica seus "mamás" é uma imagem do supereu, uma voz que vem exigir um objeto, que pede que lhe seja cedido o que é, para a criança, o objeto de gozo. É realmente impressionante, e os pais o constatam com sofrimento, ver surgir numa menina tão pequena a culpa, a auto-acusação e a autocensura.

Realmente vemos, nesse caso preciso da Pequena Piggle, o quanto o supereu está ligado ao objeto de amor, surgindo quando o enigma do Outro barrado emerge do amor. A figura obscena e feroz do supereu não é gerada pela violência do Outro, da qual seria uma transposição — Freud assinalou isso há muito tempo. O supereu está ligado, ao contrário, à doçura do amor, que justamente engana quanto ao desejo e ao gozo. Na Pequena Piggle, percebemos isso de modo patente: quando a barra sobre o Outro se faz presente, por causa do aparecimento da irmã, começa a perseguição, o supereu profere suas exigências e a culpa se manifesta de modo devastador. Primeiro, Piggle tenta ser uma menina-modelo, arruma, esfrega, limpa, embora a mãe não o exija, em absoluto, e ela mesma não o faça. Depois, arrepende-se: "Não faço mais isso...", e chega até a inventar defeitos em si mesma. A mãe observa que uma vez, muito tempo antes, numa loja, Piggle levantou-lhe um pouco a saia — gesto muito instrutivo — e a mãe se virou e teve de lhe dar um tapinha. Meses depois, a menina disse: "Mamãe, nunca mais vou levantar sua saia..." E se acusa de uma forma patética: "Eu sou má, sou ruim."

Por fim, com o tratamento, abre-se o torno do supereu. Winnicott observa os progressos nesse aspecto. Primeiro, ela pára de arrumar as coisas, deixa tudo de pernas para o ar em seu consultório. Depois, começa a sujar, a espalhar sujeira por tudo, com a cola. O analista fica muito satisfeito, porque nisso, são as ousadias da pulsão que prevalecem sobre o gozo das renúncias. E por último, há o grande transe oral em que a sucção de um objeto engaja o corpo todo no que Winnicott chama de um orgasmo oral, que vem justamente depois de a menina dizer, falando da "mamãe preta": "Ela estava morta no meu sonho, eu tinha matado ela." Evidentemente, Winnicott reconhece nisso a vitória da pulsão sobre a morbidez do supereu.

Winnicott intérprete

Não quero deixar passar um traço original que é próprio de Winnicott, a saber, a interpretação brincalhona. Ela pode resultar, aliás, em cenas de aparência cômica: um dia, ele banca o bebê, é a Piggle preta que está furiosa porque quer todos os "mamás" para si, e se põe a bater com os pés, a dar pulos, a soltar pontapés. A Pequena Piggle fica simultaneamente extasiada e apavorada, e depois fala disso com todo o mundo: "O bebê Winnicott estava com muita raiva..." Esse é um traço singular da prática winnicottiana: a interpretação brincalhona, posta em prática. O efeito especular é patente, mas serve para fazer surgirem, para apontar as pulsões do sujeito — no caso, Piggle. Há também, evidentemente, as interpretações classicamente proferidas. Estas são diversas, ora visando o amor-ódio, no eixo a-a', ora a pulsão, sobretudo o furor da voracidade oral, ora, enfim, o referente fálico.

E é aí que está o ponto fraco de Winnicott, em sua maneira de tratar o problema da castração e do falo. O que mais lhe falta, se assim posso dizer, é precisamente a dimensão da falta de objeto. No entanto, Winnicott leu Freud e se refere a isso explicitamente, ao falar da inveja do pênis na menina, mas dir-se-ia que é quase uma inveja do pênis sem falo. O tempo todo ele postula uma equivalência, como que realista, entre o que chama de pipi — pelo menos é assim que foi traduzido em francês — e o seio, tomados quase como objetos da realidade perceptível. O pipi e o seio são tratados como dois objetos parciais equivalentes, tal como o pai e a mãe são exatamente duas figuras em espelho, que emprestam igualmente seu corpo, como afirmei. Assim, quando Piggle brinca de nascer entre as pernas do pai, Winnicott não tem idéia de que o significante paterno introduz alguma coisa nisso. Para ele, é a mesma coisa que nascer de uma mãe.

Finalmente, ele acaba por soltar uma interpretação que é propriamente escandalosa no que sugere. Trata-se de uma interpretação em que ele dá sua versão do par sexual, daquilo que está, para ele, no lugar da metáfora paterna. Em essência, ele diz à menina que o homem pega os "mamás" da mulher, mas depois os devolve, sob a forma de alguma coisa que lhe dá para que ela tenha seu filho. Em outras palavras, o homem é um ladrão — Piggle formula isso num dado momento —, mas um ladrão arrependido! A coisa chega à inversão: é a mãe que tem; quando ela não tem, é porque lhe foi tirado, e portanto, pode ser-lhe devolvido. O rebatimento sobre o registro da frustração é completo, explícito, formulado de maneira maciça, e tem como correlato uma verdadeira denegação da falta fálica da mãe. Winnicott sequer é kleiniano nesse aspecto, uma vez que Melanie Klein faz o pênis entrar no circuito dos objetos, desde a origem.

O que há de encorajador é que isso não parece causar grandes estragos, porque Piggle já deu sua própria interpretação. Podemos dizer que é o inconsciente que sai ganhando, no fim. Para retomar a expressão de Lacan em "Televisão", ao dizer que o chiste "tira proveito do inconsciente", aqui, é o inconsciente da Pequena Piggle que tira proveito de Winnicott. Assim, tenho antes a impressão, sem nenhuma garantia, de que a interpretação de Winnicott é menos nociva do que inútil, embora vá no mesmo sentido, num aspecto: a promessa falaciosa de recuperação.

IV

As Mulheres na Civilização

A HISTÉRICA DA ÉPOCA DA CIÊNCIA

O par formado pelo mestre e pela histérica atravessa a história. Decorre daí que a clínica individual também pressupõe algo como um diagnóstico do estado atual dos discursos. Exercito-me nisso há mais de dez anos, em especial no artigo intitulado "A histeria no discurso da ciência".[1] Os sintomas da histeria estão sujeitos à época, como sabemos: ela é "hystórica", com y.* Mas, inversamente, será que a história não lhe deve alguma coisa?

Hystória

Se o sujeito histérico "é o inconsciente em exercício", não é de hoje que ele insiste na cultura, já que o inconsciente decorre do fato de sermos falantes. Os sujeitos histéricos não são os únicos a lhe dar voz, sem dúvida, porém, mais que outros, trazem seu *leitmotiv*. A eficácia dessa insistência bem poderia estar na origem do desejo que fez nascer a própria ciência, mais além da episteme grega. Pelo menos, foi essa a tese que Lacan desenvolveu a partir de seu seminário *O avesso da psicanálise*, bem como de "Radiofonia". Ela não deixa nenhuma chance para a dialética hegeliana do senhor e do escravo, e faz da ciência a resposta do pastor à pastora: isso vai de Sócrates, histérico perfeito, até Newton, de Anna O. a Freud, na medida em que o discurso do mestre/senhor "encontra sua razão no discurso da histérica", diz Lacan. O antigo senhor confiava no saber artesanal do escravo para produzir o mais-de-gozar, ao preço de qualquer desejo de saber. Foi preciso Sócrates para interrogá-lo sobre seu desejo, intimá-lo a justificar seus poderes de senhor e, por fim, insuflar-

* Numa alusão a *hystérie*, que se grafa com "y" no francês. (N.T.)

lhe o desejo de saber, do qual saiu, no devido tempo, a ciência galileana, com a mutação que ela pressupõe de um *savoir-faire* artesanal num saber formalizado, no qual prevalece o aparelho matemático.

Qual foi o sucesso da histérica? Esse ricochete do desejo teria produzido o novo saber que opera no real, mas mesmo assim deixou em suspenso o sujeito confrontado com o impasse sexual. Mais ainda que o discurso antigo, a ciência o excluiu de sua consideração: "A ciência é uma ideologia da supressão do sujeito."[2] Não admira, com isso, que a histeria pós-científica tenha flamejado outra vez na história, contra o pano de fundo do fracasso do Iluminismo, e tendo por resultado a emergência da psicanálise, pela qual Freud objetou à foraclusão médica do sujeito.

A questão, portanto, é saber em que se transformou a histeria, uns 100 anos depois de Freud ter aceito o desafio, depois de a psicanálise ter surgido na ciência para se encarregar de sua solicitação, tanto na prática quanto na teoria, e de haver conseguido inscrever o enclave de sua prática no discurso dominante. É a histeria na ciência, portanto, mas depois de um século de psicanálise, que interrogamos.

Repercussões da ciência

As repercussões da ciência em nosso mundo manifestam-se por um efeito de universalização globalizante, hoje reconhecido em toda parte, e que começa a ser largamente deplorado. Ele caminha de mãos dadas com a dominação correlata dos produtos da economia moderna na vida dos sujeitos, levantando-se a questão de saber em que medida ele próprio também é efeito desta. Mas, haja o que houver com esse duplo resultado, universalização e tirania dos produtos, ele concerne indiretamente ao par sexual, que, por sua vez, é tudo o que apaixona a histérica.

Agora, a mortificação veiculada pela linguagem passou para o real... dos instrumentos. Estes nos instrumentalizam a tal ponto, que nós o esquecemos no cotidiano, e é preciso um acidente, ou as fantasmagorias da ficção científica, para nos lembrar disso. O que chamamos de nossa vida, aquela que emprestamos a nosso corpo, está hoje totalmente aparelhado. Porém ainda há mais. Lacan observou, em seu último ensino, que ter um corpo é poder "fazer alguma coisa com",[3] em especial um uso gozoso. São muitas as maneiras: um corpo é algo que se empresta, se vende, se oferece e se recusa.

No discurso capitalista apareceu uma nova transformação: nossos corpos são agora inspecionados pela grande máquina de produzir. Em si mesmo, esse não é um fenômeno inédito, mas o é no nível de sua extensão de massa, que vai muito além do círculo de proletários a que Marx o circunscreveu. Em todos os níveis do trabalho social, os corpos, já instrumentalizados, são instrumentos, eles mesmos. Quem não percebe, aliás, que são mantidos tal como se faz com as máquinas: *check-ups*, regimes, ginástica, estética...? Nem tudo aí deve ser imputado ao narcisismo.

Na verdade, calcula-se a resistência do material: os boletins de saúde de nossos dirigentes não têm outro sentido. Por que Yeltsin, falando recentemente na televisão francesa,[4] julgou por bem nos informar sobre sua ducha fria pela manhã, seu esporte favorito e suas horas de sono, senão para nos tranqüilizar sobre o instrumento que ele é para segurar o leme?

Doravante, o corpo faz parte do capital, para todos, e é tratado como tal. Como não se daria isso em detrimento do gozo, se a própria definição do capital é ser subtraído dele? O amor sai perdendo, isso é certo. O amor cortês, por exemplo, ou os mapas do Tendre*, com sua paciência, sua indústria, são para os ociosos, para as pessoas que não têm agendas nem secretárias eletrônicas! Será possível imaginarmos um trovador com um fax? Enquanto os laços de família se autonomizaram da transmissão dos bens, o amor em si é cada vez mais falado em termos de ter: contam-se suas ocorrências, seus produtos, seus benefícios, calculam-se por antecipação suas perdas e lucros, e a legislação ratifica isso. Assim, a capitalização do corpo caminha *pari passu* com um aviltamento generalizado — e não apenas neurótico — dos problemas do amor.

Esse novo realismo é acompanhado por um efeito ainda mais notável, a ponto de ser inédito, que chamarei de efeito *unissex*, generalizando a expressão que a publicidade aplica preferencialmente às roupas, pelas quais, doravante, a diferença sexual mais se encobre do que se revela. Diremos que esse travestismo generalizado combina bem com a ideologia da igualdade entre homens e mulheres. Sem dúvida, mas não será essa ideologia solidária da ciência e de seu correlato, o sujeito em sua definição cartesiana, que ignora a diferença sexual? A ciência, portanto, arranja-se muito bem com um mundo que reduz todos os sujeitos ao trabalhador e ao consumidor em potencial.

O resultado imediato é especialmente sensível para as mulheres. Durante séculos, elas viram seus gozos serem confinados ao perímetro da casa. O mercado de trabalho as emancipou desse campo fechado, mas não sem aliená-las nos imperativos da produção. Daí, aliás, as hesitações do movimento feminista, que oscila entre uma reivindicação de igualdade e uma reivindicação inversa, de diferença, que exprime o protesto da particularidade. O certo é que, hoje em dia, já não existe campo a que as mulheres não tenham acesso. Esse movimento, apesar de não estar totalmente consumado, nem por isso deixa de se generalizar, e me parece irreversível. Marguerite Yourcenar teve sucesso onde Marie Curie havia fracassado, na Academia Francesa. Recentemente, anunciaram-nos a primeira mulher na Fórmula 1, a primeira a fazer sozinha certa escalada difícil, e até uma pioneira de 14 anos num campeonato de xadrez... Ainda restam alguns bastiões, sem dúvida. A

* Ver nota da p.37.

recente candidatura de uma mulher a uma das Companhias Republicanas de Seguridade provocou, há pouco tempo, uma indignação entre estas! É preciso esperar mais um pouco! Nessa evolução, o psicanalista como tal não deve tomar partido, mas não pode desconhecer as conseqüências para ambos os sexos.

Como formular o impacto subjetivo dessas reformulações da civilização? Elas concernem ao próprio gozo fálico, no que este não tem seu campo apenas no âmbito da relação sexual, mas sustenta, como eu disse, o conjunto da relação com a realidade. Esse gozo fálico é, por excelência, o gozo capitalizável. O unissex é o regime do gozo fálico igualmente oferecido a todos e em todas as suas formas. Não que as mulheres jamais tenham sido privadas dele, mas, durante muito tempo e salvo algumas exceções, ele existia unicamente dentro dos limites de seu destino de esposas e mães. Essa restrição, para não dizer proibição, agora foi pelos ares, em prol de uma competição igualmente generalizada.

Não tomemos como um acaso o momento histórico do capitalismo em que Freud veio enfatizar esse motivo de escândalo que foi sua fase fálica, com o que ela implica de desigualdade dos sexos no inconsciente. Sua descoberta teve por contexto a ideologia dos direitos do homem e os ideais de justiça distributiva que fizeram repercutir no campo da ética, precisamente, a universalidade do sujeito da ciência. Convém realmente dizer, com Freud e com todo o discurso comum, visto que eles estão do mesmo lado nesse aspecto, que os meninos e meninas estão longe de nascer "livres e com igualdade de direitos": há um ao qual é creditado, pelos dons generosos do discurso, um pequeno capital a mais: o ter fálico. A partir daí, é lógico que o outro, a mulher, sinta-se pobre e, por conseguinte, sonhe enriquecer. Foi tudo isso que Freud descobriu para explorar: o inconsciente feminino! Houve tempo em que isso só podia ser feito pelo marido, portador do órgão, e depois pelos filhos substitutos. Atualmente, ao lado das realidades cativantes do amor conjugal ou materno, todo o campo do que Lacan chama de "as realizações mais eficazes"[5] lhe é acessível: os bens, o saber, o poder etc.

Isto é fato: a civilização da ciência mudou a realidade das mulheres. A análise o constata, e não é forçosamente para a felicidade delas: angústia, inibição, culpa, sentimentos de falta de realização, tudo isso faz parte do cortejo. As primeiras psicanalistas, notadamente Joan Riviere, ao descobrirem a farsa, supuseram que, se as mulheres às vezes se sentem como que proibidas de gozo fálico, é por temerem perder nele sua essência feminina. Pode ser, mas não será, antes, que o gozo fálico em si mesmo gera a culpa — igualmente nos homens, ainda que sob formas diferentes? Como gozo limitado, ele está sempre em falta e pronto para alimentar o imperativo do supereu: sempre mais, mais um esforço. Para novas possibilidades, portanto, novos tormentos para as mulheres.

Hoje e amanhã

Então, que acontece especificamente com o sujeito histérico? Como eu disse, histeria e feminilidade se distinguem, ou até se opõem. Se às vezes há confusão, é porque esta e aquela passam pela mediação do Outro. Mas, ali onde a mulher se serve dela para se realizar como sintoma, a histérica serve-se do desejo do Outro e se identifica com sua falta.

Ora, o estado atual de nossa civilização torna-se cúmplice da identificação sempre possível com o ter masculino. Graças aos recursos da metonímia, a carreira é acessível a todas, tanto a nossas histéricas modernas quanto às outras, não lhes faltam talentos e podemos esperar que façam muito barulho — a discrição não é seu forte. No entanto, essa oferta conduz ao inverso de seu desejo, como atesta a análise em todas as formas: ao contrário do que às vezes se imagina, quanto mais a mulher histérica tem sucesso na conquista fálica, menos pode gozar com isso e mais aumenta seu sentimento de desapropriação. Karen Horney o percebeu bem. A histérica pode empenhar-se nas diferentes competições que se oferecem, porém, mal demonstra sua capacidade, o benefício desaparece. Não é o gozo que convém a sua verdadeira questão. Esta se desenrola alhures, no campo fechado, como diz Lacan, da relação sexual. É somente nele, com efeito, que a diferença sexual, recalcada em toda parte pelo regime do unissex, continua impossível de eliminar.

A estratégia histérica é notável nesse nível, pois a histérica está muito longe de buscar aí seu gozo de mulher, como imaginara Charcot. Sob a forma da outra mulher, ela enaltece a feminilidade, não para sê-la, mas para fazer com que exista A mulher que falta ao homem. É uma militante do que não existe, a histérica! O resultado se impõe: em sua relação sexual com o homem, o homem que ela ama, pois que ela é *hommossexual*, com dois emes,* como escreve Lacan, o mais precioso é a castração do Outro, com a qual ela se identifica e sem a qual o *ágalma* da feminilidade parceira não seria nada. Eu quase poderia dizer que, nesse campo, ela faz imperar o unissex da castração — mas porque só lhe interessa o objeto que é correlato desta e que ela exalta.

É a esse ser de falta-a-ser representado pela histérica que o discurso contemporâneo propõe as conquistas do ter. Percebe-se o mal-entendido. Nesse aspecto, a psicanálise é realmente o que convém à histérica, já que seu dispositivo aceita reconhecer o enigma do sexo e se encarregar dele. A diferença em relação a Charcot é maciça. Ele imaginou, meio ingenuamente, que o que a histérica precisava era de um artesão do sexo. Pelo menos, isso é o que implica a formulação que tanto impressionou Freud, e que receitava como remédio para todos os males da histérica o pênis em doses repetidas. O mesmo eco se encontra, aliás, na expressão chula "mal

* Neologismo em que o prefixo *homo* recebe um "m" adicional de *homme* (homem). (N.T.)

comida". Na verdade, esta é menos chocante que simplesmente mal pensada. O que a histérica procura não é o virtuose do sexo, alguém exímio em fazer amor, mas um cientista do sexo, alguém que saiba dizer do gozo refinado trazido pela mulher, para além do gozo do órgão. Na impossibilidade de que aquele seja dito, só se pode marcar seu lugar mediante a insatisfação deste: a incredulidade da histérica não é sem lógica. Freud aceitou o desafio e inventou um dispositivo que, justamente, exclui o virtuose do sexo, ao proibir o corpo-a-corpo, e portanto obriga a fazer o Outro responder, a fazê-lo produzir um saber homogêneo ao da ciência, no qual a lógica desempenha um papel preponderante.

A psicanálise, portanto, satisfez bem a solicitação histérica de um saber sobre o sexo. Só que se trata de um saber inesperado para a aspiração que lhe deu origem, pois é feito apenas de "negatividade estrutural", segundo a expressão de Lacan, e assim, deixa insatisfeito o anseio histérico: este esperava que o inconsciente fornecesse uma ciência da causa do gozo como sexual, e descobre que o inconsciente só conhece o gozo fálico, assexual. O outro, ele só o circunscreve pela lógica, e só se aproxima do seu real pela impossibilidade de dizer.

Assim, fica em suspenso, para o futuro, a questão de saber se a histérica se contentará com essa resposta árida. Há pouca probabilidade de que ceda em seu desafio. De preferência, ela dará continuidade a sua greve do corpo, oferecendo o corpo despedaçado de seus novos sintomas ao cientista (neuropsiquiatra, cognitivista ou outro) que faz do desconhecimento dos mistérios do sujeito sexuado uma profissão. A menos que se sinta tentada a inspirar um reavivamento da religião. Sabemos que Lacan se inquietava com isso. É preciso dizer que parte do desvelamento analítico presta-se igualmente bem a isso, uma vez que, em matéria de gozo, a psicanálise também ressalta que a última palavra não é a castração para todos, que não apenas existe o mais-de-gozar que a tampona, mas que há também o Outro... um gozo que objeta ao unissex. O analisando sem dúvida consome o gozo fálico, mas o analista encarna o que resta, o complemento irredutível ao um fálico. É bastante perceptível que essa irredutibilidade se presta a diversos usos subjetivos.

O gozo suplementar da mulher, em especial — recentemente credenciado como limite do saber, essa nova aliança com Tirésias —, já engendra no campo do discurso analítico novos fatos clínicos: uma questão, sem dúvida, mas também uma inveja, se não nova, pelo menos recém-exibida, rival da inveja do pênis, que é a inveja do outro gozo; e também um medo, ou até uma denúncia. Procuremos seus traços tanto em homens quanto em mulheres, e identifiquemos seu uso divertido, com a finalidade de renovação dos recursos da mascarada que produz a mulher. O culto de seu mistério bem poderia dar-lhe vida, como se fez com Deus-pai. Em suma, a religião da mulher bem poderia tomar como referência o não-todo. Nova teologia negativa? Assim será, conforme o discurso histérico ceda ou não ao discurso analítico.

Novas figuras da mulher

Em 1834, Balzac escreveu um romance intitulado *A mulher de 30 anos.* Em 1932, curiosamente, Freud concluiu sua conferência sobre a feminilidade com algumas considerações sobre... a mulher de 30 anos.

De Balzac a Freud, com mais ou menos um século de diferença, duas línguas, dois países, embora ambos europeus, e a oposição de dois discursos.

O título dado por Lacan a seu seminário *O avesso da psicanálise* foi uma alusão a outro título de Balzac, *O avesso da vida contemporânea.* Balzac, obviamente, escrevia do ponto de vista do avesso. Quanto a Freud, em 1932 ele disse sua última palavra, fez o balanço de toda a sua experiência analítica com as mulheres, e é notável constatar a que ponto essas duas mensagens se opõem radicalmente.

Se extrairmos a mensagem implícita do romance de Balzac, ela se apresentará, vista de hoje, eu diria qual uma mensagem de progresso, que se antecipa à evolução da condição feminina. Balzac escreveu para dizer que, aos 30 anos, apesar de seus infortúnios, sua heroína tinha a vida diante de si. E, nesse caso, o futuro significava o amor, bem como a possibilidade de dispor de si mesma. Como diz a quarta capa de minha edição, "Não lhe está proibido tornar-se um ser humano."

Nada a ver com a derradeira frase de Freud, muito conhecida, mas sempre impressionante: "Um homem na casa dos 30 parece-nos um indivíduo jovial, em certa medida inacabado, que esperamos que utilize vigorosamente as possibilidades de desenvolvimento que a análise lhe abre. Ao contrário, uma mulher da mesma idade freqüentemente nos assusta, por sua rigidez psíquica e sua imutabilidade. Sua libido assumiu posições definitivas e parece incapaz de abandoná-las por outras. Não há caminhos para um desenvolvimento ulterior; parece que todo o processo já se desenrolou, que doravante é impossível influenciá-lo, como se a difícil evolução para a feminilidade houvesse esgotado as possibilidades da pessoa."[1]

Esse parágrafo vem depois de algumas considerações sobre a pulsão, nas quais Freud sublinha que as pulsões femininas são menos maleáveis que as do homem. Como prova disso, fornece dois exemplos muito conhecidos: a menor aptidão da libido nas mulheres a se deslocar para formações de compromisso — especialmente os sentimentos de justiça e de igualdade — e para se sublimar nas criações da civilização. A tese de Freud é categórica: uma fixação pulsional inamovível. Será isso um simples preconceito de Freud, homem da tradição? Talvez. Essa é a opinião mais corrente. Não duvido, além disso, que toda enunciação traz a marca da inscrição sexual do sujeito, mas não creio que acabemos com a tese de Freud ao afirmar, de maneira simplista, que ele tinha mais preconceitos do que outros. Sabemos, pelo menos, que eles não o impediram de inventar a psicanálise, e isso é o bastante para indicar, como dizia Lacan, que ele tinha "senso de orientação".

Se agora eu tentasse traçar o retrato de uma mulher de 30 anos nos dias atuais, em 1995, creio que ela seria outra, ainda: nem a de Balzac nem a de Freud. No discurso do avesso, indiscutivelmente, desde a década de 1930, muitas coisas mudaram. As mulheres já não são como eram e, se reescrevêssemos o romance de Balzac, ele seria totalmente diferente. Contudo, essas mudanças da realidade não bastam para nos livrarmos da tese freudiana. Parece-me que, hoje, a questão é a seguinte: até que ponto e de que modo essas mudanças no nível do discurso do avesso, ao modificarem patentemente os desejos das mulheres, modificam também a economia das pulsões, em especial a da parcela de gozo que não passa pela mediação fálica, a parcela "*não-toda*"?

Observo ainda que, em seu último parágrafo, Freud, consciente do mal-estar que produziria, tenta, para matizar seu julgamento, introduzir uma distinção que não deixa de corroborar a que evoquei antes. Diz ele: "Não se esqueçam de que só descrevemos a mulher na medida em que seu ser é determinado por sua função sexual. Essa influência decerto vai muito longe, mas não percamos de vista que, afora isso, toda mulher também pode ser um ser humano."[2] Podemos conferir o texto alemão: a expressão "ser humano", utilizada na tradução francesa e suprimida na espanhola, é realmente a expressão correta. Assim, no que concerne à mulher, Freud estabelece um corte, digamos, entre seu ser para o sexo — tal como dizemos "ser para a morte" — e sua pertença ao gênero humano, isto é, à universalidade do *falasser* [*parlêtre*].

Mudanças pelo avesso

A instituição familiar, os semblantes e o discurso referente ao gozo sexual já não são o que eram há algumas décadas.

No fim de seu texto sobre a sexualidade feminina, Lacan perguntou-se se era apenas pelas mulheres que o estatuto do casamento se mantinha em nossa cultura.

Hoje em dia, essa observação de 1958 parece muito despropositada. São numerosos os indicadores — no nível da estatística, da evolução da legislação etc. — de que essa imutabilidade do estatuto do casamento perdeu força nas duas ou três últimas décadas. O abalo desse estatuto, que leva, no limite extremo, à dissociação entre casamento e vida sexual, bem como maternidade, ainda não se generalizou, mas é muito claramente perceptível, pelo menos nos Estados Unidos. Criar um filho sozinha, ou num casal homossexual, ou entre uma mulher e um homossexual etc., são não apenas configurações possíveis, porém cada vez mais freqüentes e legais, e principalmente sintomáticas das mudanças do discurso que fizeram desaparecer, por exemplo, a categoria da mãe solteira, outrora tão infamante. Firmam-se contratos civis de solidariedade entre os que não querem se casar, casam-se homossexuais de ambos os sexos e, correlativamente, o estatuto da família muda numa velocidade surpreendente. É evidente que nos interrogamos sobre as repercussões subjetivas disso, a longo prazo, nos filhos. Não é que a estrutura da família tradicional seja a condição necessária da metáfora paterna, mas, quando o efeito de "fragmentação dos laços sociais" afeta a célula elementar, a ponto de produzir o que é hoje chamado de famílias monoparentais, e de o indivíduo se tornar o último resíduo dessa fragmentação, devemos necessariamente antecipar algumas conseqüências, mesmo que elas sejam impossíveis de prever.

Já faz algum tempo que evocamos, quase como uma banalidade, a queda dos semblantes ou, pelo menos, sua pluralização. Esse tema é válido quanto aos ideais do casal, isso é patente. Podemos, por exemplo, tomar como ponto de referência, em razão mesmo das datas, o livro de Léon Blum publicado pela primeira vez em 1907, depois reeditado em 1937, chamado *Do casamento*. Na época, ele foi uma bomba ideológica, uma provocação: em nome da satisfação erótica, Blum defendeu a liberdade sexual, combateu os valores tradicionais ligados ao casamento, especialmente a abstinência extraconjugal, e preconizou, para prevenir futuras decepções, múltiplas experiências sexuais antes de qualquer escolha definitiva. Esse ataque, que caiu em desuso em vista dos costumes atuais, por certo parece completamente obsoleto, ainda que, às vezes, seja divertido. Quando se vendem preservativos na porta das escolas, quando a fidelidade, antes considerada um valor, reduz-se cada vez mais a uma exigência subjetiva — uma reivindicação — ou a uma predisposição pessoal, quando os prostíbulos funcionam a portas abertas, quando as prostitutas dão depoimentos na televisão etc., exaltar a escolha livre e não exclusiva já não faz sentido. As "imagens e símbolos" da mulher realmente mudaram. Não são mais os mesmos semblantes que se desenham sobre as máscaras: o lugar da "*girl phallus*" persiste, mas Zazie e outras Lolitas substituíram a inocência virginal que dava segurança ao Valmont de *Ligações perigosas*, e a própria mulher fatal da *belle époque* hollywoodiana foi substituída pelas *top models* de olhar vazio... Quanto ao homem, o tema de seu possível desaparecimento, no sentido da virilidade, já circula há algum tempo. Em suma, portanto, e sem uma coleção mais ampla, vê-se que os semblantes que ordenavam as relações entre os sexos não são mais o que eram.

Correlativamente, o lugar conferido ao gozo no discurso sobre o amor modificou-se muito nas últimas décadas. Sejam quais forem as causas, somos contemporâneos do que me agrada chamar de legitimação do gozo sexual. Não era assim na época em que Freud analisou e escreveu. A satisfação sexual aparece como uma exigência tão justificada, uma dimensão tão natural, um fim em si tão independente das finalidades da procriação e dos pactos de amor, que nada mais tem de íntimo, e é também objeto de atenção e cuidados por toda uma série de terapeutas ou sexólogos.

A psicanálise talvez não seja totalmente inocente nessa evolução dos costumes, mas, de fato, algo como um direito ao gozo sexual soma-se hoje à lista dos direitos do sujeito moderno (cf. todas as polêmicas em torno da excisão clitoridiana). E tem mais: o gozo sexual é hoje passível do discurso sobre a justiça distributiva. Agora, cada um e cada uma pode reivindicar seu orgasmo, às vezes até nos tribunais! Basta ler os jornais para ter uma medida disso.

Assim, levanta-se uma pergunta: quais são os efeitos dessas mudanças para as mulheres? Quais são os efeitos no nível da economia das pulsões?

A "recuperação fálica"

Já tive oportunidade de dizer que todos os novos objetos de "recuperação da metáfora sexual"[3] se oferecem a todos, sem distinção de sexo. No campo da realidade que se fundamenta numa dessexualização, quando se trata de conquistar o saber, o poder e, em termos mais gerais, todos os produtos mais-de-gozar gerados pela civilização, os campos da concorrência estão abertos às mulheres. Parece que os próprios substitutos reconhecidos e aceitos da falta fálica se multiplicaram: foi por isso que falei em unissex generalizado.

Mas podemos igualmente indagar o que acontece no nível da relação sexual. Freud, em sua consideração de que o filho por vir, conseqüência do amor de um homem, era o único substituto fálico compatível com o ser feminino, já foi rejeitado por Lacan. Ora, hoje verificamos claramente, com o discurso da legitimação do sexo, que esse substituto não é o único. Conforme o caso, o próprio órgão vale como tal, discretamente fetichizado, assim como, o que é mais novo, a sucessão de amantes dispensadores do *ágalma* fálico, sem falar da mulher que se oferece à homossexual e da que desdenha de ser mãe.

Voltando à mulher freudiana

Em vista dessas mudanças, é importante explicar, ou melhor, interpretar a postura de Freud: por que ele considerou que a única evolução positiva da libido na mulher era sua transformação em mãe? Lacan diverge quanto a esse ponto, repetimos, mas a redução freudiana da mulher à mãe não me parece totalmente elucidada.

Essa tese é categoricamente afirmada ao longo de todas as elaborações freudianas, e aparece com muita clareza no texto sobre a feminilidade. Freud não apenas destina a mulher a ser mãe de seu filho, como vai mais longe, e também pretende que ela seja mãe... do marido. Após algumas considerações sobre o vínculo com o filho, ele observa, e eu cito: "um casamento só é seguro quando a mulher consegue fazer também do marido um filho, e se comportar perante ele como mãe".[4] O contexto não deixa nenhuma dúvida quanto ao fato de que a criança, especialmente o filho varão, assim como o marido-filho, tem por função satisfazer, como que por procuração, a aspiração ao ter fálico. Ao considerar o marido como uma duplicação do filho, Freud redobra sua redução da feminilidade ao falicismo da mãe. Não apenas ele reduz o ter fálico à ligação exclusiva com o filho, como também apaga o falicismo do ser, que entra em jogo no amor, em prol unicamente do falicismo do ter. Esse traço é ainda mais notável na medida em que, duas páginas antes, Freud havia destacado a exigência feminina do amor. De forma patente, o par formado pela mulher-mãe casada com o homem-filho vem em suplência do casal mais problemático, formado por um homem e uma mulher. Trata-se de uma metáfora. A substituição pode ser escrita assim:

$$\frac{\text{mãe}}{\text{mulher}} \diamond \frac{\text{marido-filho}}{\text{homem}}$$

Do ponto de vista da estrutura, é óbvio que podemos supor que o relativo fracasso dos esforços de Freud para conceber satisfatoriamente as metamorfoses da libido na mulher, bem como sua utilização constante de uma metaforização do vínculo sexual por outros vínculos, trazem uma enunciação implícita cujo enunciado Lacan soube finalmente fornecer, com a formulação "não existe relação sexual". Mas nem por isso se resolve a questão relativa ao preconceito de Freud.

É difícil dizer até que ponto Freud absolutizava suas conclusões, mas faço questão de dizer que a solução através do marido-filho foi introduzida como condição da estabilidade do casamento. Por essa razão, ela é relativizada, pois liga a suposta norma da evolução feminina — o tornar-se mãe — à única saída socialmente aceitável que a sociedade vitoriana oferecia às mulheres. Talvez eu deva introduzir algumas nuances neste comentário, porque se trata de uma indicação muito distinta de Freud e porque, além disso, pouco depois, ele acrescenta algumas considerações sobre o valor erótico da mulher-mãe que seguem uma direção totalmente diversa, e que, aliás, podem surpreender, naquele que diagnosticou tão bem a degradação da vida amorosa. Mas ele atesta suficientemente bem a ligação entre os fatos clínicos isolados por Freud e a situação do discurso de sua época para que não atribuamos tudo a seus próprios preconceitos.

A falta fálica, que é sua única referência, fornece apenas metade do fenômeno. A outra metade são os objetos que respondem a ela como substitutos. Estes são uma função dos laços sociais e dos arranjos que eles programam entre os sexos, e que, por sua vez, são datados. A partir daí, podemos compreender por que a impressão de Freud — o termo é dele — em relação à inércia das posições libidinais da mulher de 30 anos não seria necessariamente compartilhada, hoje em dia, nem mesmo do ponto de vista analítico. A definição histórica dos mais-de-gozar acessíveis às mulheres, ou, mais precisamente, a reduzida série dos objetos compatíveis com os semblantes da mulher, devia ter algo a ver com o bloqueio libidinal percebido por Freud. Ele apresenta não apenas uma mulher totalmente inserida na problemática fálica, mas, além disso, prisioneira de uma situação da sociedade em que não havia salvação fora do casamento, e que a condenava, portanto, salvo algumas exceções, a só realizar seu falicismo como mãe. Assim, não se trata tanto de questionar os fenômenos percebidos por Freud, mas de perceber o que eles devem, a despeito da universalidade da castração, às ofertas do discurso de sua época.

Fantasias inéditas

Atualmente, estando todo o campo das conquistas fálicas acessível às mulheres, surge a questão de onde se refugiam, fora da relação sexual propriamente dita, as manifestações da relação com o significante do Outro barrado e do outro gozo. Já não temos místicas, e podemos perguntar-nos se é possível identificar os substitutos das místicas de antigamente.

Creio que o Outro absoluto, ou, mais exatamente, a mulher como Outro absoluto, está em toda parte, assombrando as imagens do mesmo. A civilização contemporânea já não trata o Outro pela segregação — pelo menos no Ocidente. A segregação interna era um tratamento do Outro, simples e talvez eficaz. Tamponava os problemas, gerando espaços: a cada um seu perímetro e, correlativamente, suas tarefas e atributos. Para a mulher, o lar, para o homem, o mundo; para a mulher, o filho, para o homem, a carreira. Para a primeira, a abnegação do amor, para o segundo, o exercício do poder, e assim por diante. Hoje em dia, as coisas se misturam e, como diz Lacan em "Televisão",[5] isso produz fantasias inéditas.

De fato, no século XX, a ascensão do tema das mulheres parece correlata à extensão do discurso sobre os direitos humanos e os ideais da justiça distributiva. Quanto mais triunfa a ideologia — creio que esse é o termo adequado — da justiça distributiva, com o que ela implica de um denominador comum, mais o Outro e seu gozo opaco, fora da lei fálica, passam a existir. Com certeza podemos falar do sujeito moderno, do sujeito cartesiano, condicionado pelo *cogito*, mas, no que concerne à mulher contemporânea, saber se ela é moderna é outro problema: como sujeito, sem dúvida, como alguém, sim, mas, e como Outro?

O Outro absoluto de um gozo não-todo, não computável, não pode ser pensado como moderno, nem mesmo se foracluído de um discurso que assim se denomina. Talvez seja isso que existe de fundamento na expressão, bastante antiprogressista, "o eterno feminino". Quanto a esse ponto, não é impossível que a psicanálise dê sua contribuição. Seguindo uma indicação de Lacan em "Televisão", pela qual ele estabelece um elo entre o "racismo" dos gozos e a religião, para prever uma retomada desta, podemos situar um tema que o seminário *Mais, ainda* desenvolve mais amplamente, o das duas faces de Deus: a face Deus-Pai, mas também a de um deus Outro, inteiramente diferente, absoluto, presentificado pela mulher. Um deus muito terreno, mas, ainda assim, capaz de suscitar "temores e tremores".

De fato, não podemos deixar de assinalar, ainda discreta, mas indubitável, uma certa inquietação — talvez isso seja um eufemismo — a respeito das mulheres modernas. Inquietação ambígua, feita de rivalidade fálica, mas também e acima de tudo de fascinação amedrontada, talvez até de inveja de sua "Outridade", se posso utilizar este termo, que o unissex não consegue reduzir. Essa "inveja" se desenvolve, a meu ver, como a sombra do discurso cínico: a idéia de que as mulheres têm um gozo que não sucumbe às descontinuidades do gozo fálico, sempre curto demais, e que, além disso, não invoca nenhum objeto complementar da falta, nenhum acesso a alguma coisa... oceânica, se posso tomar emprestado aqui o termo que Freud utiliza a respeito da aspiração religiosa. Ao emprestar o ouvido, às vezes percebemos um fascínio pelo gozo atribuído às mulheres, que vai exatamente na direção indicada por Lacan — para Deus, o deus do gozo, que volta a existir do lado da mulher.

Dentro dessa linha, estamos muito longe do tema clássico da reivindicação feminina. Esta só pode surgir de uma falta, da frustração de algo de que um outro supostamente dispõe. A reivindicação é irmã da doença da comparação. Está intrinsecamente ligada ao registro do gozo fálico, pois este é uma objeção encarnada a qualquer acesso à beatitude, com a qual, no entanto, faz sonhar. É assim que explico a mim mesma, entre outras coisas, por exemplo, a surpresa provocada pela incrível diva, a divina Marlene Dietrich, quando ela confessou sua frieza sexual permanente.

Sintomas inéditos

E quanto aos sintomas inéditos da mulher contemporânea? Não me detenho nas formas atualizadas dos conflitos internos que as mulheres experimentam em sua relação com o falo, e que foram diagnosticados há muito tempo. Conflitos, tensões entre os dois tipos de falicismo que evoquei há pouco, o do ser e o do ter, que, longe de se reduzirem à simples oposição entre ser mulher e ser mãe, assumem também, hoje em dia, a forma banalizada de uma tensão entre os sucessos profissionais e a chamada "vida afetiva", digamos, entre o trabalho e o amor.

Degradação

Primeiro, eu gostaria de introduzir o tema da degradação da vida amorosa, que Freud diagnosticou nos homens, mas que não me parece poupar as mulheres. Neste ponto do desdobramento entre o objeto de amor e o objeto de desejo, a evolução dos costumes contemporâneos faz surgirem novos fenômenos. Lacan, por outro lado, anos depois de Freud, já fez distinções mais sutis. Seu texto de 1958 sobre "A significação do falo" parece adotar inicialmente a tese de Freud, porém a reformula, ao observar que, nas mulheres, diversamente dos homens, não há separação, mas, ao contrário, convergência do amor e do desejo num mesmo objeto. Na página seguinte, contudo, Lacan introduz uma nuance de porte, esclarecendo que o desdobramento entre o objeto de amor e o de desejo não está menos presente na mulher, a não ser pelo fato de que o primeiro é dissimulado pelo segundo.

Pois bem, o que hoje não se deve dissimular é que, uma vez livres da escolha exclusiva do casamento, muitas mulheres amam de um lado e desejam ou gozam de outro. Mas é preciso que elas possam escapar do jugo da instituição de um vínculo exclusivo e definitivo, para que percebamos que os diversos parceiros de uma mulher situam-se de um lado ou do outro — do lado do órgão que satisfaz o gozo sexual ou do lado do amor — e que a convergência num mesmo objeto se realiza como uma entre outras configurações. Vejo nisso uma mudança patente na clínica.

Inibição

Há outra. São as novas inibições femininas. Eis como as explico a mim mesma: só há inibição onde há uma escolha possível, ou imperativa. Onde o desejo não é solicitado, onde só há coerção, as procrastinações da realização ou da decisão não podem manifestar-se. A emancipação que multiplica as possibilidades, que permite à mulher determinar-se em função de seus anseios, optar por ter ou não ter um filho, casar-se ou não, quando quiser e se quiser, e também trabalhar ou não, deixa transparecer que o drama da inibição não é uma especialidade masculina. Ainda mais que, por efeito de discurso, tudo que não é proibido torna-se obrigatório. Por conseguinte, realmente vemos nas mulheres o mesmo recuo diante do ato que se constata no homem obsessivo, as mesmas hesitações frente às decisões fundamentais, aos compromissos definitivos, especialmente no campo amoroso. O homem — no singular — e o filho, ambos desejados, mas adiados até um momento mais oportuno, fazem parte da clínica cotidiana de hoje e, muitas vezes, encontram-se na origem da demanda de análise. Assim, a extensão do unissex ao conjunto das condutas sociais caminha de mãos dadas com uma homogeneização de grande parte da sintomatologia.

Mulheres encarregadas do pai

Evocarei, no entanto, uma configuração tipicamente feminina que me parece, ao mesmo tempo, freqüente e muito atual. Não uma mulher de 30 anos, mas uma que se aproxima dos 40, solteira, que em geral trabalha, que goza da livre disposição de sua intimidade, e que começa a perceber que o tempo está passando e que, se quiser ter um filho, será preciso que se apresse a encontrar um homem digno de ser pai, a menos que sua escolha seja ter um filho sozinha. Havendo a contracepção, aliada à legalidade do aborto, separado mais radicalmente que nunca a reprodução e o ato sexual, ela obriga as mulheres a decidir não apenas ter um filho, mas, muitas vezes, a assumir a escolha do pai — e a idade ou a esterilidade ficam sendo os únicos a introduzir uma impossibilidade, às vezes. As conjunturas do desejo de um filho mudaram, e geram novos dramas subjetivos e novos sintomas. Mesmo assim, conferem às mulheres um novo poder, que, em minha opinião, poderia ter conseqüências maciças.

Evoco aí o que chamarei de mulheres responsáveis pelo pai. Diógenes, em sua ironia, pretendia procurar um homem. Atualmente, muitas mulheres procuram um pai... para o futuro filho. Novas escolhas, novos tormentos, novas queixas! As configurações são múltiplas: estou procurando um pai, mas não suporto viver com um homem; estou procurando um pai, mas os que encontro não querem ter filhos; estou procurando um pai, mas não encontro nenhum; eu o amo, mas não o vejo como pai; e sem esquecer: achei na mesma hora que ele seria um bom pai! O passo seguinte é dar uma aula ao pai sobre o que deve ser um pai, às vezes sob a forma inédita de censurar a si mesma pelo pai escolhido, de não se perdoar por ter dado tal pai aos filhos.

Não se trata, evidentemente, de questionar as liberdades condicionadas pela disjunção entre procriação e amor, nem tampouco de desconhecer a pouca liberdade que o inconsciente realmente dá ao sujeito no que concerne ao escolher. Mas podemos constatar que, de fato, essas novas liberdades colocam as mulheres numa posição nova, que, mais que nunca, permite que elas se tornem juízas e medidas do pai. Assim, desenvolve-se um discurso da responsabilidade materna ampliada, a ponto de superar a do pai. Ele veicula algo assim como uma metáfora paterna invertida, ou, pelo menos, eleva a uma potência secundária a carência paterna que é própria de nossa civilização, na medida em que instaura a mulher-mãe na posição de sujeito suposto saber do ser pai. Percebe-se bem, além disso, que o "estou procurando um pai", tal como o "estou procurando um homem" de Diógenes, significa um "não existe nenhum" que seja digno de minha exigência.

Concluo. Não temos que deplorar a evolução de nossa civilização. O psicanalista não tem nada a censurar: pode apenas constatar, na perspectiva do discurso que o determina. E talvez, por ora, ainda não saibamos que conseqüências resultarão das mudanças do estatuto da mulher contemporânea.

ÉTICAS SEXUADAS

Freud não hesitou em retomar o dito atribuído a Napoleão: "A anatomia é o destino." Lacan objetou e propôs uma formulação que parece marcar o fim de qualquer norma proveniente da natureza: no que diz respeito a ser homem ou ser mulher, "eles têm a escolha", os sujeitos.

As aporias do sexo

Seria fácil explorar a distância entre essas duas formulações para fazer disso um sinal indubitável da incoerência da doutrina. Reconhecemos aí, ao contrário, a indicação das aporias do sexo com que a psicanálise viu-se confrontada. De resto, elas aparecem à flor dos fenômenos. Os sujeitos se identificam tão pouco com sua anatomia, que se inclinam mais a se inquietar com seu ser sexuado. Os casos extremos do delírio transexualista, ou os jogos de tapeação do travestismo, unem-se nesse ponto ao caso comum, no qual um se pergunta se é *realmente homem*, às vezes a ponto de se acreditar obrigado a dar uma demonstração disso, enquanto outra se preocupa em saber se é *mulher de verdade* — nuance da língua —, e não encontra nada melhor para se assegurar disso do que a famosa mascarada.

A própria teoria analítica enfrenta há um século o problema de definir o que constitui a pertença sexual, pois é forçada a constatar que, se a anatomia decide sobre o registro civil, não comanda o desejo nem a pulsão — coisa de que a existência das perversões já podia fazer suspeitar há muito tempo. Da presença ou ausência do pênis, à qual se reduz inicialmente a anatomia, depende que alguém seja chamado de menino ou menina, e conseqüentemente doutrinado, mas é óbvio que é preciso mais para torná-lo um homem ou uma mulher. Ora, há pouca probabilidade de que se descubra o gene da normalidade sexual. O próprio dito de Freud, ao contrário do que poderia parecer, não decorre de nenhum naturalismo. Refere-se, antes, ao fato da "desnaturação" pela linguagem, que pretende que a diferença natural dos sexos só tenha conseqüências subjetivas ao ser "significantizada", e só repercuta no nível do "falasser" passando pelas chicanas do discurso.

Identificação ou sexuação

A divergência das respostas de Freud e Lacan sobre o que rege a pertença sexual me parece poder exprimir-se, de maneira condensada, pela oposição entre dois termos: identificação e sexuação. Essa redução conceitual sacrifica, evidentemente, tanto as nuances quanto as etapas da respectiva elaboração dos dois, mas, a meu ver, fornece seu eixo principal.

Depois de descobrir a perversão polimorfa da criança, Freud inventou seu Édipo para explicar como o pequeno perverso torna-se, unimorficamente, quer homem, quer mulher. A fase edipiana, portanto, segundo Freud, é o que permite corrigir a dispersão polimorfa das pulsões por meio de identificações unificadoras, embora ao preço de alguns sacrifícios e fiascos. O que equivale a dizer que identificação é o nome que ele dá ao processo pelo qual o simbólico assegura seu domínio sobre o real.

Com o complexo de Édipo e as diferentes identificações por ele geradas, portanto, Freud dá consistência a um Outro do discurso. Um Outro que ata suas normas, seus modelos, suas obrigações e suas proibições à identidade anatômica. Um Outro, pois, que imporia uma solução padronizada para o complexo de castração — a solução heterossexual —, rejeitando qualquer outra para o campo do atípico ou do patológico. Um Outro, para dizê-lo com Lacan, que, ao erigir os semblantes apropriados para ordenar as relações entre os sexos, nos diz o que devemos fazer como homens ou como mulheres.

Muitas nuances e esclarecimentos seriam necessários aqui, para sermos justos com Freud. Primeiro, pois ele está longe de operar unicamente com a idéia de identificação, servindo-se antes, na totalidade dos casos, do trio formado por pulsão, identificação e escolha de objeto. Segundo, porque ele mesmo percebeu o fracasso de sua solução e os limites com que ela depara na resistência das pulsões recalcadas que não param de retornar no sintoma, assim como nas inércias do que ele designou como pulsão de morte. Não obstante, de forma condensada e apesar das nuances, podemos dizer que, para Freud, ao forjar o mito de Édipo, tornar-se homem ou mulher, com as diferentes modalidades de desejo e gozo implicadas, é uma questão de identificação e, portanto, de assimilação de modelos sociais.

Nesse sentido, aliás, a noção de "gênero", que é cara aos anglo-saxões, está no mesmo caminho, seja qual for a entropia teórica que separa um Stoller de um Freud. Trata-se, precisamente, do caminho que Lacan deixou para trás ao ultrapassar o Édipo, após anos dedicados a reformular e racionalizar, em termos de linguagem, a problemática edipiana de Freud.

O termo "sexuação", proposto por Lacan e cujas fórmulas lógicas ele fornece em "O aturdito", identifica o homem e a mulher, em última análise, por sua modalidade de gozo. Essas fórmulas, ditas da sexuação, atestam e explicam o que constatamos todos os dias, ou seja, que a regência das normas do Outro detém-se, por assim dizer, ao pé da cama. Em se tratando de corpos sexuados, a ordem instaurada pelo discurso revela-se incapaz de corrigir a desnaturação do falasser [*parlêtre*], não tendo outra coisa a oferecer para substituí-la senão o semblante fálico. Essas fórmulas escrevem a distribuição dos sujeitos entre duas maneiras de se inscreverem na função fálica, que nada mais é que a função do gozo na medida em que, por obra da linguagem, ela fica no âmbito de uma castração.

É homem o sujeito inteiramente submetido à função fálica. Por isso, a castração é seu destino, assim como o gozo fálico, ao qual ele tem acesso por intermédio da fantasia. É mulher, ao contrário, Outro, o sujeito que *não* está *todo* submetido ao regime do gozo fálico e ao qual cabe um outro gozo, suplementar, sem o suporte de nenhum objeto ou semblante.

Essa distribuição, como vemos, é binária, tal como a da *sex ratio* [proporção dos sexos], a qual, não se sabe por que e até segunda ordem, distribui de maneira mais ou menos eqüitativa os machos e as fêmeas da espécie. No entanto, longe de ser um simples efeito dessa distribuição natural, o caráter binário do sexo, segundo Lacan, decorre de uma necessidade totalmente diversa, lógica, ligada às coerções da significância, e que, curiosamente, reduz a facticidade do sexo unicamente à escolha entre o todo e o não-todo fálico.

Essa tese, portanto, faz emergir uma estranha homologia entre duas alternativas heterogêneas, macho-fêmea e homem-mulher, ambas as quais, no entanto, podemos dizer que são reais: uma — a do ser vivo sexuado —, por depender da natureza e de suas regularidades reconhecidas; outra — a do falasser —, por decorrer das coerções lógicas da linguagem, que, não cessando de se escrever, valem como o real no simbólico.

A maldição

O "eles têm a escolha", portanto, não convoca nenhum livre-arbítrio, significando, primeiro, que as duas alternativas não são isomórficas, e que em seu hiato se introduzem todas as *discordâncias* atestadas pela clínica entre o sexo do registro civil e o sexo erógeno. Aí se verifica, de fato, que a anatomia não é o destino de Eros, ainda que, para cada "falasser", constitua uma perda *a priori*: em outras palavras, existem homens e mulheres, no sentido do registro civil, que não são homens e mulheres no sentido do ser sexuado — uma escolha, portanto.

Mas o termo "escolha" continua paradoxal no tocante à experiência mais comum, que atestaria, antes, os rigores de uma coação, seja porque os sujeitos se reconhecem tanto em suas aspirações sexuadas que as supõem provenientes da natureza, seja porque, ao contrário, descobrem-se tão forçados que só as vivenciam como um sintoma e no sofrimento. Em ambos os casos, se existe escolha, trata-se realmente de uma escolha forçada, escolha entre o todo e o não-todo fálicos, e pela qual aquele que se designa como sujeito paga o preço, na verdade, muito longe de ser seu agente.

Autorizando-se por eles mesmos como seres sexuados, segundo uma expressão do seminário *Les non-dupes errent*,* os sujeitos são coagidos a isso pela falha do inconsciente que fala. Maldição!** Ela dá infelicidade [*mal-heur*], porque o inconsciente diz mal o Sexo, sem que sempre o percebamos, desde que o sabemos estruturado como uma linguagem, e "que, de tanto falar, não é grande coisa o que é dito por ele",[1] não mais do que o Um fálico, com suas aderências narcísicas, e não diz nada "do que dele se entrincheira",[2] isto é, nada do Outro, que por isso ex-siste ainda mais. Donde se conclui que o inconsciente é homossexual[3] — outra maneira de dizer, como fazia Freud, que existe apenas uma libido. Tal é a maldição que deixa o Outro do Sexo foracluído. O "não existe relação sexual" com que Lacan formula o dito implícito de Freud significa que, na relação sexual em si, e apesar do amor e do desejo, o gozo, enquanto fálico, não dá acesso algum a nenhum gozo do Outro.

A perversão generalizada ou o Outro

Percebe-se, portanto, uma outra disjunção, esta entre a escolha do gozo e a escolha do objeto. Gide e Montherlant, para buscar um exemplo nos nomes da literatura, bastam para ilustrá-la, eles que, não se aproximando das mulheres, nem por isso deixam de ser homens, justamente, totalmente fixados como são no gozo do órgão. Aliás, em termos mais genéricos, tampouco podemos desconhecer que, ultrapassados os limites de suas respectivas mascaradas, nem todos os *gays* são "loucas" e nem todas as moças de Lesbos são sempre viragos. Estamos bem longe, pois, do padrão edipiano da heterossexualidade, que levava a crer que, salvo desvios, homem e mulher eram feitos um para o outro, simplesmente pelo fato de que seus dois significantes, homem e mulher, copulavam no lugar do Outro, como o rei e a rainha do conto de Edgar Alan Poe. Em outras palavras, a identidade sexuada não passa pela

---

* *Os não-tolos (não-tapeados) erram (são errantes)*, título homófono, em francês, a *Os nomes do pai*. (N.T.)

** Vale salientar, com vistas ao que vem a seguir, a homofonia entre *malédiction* (maldição) e *male diction* (elocução, dicção, forma de dizer precária). (N.T.)

escolha do objeto, o que põe o hétero e o homo em pé de igualdade, se assim posso dizer. É por contra-senso que às vezes se imputa a Lacan uma homofobia qualquer. Quanto à verdadeira perversão, aquela que não é generalizada, não é no nível da escolha que ela se decide.

Se no homem, na falta da relação, o acesso ao parceiro passa unicamente pela fantasia, podemos dizer que ele é casado com o objeto de sua fantasia, com o qual engana de todos os modos seu parceiro ou sua parceira. Em cada um, portanto, o real "mente" para o parceiro, como diz Lacan em "Televisão", vindo o objeto oculto, causa secreta do gozo, substituir o amado. Vemos que essa perversão generalizada tem como principal conseqüência a relativização do parceiro. Não há dúvida de que o inconsciente impõe a norma masculina, que é a norma fálica, como Freud já havia percebido, mas ela não implica nenhuma norma do parceiro, a não ser a do mais-de-gozar que é própria de cada um — o verdadeiro parceiro da repetição, se quisermos. Este, evidentemente, pode instalar-se tanto numa mulher (heterossexualidade) quanto num homem (homossexualidade), ou até em Deus, para alguns místicos. É o caso, por exemplo, de Angelus Silesius,* que, a acreditarmos em Lacan, pertence ao domínio da perversão evocada há pouco, uma vez que, entre ele e seu Deus, interpõe o olhar. Quanto à mulher, na medida em que não é toda fadada ao gozo fálico nem toda causada pelo objeto da fantasia, encontra acesso ao gozo outro através de diversos parceiros: além do homem na relação sexual, por intermédio de outra mulher, bem como no próprio Deus, quando se trata de uma mística.

Assim, não há nenhuma contradição em que os homens por anatomia e por escolha do gozo tanto sejam heterossexuais quanto homossexuais ou místicos em sua escolha de objeto; em que mulheres histéricas, totalmente ocupadas com o objeto do outro masculino, alinhem-se do lado do homem no todo fálico; e em que, do mesmo modo, do lado da mulher situem-se mulheres heterossexuais ou homossexuais, bem como outros místicos, homens ou mulheres, como santa Teresa, Hadewidjch de Antuérpia ou são João da Cruz, e ainda sujeitos psicóticos dos dois sexos. Os parceiros variam, aqui, sem comprometer a pertença sexuada do sujeito decidida no nível da modalidade de gozo, o que tem como conseqüência que, em cada um dos casos, o verdadeiro parceiro, que é o gozo, permanece velado e como que à espera de interpretação. Esse hiato, que também afasta entre si a pulsão e o amor, com seus respectivos objetos, Freud o reconheceu na base de todas as degradações da vida amorosa, formulando-o primeiro em termos de desenvolvimento, de passagem entre o gozo auto-erótico do próprio corpo e o investimento do objeto

* Johann Scheffler (1624-1677), poeta alemão cuja mística barroca e passional mistura alquimia e espiritualidade cristã. (N.T.)

alheio. Ele certamente cria dificuldades, da maneira mais aguda, no espaço da relação com o sexo, mas, além disso, põe em questão o próprio laço social e, mais especificamente, o amor, pois trata-se de saber como pode a pulsão ligar-se à relação regulada com os semelhantes, ela que não renuncia nunca.

O seminário *Mais, ainda* recoloca em estudo essa mesma disjunção, ao afirmar, no fim do primeiro desenvolvimento de seu primeiro capítulo: "O gozo do Outro, do Outro com O maiúsculo, do corpo do Outro que o simboliza, não é o signo do amor."[4] Falta, pois, a implicação que diria: "eu o amo, logo, gozo com ele." Por conseguinte, essa formulação, na realidade, abre uma dupla questão: a de saber de onde vem aquilo que, na relação sexual, responde pelo gozo, e a da verdadeira natureza do amor.

O amor "homossexual"

Lacan volta ao amor tanto no começo quanto no fim do Seminário, primeiro para lembrar que ele se dirige principalmente à imagem especular, reconhecida desde longa data em seu estádio do espelho, e depois para acrescentar, no fim, que ele vem do inconsciente, encontrando sua mola no enigma percebido do sujeito, que, por falar, faz-se sujeito do inconsciente.

Já "O aturdito",[5] numa página difícil, afirmou que, ali onde o dois do sexo, aquele que seria o segundo, falta, inacessível, é o semelhante, a imagem do estádio do espelho, que "se emblema" [*s'emble*] ou "se semeia" [*s'emblave*], roubando a libido e lançando suas sementes, pois que é este o sentido dos dois verbos, *s'embler* e *s'emblaver*. A imagem é engravidada na condição de substituta, digamos, de suplência imaginária do Outro inacessível. Poderíamos escrevê-lo como uma substituição metafórica: i(a)/A barrado. Seguindo a linha das mesmas dubiedades, não vejo por que eu não me permitiria evocar aqui a semeadura [*emblavure*], se esse termo, voluntariamente neológico, deixa transparecer, nesse roubo da libido pela imagem genérica da espécie, uma... mácula [*bavure*] da estrutura, precisamente aquela que torna o amor "hommossexual", com dois "m", como o escreve Lacan — sem trair Freud, que já sabia disso. É que, ao amar demais o hábito que é a imagem, o amor fica "fora do sexo", "exsexo".[6]

Não menos o fica quando permite, na falta da relação sexual e ao sabor das contingências do acaso, uma relação de sujeito com sujeito, já que essa é a nova definição do amor proposta no final de *Mais, ainda*. Se quiséssemos ter certeza de que isso realmente existe, precisaríamos ver este ano, no Dia dos Namorados, a rede ARTE* apresentar na televisão francesa um programa sobre o amor à primeira

* Sigla de Association Relative à la Télévision Européenne, cadeia européia de televisão cultural que entrou em operação em 1992. (N.T.)

vista,[7] e ouvir uma série de depoimentos que iam, resumidamente, de alguns casais homem-mulher, sem outra história senão a de seu apaixonamento repentino, até um par recém-casado de duas norte-americanas homossexuais, negras e obesas, e culminando no relato de um amor pela vida, formado como que à beira da morte, no limiar da saída de um campo de extermínio nazista. Quanto à mensagem, havia apenas uma, sempre a mesma: para além das circunstâncias, diziam eles — rivalizando com o enigma do sem-razão —, a instantaneidade da certeza de se haverem reconhecido.

Lacan refere esse reconhecimento à percepção opaca da maneira como cada um é afetado por seu destino de solidão. Aí, mais uma vez, o amor vai do mesmo para o mesmo, e não do um para o Outro. Já não é a mesmice da imagem que está em jogo aqui, nem mesmo a da sina comum que o inconsciente falante reserva a todos, porém uma outra, mais obscura, ligada à maneira como cada um reage a essa sina e sustenta seu destino de falasser. Ela decorre, portanto, de uma opção que convém chamar de ética, tão singular quanto original, e que o discurso analítico submete a seu imperativo do bem-dizer: bem dizer o que, da fantasia e/ou do sintoma, vem em suplência à foraclusão do sexo.

Podemos indagar-nos como se harmonizam essas conclusões com o espírito de nossa época. Com efeito, pela ordem que ele instaura entre os sexos, pela "base" dos preconceitos que alimenta, pelas ofertas de gozo que faz a seus sujeitos, o próprio discurso tenta domesticar o impasse sexual e a falta do Outro que não existe. Não há dúvida de que o discurso se detém à beira da cama, como eu disse, ali onde começa a exploração do seminário *Mais, ainda*, mas não sem sitiar as bordas desse furo, onde se instalam seus semblantes, suas normas e suas regras. Todo sujeito depara com eles, como uma espécie de pré-tratamento da carência sexual pela civilização, posto que o inconsciente não é todo individual, mas prenhe do discurso que regula as comunidades. O nosso prometeu, com os direitos do homem, os valores da igualdade entre os sexos, que coincidem — será que por acaso? — com os arranjos cada vez mais unissexuais dos estilos de vida orientados pelo mercado dos novos objetos de gozo para todos. Atualmente, não podemos desconhecer que as condutas amorosas estão profundamente reformuladas.

Novos costumes

As últimas décadas registraram, de fato, uma mudança inédita dos costumes, que a legislação ratifica mais e mais, ao legalizar progressivamente práticas sexuais que teriam parecido inadmissíveis há apenas 50 anos. Não seria hoje que Claudel poderia imaginar-se fazendo uma piada a propósito da tolerância, dizendo que existem casas para isso! Deixo de lado a questão de saber o que, em nossa civilização, condiciona esse liberalismo, que aliás não é total, uma vez que não pára de suscitar reações contrárias, mas que, mesmo assim, é um fato e, segundo creio, um fato irreversível. Ele não se limita, note-se, a finalmente conceder o direito de cidadania à velha homossexualidade — ainda que o pequeno século que separa as detenções de Oscar Wilde de nossos casamentos entre homossexuais permita avaliar seu ritmo acelerado —, porém já não prejulga nenhuma prática, desde que a fantasia a inaugure e que ela encontre seu parceiro anuente.

As diferentes cenas sexuais que Freud descobriu, laboriosamente, no âmago do inconsciente, são hoje expostas aos olhos de todos, tanto crianças quanto adultos, e os *Três ensaios sobre a teoria da sexualidade*, que provocaram um escândalo em 1905, agora pecam por sua banalidade, enquanto as teorias supostamente perversas da criança que inventa sua resposta para o mistério da união carnal de seus pais são cotidianamente ilustradas em nossas telas, nestas se exibindo calmamente toda a panóplia das diversas fantasias. É como se o século houvesse aprendido a lição da perversão masculina generalizada que antes evoquei. Agora sabemos — e a psicanálise sem dúvida tem algo a ver com isso — que todos gozam com seu inconsciente e suas fantasias. Ademais, gostaríamos de poder levá-lo em conta nas palavras e na prática (ver a sexologia e todos os esforços para falar e fazer falar disso!), porque, como já tive oportunidade de dizer, agora o gozo sexual é também reivindicado como um direito. Esse novo cinismo é ampliado ainda mais pelo fato de que os paradigmas do amor, elaborados em outras épocas, já não têm curso. Nem a *philia* grega, nem o modelo cortês, nem o amor divino dos místicos, nem a paixão clássica continuam a cativar nossos gozos, só nos deixando agora amores sem modelos, construídos como o sintoma e unicamente regidos, em suas conjugações aleatórias, pelas contingências dos acasos e pelos automatismos do inconsciente.

A ética do celibatário

Há, portanto, uma pergunta: será que as diferentes soluções sintomáticas pelas quais os sujeitos resolvem a ausência de relação entre os sexos se equivalem? É uma pergunta delicada, sem dúvida, mas inevitável, uma vez que toda forma clínica, quer decorra da neurose, da psicose, da perversão ou, em termos mais gerais, da clínica do amor, pressupõe, na totalidade dos casos, a opção ética do sujeito. Já o termo "defesa", aliás, incluído na concepção freudiana de psiconeurose de defesa, implicava a ética na sintomatologia. A perversão generalizada não pode escapar a isso, porque também ela dá margem a diversas escolhas éticas, que o discurso analítico deve atualizar.

Na verdade, a pergunta deve ser reformulada, porque não existe ética no singular, e sim éticas, próprias de cada discurso como tipo de laço social. É por isso que Lacan fala "do racismo dos discursos em ação", isto é, da aversão recíproca pelos arranjos de gozo regidos por outros discursos. Falta, entretanto, e falta irremediavelmente, um ponto qualquer de saliência que permita hierarquizar legitimamente os sintomas próprios de cada um. A própria psicanálise só pode "formular uma constatação"[8] a esse respeito, não sendo mais que um discurso entre outros. Que os psicanalistas prefiram esse discurso que escolheram não é de surpreender, mas que às vezes se erijam em reformadores dos costumes é simplesmente um abuso.

Ora, hoje assistimos à ascensão do que Lacan designou singelamente como "a ética do celibatário". A amizade grega, a *philia* antiga, ilustrou-a no passado; mais perto de nós, Henry de Montherlant a encarnou; quanto a Immanuel Kant, ele a transformou num sistema, com sua "razão prática", pois a pretensão de determinar uma vontade, excluindo todos os móbeis e todos os chamados objetos patológicos da sensibilidade, coisa que o imperativo categórico da lei moral proscreve em seu extremismo, equivale, evidentemente, além de todos os interesses particulares, a excluir a própria mulher. Essa ética também é "exsexual", contornando o Outro[9] em prol do mesmo.

Nessa opção, como vemos, o sujeito "se entrincheira"[10] da Alteridade, para se encerrar no refúgio do Um fálico. É uma estratégia de erradicação do Outro, erradicação em ato que intensifica sua foraclusão estrutural e que, por outro lado, não é forçosamente incompatível com certo fascínio pelo gozo suplementar da mulher.

Abonados do inconsciente homossexual

Imputamos a essa ética do celibatário não apenas a homossexualidade à maneira de Montherlant (existem outros tipos), mas também todos aqueles que, por outras vias, logram evitar a aproximação do Outro, todos os que eu poderia chamar de abstencionistas ou grevistas do Outro, dentre os quais estão todos os masturbadores resolutos, bem como, mais paradoxalmente, algumas histéricas totalmente dedicadas ao Um, sem esquecer o que bem poderia emergir de uma nova indiferença nos *sexless* [assexuados], que evocarei adiante.

A todos chamo de abonados do inconsciente homossexual, para fazer eco ao ex-abonado do inconsciente que é Joyce, e para destacar que o inconsciente, apesar de homossexual, não é o que decide sobre a escolha, seja esta homo ou hétero. A decisão cabe, na totalidade dos casos, à contingência das respostas do gozo na abordagem erótica. Não vemos o que possa permitir dizer que uma tem mais valor que a outra, mas podemos recensear suas diversas implicações subjetivas.

Nesse aspecto, pelo menos, vemos que a homossexualidade feminina é uma opção completamente diversa: sua ética dá margem ao Outro do sexo, aliás sem eliminar uma ligação secreta com o homem. Foi por isso que, como lembrei acima, Lacan pôde sustentar, em 1958, ao contrário de Freud, que o Eros dessa homossexualidade, tal como é ilustrada pelas Preciosas, trabalha contra a entropia social pela influência que ela veicula, e pôde sublinhar, em 1973, que todo aquele que ama as mulheres é heterossexual, quer seja homem ou mulher, porque, se não há relação entre os sexos, há, no entanto, amor sexuado, perfeitamente possível.

Chamo de ética hétero (não digo heterossexual) aquela, entre outras, que instaura o Outro do sexo no lugar do sintoma. Evidentemente, ela não deve ser confundida com uma promoção dos valores do *conjugo*, pois este nada tem a ver com a ética, pelo menos se a definirmos através da relação com o real. Ela constitui uma outra resposta à impossibilidade da relação, uma resposta que mantém o interesse pelo Outro. Além disso, dá-lhe vida, embora sem benefício para a relação sexual, pois que o encontro faltoso é irredutível. Por isso, o sedutor "machão", bicho-papão de qualquer ideologia igualitária, chegaria até a recuperar alguns méritos, na medida em que, por sua arrogância conquistadora, não pode deixar de elevar em sua consideração justamente aquela a quem pretende reduzir com seu desprezo, a saber, o Outro feminino.

Não podemos deixar de nos indagar, a propósito disso, acerca das pressões exercidas pelo discurso contemporâneo. Neste fim de século XX, no que concerne à regulagem das relações entre os sexos, o conjunto de nosso discurso me parece estar em flagrante cumplicidade — numa simpatia de gosto, quero dizer — com a ética do celibatário, e eu gostaria de dizer por quais vias. Elas são diversas, creio, mas uma passa pelos direitos humanos.

Nada de contrato sexual

Evoquei o liberalismo dos costumes. Ele traz consigo, inevitavelmente, a questão dos limites. Ora, não temos outro limite a opor aos eventuais excessos da pulsão senão o dos direitos humanos, com sua exigência de igualdade e respeito. No que tange à sexualidade, eu poderia formular da seguinte maneira sua máxima antisadiana: ninguém tem o direito de dispor do corpo do outro sem um acordo mútuo. O paradoxo não nos há de escapar, pois, sejam quais forem os pactos amorosos, não há relação contratual possível com o Outro do gozo! Houve culturas em que o rapto era elevado à condição de rito, e nas quais os acordos mútuos bem reais que regiam o casamento, e que, aliás, comprometiam muito mais que apenas os dois cônjuges, eram revestidos da violência ritualizada de um rapto fictício da noiva, como que para simbolizar a parte não contratual da relação sexuada entre o homem e a mulher. Na nossa, por cultura, vamos aos tribunais denunciar como abuso qualquer iniciativa sexual que dispense o consentimento mútuo explícito! Daí os novos processos por assédio sexual, ou por *looking* [olhar], ou melhor, o estupro durante o encontro (*date rape*)! Doravante, portanto, o respeito devido a todo sujeito estende-se ao espaço mais íntimo, e os direitos humanos esforçam-se por submeter a perversão generalizada à ideologia contratual, que hoje é não menos generalizada. E decerto é bom que seja assim, pois seria exorbitante recriminar a barreira fragilíssima dos direitos do homem.

Está claro, porém, aos olhos da experiência analítica, que, com essa louvável intenção de justiça, esquece-se com certa pressa que os consentimentos ou as recusas do eu desmentem, na maioria das vezes, não só os do inconsciente, mas os das respostas de gozo, e que essa divisão se manifesta em seu auge, precisamente, no espaço da relação com o sexo. Como ignorar que as escolhas amorosas, assim como as respostas do corpo, geralmente são uma surpresa para as aspirações do eu, e que, em virtude disso, cabe temer que uma legislação que pretende sujeitar o parceiro às normas desse eu conceda, muito simplesmente, poderes desproporcionais à insinceridade da intriga histérica? Os direitos do homem esforçam-se por se estender, finalmente, aos direitos da mulher, e só podemos aplaudir, porém jamais incluirão os direitos do Outro absoluto! Uma mulher, ela própria, na medida em que é sujeito — assujeitada, portanto, aos acordos de convivência, como qualquer outro sujeito —, seria incapaz de negociar com o Outro que ela também é para si mesma.

Foraclusão redobrada

Impõe-se uma pergunta, portanto: que acontece com o Outro na era do contrato? Porventura não estará fadado à mordaça, ele que, por definição, é antinômico a qualquer legalização?

O Outro a que me refiro aqui não é, evidentemente, o Outro da linguagem, aquele que não existe, como evoquei mais acima, porém o Outro vivo, que, inversamente, ex-siste na linguagem. Os dois, na verdade, caminham de mãos dadas, porque o primeiro, aquele através do qual se gostaria de sufocar o real, para pôr em ordem a coexistência dos gozos, faz surgir como Outro tudo aquilo que escapa a seu domínio. É assim que Lacan se serve desse termo ao falar da mulher como Outro absoluto, Outro real, diria eu, enquanto excluído do discurso. Em linhas mais gerais, esse Outro ganha vida toda vez que aparecem configurações de gozo que ultrapassam os limites fálicos, que vão além das regulações normatizadas de um discurso, toda vez, portanto, que há uma pulsão que se impõe para além dos limites fixados pelo princípio de prazer. Nesse sentido, o Sexo não é o único que é Outro, e podemos até dizer que todo mundo é Outro, na medida do que lhe cabe de gozo foracluído do gozo fálico, "Outro como todo o mundo", dizia Lacan em 1980.

Por isso, são variadas as epifanias do Outro: aparecem entre as culturas (racismo) e também no seio de uma mesma cultura, como sintoma dos fracassos de um discurso unificador dos gozos, pois é na medida dos fiascos do Um que o Outro é ejetado como rebotalho.

Hoje em dia, parece-me que os valores da igualdade, também combinados com a crescente homogeneização dos estilos de vida dos dois sexos, trabalham para reduzir a dimensão/diz-mensão [*dit-mension*] da heterogeneidade, assim como para desconhecê-la. As próprias mulheres, aliás, participam desse processo, mais sendo, atualmente, fiéis fervorosas da ideologia contratual e igualitária do que místicas! Não satisfeitas em rivalizar com os homens no nível das realizações fálicas, para as quais hoje sabemos que não têm nenhuma deficiência — a anatomia não é o destino —, elas é que introduziram a ideologia contratual na própria sexualidade, como mostram os processos que evoquei anteriormente e que, às vezes, levam as coisas ao limite do absurdo. Daí a pensar que, por cultivar demais o mesmo, programamos as surpresas desagradáveis que o *hétero* pode reservar, é apenas um passo!

Nesse contexto, que opção representa o discurso analítico? Ele, que permitiu elaborar o inconsciente como um saber, não pode ignorar que o inconsciente nada sabe do Outro, que só conhece o Um — os uns que se repetem, ou o "Um-dizer"[11] da enunciação. Tanto assim que podemos dizer que o próprio sujeito do inconsciente é, essencialmente, um celibatário. Mas a psicanálise não é o inconsciente, e seu processo, por tentar explorar o Outro da linguagem[12] em sua inconsistência, também empuxa para o Outro, no segundo sentido, se me permitem explorar essa expressão, por analogia com o empuxo-para-a-mulher. O próprio psicanalista, de resto, é obra da lógica do não-todo, cuja estrutura não é a do conjunto, mas a da série, série fálica em que o Outro só aparece nas bordas, como que à margem, a menos que seja coberto pelo objeto como semblante. Do Outro, portanto, a psicanálise deve reconhecer: ele é um nome do real, um real com que ela lida, que lhe é próprio, "êxtimo, impossível de dizer, mas um real que não deixa de ser encarnado e, portanto, animado por uma palpitação de gozo.

A ética da diferença

Concluo, pois, que a psicanálise, ao contrário do discurso dominante, exclui qualquer cumplicidade com a ética crescente do celibatário, em suas diversas ocorrências. Se Lacan pôde situar o desejo do psicanalista como "um desejo da diferença absoluta",[13] é porque a análise faz passar para o bem-dizer a singularidade do modo de gozo que, em cada sujeito, supre a hiância sexual, ou, em outras palavras, a diferença de seu sintoma, tomando esse termo em sua definição mais ampla. Nesse sentido, a psicanálise perde-se toda vez que milita por seja que conservadorismo da norma for, e conhecemos muitos deles: a oblatividade genital, a heterossexualidade, a maternidade para as mulheres, o casamento para todos etc. Os sintomas, o inconsciente os condiciona todos, desde os mais autísticos até os mais conjugadores, quer eles rejam a volúpia solitária ou o casal, quer decorram da psicose ou da perversão generalizada. Não há nada a criticar nisso. Analisar não é consertar — operação, aliás, impossível. Resta dizer que uma ética da diferença é uma escolha que só pode antipatizar com todas as éticas do mesmo, quando elas regem a segregação do que é Outro.

A rejeição do Outro, Lacan a discerniu no próprio seio da psicanálise, estigmatizando-a, como eu disse, como "escândalo do discurso analítico".[14] Foi daí que parti,[15] e ele é imputável ao próprio Freud. Reconhecemos nessa elisão algo assim como um seguro contra o real, uma vontade de nada saber dele, que não pode deixar de surtir efeito, e que permite antecipar o risco de certos retornos do real como resultado do mecanismo foraclusivo.

Mas é impossível que alguém seja abonado do Outro, na falta de um número de telefone no catálogo do inconsciente. Surge a questão de saber o que a hétero-ética pode fazer desse Outro, desse Outro com o qual não existe afinidade e, quem sabe, sequer nenhuma relação. Ela não fará mais que ligá-lo ao inconsciente, o que também quer dizer à ordem fálica. O amor é um dos nomes desse atamento: daquele que faz com que, para um homem, uma mulher possa ser um sintoma, e com que a mulher possa consentir nisso. Talvez não haja melhor uso desse Outro: deixá-lo existir, ao mesmo tempo atando-o ao Um.

Caberá então entrar na previsão e dizer que, quanto menos uma civilização conseguir sustentar esse nó entre o Um e o Outro real, mais terá de suportar a proliferação de outras ocorrências do real, de um real desligado da ordem fálica, e mais terá de descobrir, sem sombra de dúvida, que, em matéria de Outro, a mulher decerto não era o pior?

“INCIDÊNCIA SOCIAL DA SEXUALIDADE FEMININA”

Em 1958, Lacan fez duas perguntas que constituíam teses: por que “a instância social da mulher continua transcendente à ordem do contrato propagado pelo trabalho”, e não será “por seu efeito que se mantém o estatuto do casamento no declínio do paternalismo”? Passaram-se 40 anos desde então, mas a questão dos efeitos sociais do desejo feminino, seja ele homo ou heterossexual, continua a se colocar. É mais que o suficiente para procedermos a um *aggiornamiento* da tese.

Por que ainda casar?

Sem dúvida hesitaríamos, hoje em dia, em reconhecer no casamento o último “resíduo” do esfacelamento dos grupos sociais. É claro que as pessoas continuam a se casar, mas também se divorciam, não menos “se amasiam”, firmam contratos civis de solidariedade, e, além disso, há quem nos anuncie que a família, que já se havia reduzido às dimensões do casal e de sua prole, agora está reduzida a sua nova forma, chamada monoparental, em mais de 40% dos casos. E isso, provavelmente, ainda é apenas o começo.

Em termos mais essenciais: não será que as estruturas elementares de parentesco é que mudaram? Lacan gostava de lembrar, em referência a Lévi-Strauss, a lei que impera, mesmo sem o conhecimento dos que ocupam seus lugares, na qual as mulheres — pensem elas o que pensarem, dizia ele — circulam como objetos de troca e de aliança entre a linhagem dos homens. Como continuaria a ser assim, agora que o ideal igualitário passou efetivamente para o real? Será que nos apercebemos disso? Esse ideal passou para o real, pelo menos, por ter varrido para longe todas as hierarquias dos lugares simbolicamente instituídos. Nem por isso há um advento do império da igualdade, como sabemos, mas o nivelamento das diferenças simbólicas agora só deixa subsistirem disparidades de fato — o que muda tudo.

Contra estas últimas, nós nos batemos, é claro, em nome da justiça distributiva, sempre falha quando se trata de distribuir os bens e os direitos efetivos, mas agora só as crianças e alguns doentes mentais é que ainda são privados de dispor livremente de si mesmos.

Todo o mundo continua, sem dúvida, apesar do direito, a experimentar a estocada das coerções do inconsciente, mas a circulação real dos corpos, de um país para outro, de uma casa para outra, de uma cama para outra, agora fica no âmbito de outras coerções, a um tempo mais conjunturais e mais reais que as anteriormente ordenadas pelo simbólico. As únicas contingências da vida que substituíram os automatons regulados pelo simbólico são as circunstâncias do nascimento, a singularidade dos gostos, os acidentes da política e as vicissitudes do mercado de trabalho, que, juntos, regem os acasos dos encontros.

Todos peregrinos do acaso, portanto! A nova religião já tem seus padres, seus confessores e seus vendedores, todos os acrobatas do evangelho do "talvez amanhã", da absolvição do "sem possibilidade", da gestão de probabilidades que tudo pode oferecer: uma mãe, um pai e até uma família inteira para o órfão, um filho da cor que quisermos, "uma noivinha" vinda do Oriente, um parceiro para a vida ou para a ocasião etc. Decerto podemos supor que o regime do individualismo forçado, que hoje triunfa tendo por fundo a fragmentação dos antigos laços sociais, gerará suas próprias regulações e, talvez, como querem os otimistas, formas inéditas de solidariedade.

Seja como for, a união do casamento está hoje reduzida às dimensões do par sexual. Já não conjuga duas famílias, com seus valores, suas fortunas e sua história, como acontecia antigamente, mas dois indivíduos, reunidos pelas contingências do gosto. Por isso, o casamento fica submetido às vicissitudes do amor: aspira a durar para sempre, mas bem sabemos que isso é apenas uma aspiração e que, sem dúvida, deixará de se escrever. Sabemos disso tão bem que agora podemos preparar simultaneamente o contrato de casamento e o contrato de divórcio, como já é feito nos Estados Unidos. E as celebridades do *show business* servem de exemplo, com a crônica de suas uniões e seus divórcios repetidos, que certamente contribuem, através dos meios de comunicação, para banalizar a idéia do casal provisório. Em termos mais gerais, será que as uniões transitórias e múltiplas de nossa época não indicam a fragilidade do famoso pacto simbólico, do sedutor "és minha mulher" da fala amorosa, que certamente parece já não surtir efeito na civilização, no que tange a fundar vínculos duradouros?

Não foi à toa que a psicanálise, com Lacan, veio demonstrar o "não há relação sexual" como um furo situado no cerne de tudo que se tece do laço social, no exato momento em que a civilização moderna levava o individualismo a seu apogeu. Essa simultaneidade, por si só, é indicativa de um real. Ela evidencia que o casal tradicional, aquele que o casamento unia pela vida afora e que se encontrava inscrito no inconsciente, como dizia Lacan, sob a forma de dois que fizeram a viagem juntos, a viagem da vida, evidencia que esse casal tradicional, dizíamos, era unido por outra coisa que não apenas os laços amorosos. Destes, que esperar? Em todo caso, a questão é saber até que ponto eles se harmonizam com a prática do casamento.

O amor forma um par, sem dúvida, mas qual? Será aquele que, suprindo a falta da relação sexual, rege a aproximação dos sexos? A "não relação de casal",[1] com efeito, introduz a questão de saber o que pode atar pela vida afora, como se costuma dizer, esses dois corpos que o sexo não consegue transformar em parceiros. O seminário *Mais, ainda* propõe essa pergunta e sua resposta. O que é capaz de "responder pelo gozo do corpo do Outro"[2] — o qual, aliás, não existe e nunca passa do gozo de um fragmento de corpo — não vem nem do amor, nem do sexo da mulher, nem dos caracteres sexuais secundários, mas da própria significação.

Dito de outra maneira, o mistério do corpo-a-corpo sexuado entre os seres que a operação da linguagem transforma em "falasseres" só se resolve pelo próprio inconsciente: nada rege a copulação dos corpos senão a cópula de significantes em que consiste o inconsciente. Causa da não-relação, a significação é igualmente causa do corpo-a-corpo sexuado. O homem faz amor com seu inconsciente,[3] diria Lacan. Foi essa a tese formulada em 1973 e que repercutiu ao longo de todos os seminários seguintes, sobretudo na famosa formulação de 21 de janeiro de 1975, que disse que, para o homem, "uma mulher é um sintoma". Em outras palavras, um corpo emprestado ao parceiro para que este retire dele seu mais-de-gozar, através de seu inconsciente.

Mas, sendo assim, uma pergunta: será que esse corpo-a-corpo sintomático que é o ato sexual, e que é assegurado pelo inconsciente, trabalha pela perenidade do casal, ele que não tem razão para ser exclusivo? O sintoma é constante, é claro, mas nem por isso é fiel. Digamos melhor: só é fiel à letra do inconsciente, pois, no que concerne aos parceiros que se prestam para ele, pode enumerá-los em série. É preciso, pois, para que o dueto dos corpos adquira seu pouco de permanência, que a ele se acrescente a relação de sujeito com sujeito que é o amor. Em outras palavras, que os dois pares, de corpos e de sujeitos, consigam ligar-se entre si.

Mas, do amor em si, que esperar? Será ele "*velle bonum aliqui*", como diz santo Agostinho? Um pouco, sem dúvida, mas só um pouco, porque o amor verdadeiro também é um "enamoródio" que se obstina exatamente no contrário do bem-estar do outro. Entre esse pouco e esse limite, todas as transformações do casamento moderno encontram sua lógica.

É provavelmente por esse pouco, pela preocupação com o bem-estar do outro, que o amor pode pender para a amizade, a *philia*, com "o que se segue de devoção à economia, à lei da casa".[4] O *Diálogo sobre o amor*, de Plutarco, que Michel Foucault comentou em seu terceiro volume da *História da sexualidade*, é instrutivo. O esforço de construir um novo erotismo, que exaltava na união conjugal a forma completa e acabada de Eros, a única em que o desejo e os apetites (*aphrodisia*) ligam-se à amizade (*philia*) por intermédio da graça (*charis*), fez parte de uma sublimação. Um sonho, sem dúvida, que o cristianismo não deixou de transmitir, e que tanto nosso século quanto a psicanálise desfazem.

Entre a *philia* e a *aphrodisia*, a união nunca é harmoniosa, o hiato e a tensão são irredutíveis. Uma favorece a boa vizinhança dos corpos e, com o hábitat compartilhado, o hábito e a concordância de suas homeostasias. A outra, pouco dada a compartilhar, possessiva e arisca, é repleta de todas as tragicomédias que conhecemos. E talvez o laço conjugal só subsista ao contorná-las, ao se alinhar do lado da *philia* e dos hábitos regulares das coabitações que ela possibilita. Daí a forte afirmação de Lacan, em "Televisão", que coloca o *conjugo* e o hábito em pé de igualdade, no que concerne a não lidar com a ética. É que a ética, por sua vez, é função da proximidade de ato e de pensamento com o que há de mais real, no caso, o que está em jogo nas pulsões, e, quando se trata da ética do bem-dizer, ela não tem nenhum respeito pela perenidade do amor. Então, o que trabalha por ela?

Constatamos, primeiro, que o casamento ainda não caiu completamente em desuso quanto a seu valor simbólico. Prova disso é que muitos sujeitos ainda se opõem ferozmente a ele, por motivos ideológicos. Isso nos lembra uma canção de George Brassens e seu protesto de ar anarquizante, "Tenho a honra de não pedir tua mão". Mas o tema já está obsoleto. A era da "família, eu te odeio" já passou. É claro que constatamos, ainda hoje, as reivindicações de concubinato dos que querem tudo da vida em comum, inclusive as vantagens sociais, exceto o contrato e os compromissos que ele inclui, e que fingem basear-se apenas na atualidade sempre renovada dos nós amorosos, como se o pacto fizesse oposição à autenticidade do sentimento. Mas nem por isso deixa-se de apelar para o reconhecimento social.

Além das racionalizações dos prós e contras, convém indagar, afinal, se o que milita em prol do amor no *conjugo* vem preferencialmente das mulheres. Assim, volto à pergunta de Lacan que evoquei no começo e a alguns elementos de clínica diferencial.

O homem, segundo se acredita, costuma ser mais sujeito a uma poligamia quase genérica. Então, o que o impele a uma união conjugal que o amor em si não impõe, e que raramente serve ao gozo? Se o sintoma pai, a versão pai da perversão generalizada do homem, implica que um homem faça de uma mulher a sua, ele não implica, forçosamente, que sua escolha sintomática se molde nas formas do casamento. Mas há uma outra coisa que é muito favorável ao *conjugo*: é a contaminação, como diz Lacan, da mulher pela mãe, que faz dela a encarregada da presença e dos cuidados. Os cuidados com o corpo, que não se reduzem ao erotismo, embora às vezes o incluam, e também os cuidados com o narcisismo. Sublinhei que a redução freudiana da mulher à mãe certamente deveu algo ao estatuto do casamento na época de Freud. A coisa se confirma aqui, no sentido inverso: o casamento deve alguma coisa a essa redução. Quanto a isso, Freud é inesgotável. Em outras palavras, o amor pela mãe, que rege, por outro lado, a degradação da vida amorosa, é o melhor aliado do casamento. Aliás, vê-se prontamente que, do lado da mulher, o desdobramento homólogo do objeto, que coloca o homem em série com o amor e a proteção do pai, e que portanto reduz a mulher à criança que ela foi, sem dúvida desempenha um papel idêntico. Será que é só isso?

Essa ainda não é a resposta à pergunta de que parti: haverá alguma coisa no desejo feminino como tal que sustente a instituição do casamento?

A bem da verdade, em nossa chamada época da emancipação feminina, constatamos fatos contraditórios. Por um lado, a autonomia social e profissional das mulheres contribui para a ruptura mais fácil dos casamentos, e permite que as alérgicas à vida em comum passem mais facilmente ao ato. Por outro lado, entretanto, a aspiração de todas a encontrar *seu* homem, o homem de sua vida, como dizem muitas, não parece estar realmente regredindo. Ao contrário, entre esses dois tipos de dados, não podemos duvidar de que a cultura da insatisfação nostálgica, com um toque de depressão, tem progredido!

Postulamos, contrariando Freud, que não é apenas por ter necessidade de proteção que a mulher aspira ao casamento, nem tampouco, como às vezes ela acredita, pela preocupação com os filhos, mas antes, e mais fundamentalmente, como uma conseqüência do não-toda. Voltarei a esse ponto. Isso gera o apelo ao amor por um nome, a busca de um dito que, nomeando seu ser de sintoma, do sintoma que ela é para o Outro, livre-a de sua solidão de gozo e ligue o não identificável, o Outro que ela é para si mesma, ao Um da eleição. Isso não promete a felicidade, pois é na junção desse gozo com essa exigência que se desenvolve, ao contrário, tudo o que se inclui no termo "devastação". O que dá ensejo a verificar, no entanto, que a devastação também pode criar vínculos. Por ora, é a função simultaneamente subjetiva e social do amor conforme os sexos que cabe interrogar.

As recorrentes do amor

Freud, como é bem sabido, afirma uma anti-sociabilidade feminina. Supõe ele que há no desejo e na sexualidade femininos algo não favorável aos laços comunitários. Foi essa a tese que declinou, sob diversas formas: alguma coisa na feminilidade seria rebelde às sublimações da cultura. Por outro lado, às vezes digo a mim mesma que, ao ver aonde nos levaram essas sublimações da cultura, talvez não fosse inútil fazer uma reavaliação delas próprias e interrogar o desejo que as gerou. Com isso, a tal anti-sociabilidade feminina poderia resgatar um certo valor! Seja como for, essa é a tese de Freud. A libido feminina, se é que podemos empregar essa expressão, seria centrífuga demais, propícia demais ao retraimento, digamos, inclinada demais a investir apenas os objetos próximos — o filho, o marido, os parentes — para não ser subtraída dos valores grandiosos da pátria, da nação, das obras comuns, do coletivo etc., os quais se espera suplantem os interesses do indivíduo. As realizações da cultura repousariam, portanto, unicamente na sublimação da libido homossexual masculina, na qual Freud vê o verdadeiro cimento do vínculo comunitário. Dai também a idéia complementar de que a parcela não sublimada da homossexualidade masculina, aquela que passa para o recalcamento, também toma o sentido da entropia social.

Lacan, como eu disse, faz objeção a essas teses freudianas, quer se trate da homossexualidade ou da heterossexualidade das mulheres.

No que concerne aos efeitos sociais da homossexualidade feminina, ele evoca o movimento das Preciosas no século XVII, o qual, em vez de trabalhar no sentido do desgaste ou da redução do vínculo social, tomou o sentido inverso, pelo que veiculou de informações que sustentavam os laços sociais. Lacan, que deplora, no seminário *Mais, ainda*, que as mulheres não falem mais disso, presta ali uma homenagem às Preciosas, pelo que elas souberam, ao contrário, passar para a cultura e a língua.

A tese é realmente maciça, claramente antifreudiana: efeito contrário à entropia social do Eros homossexual da mulher e, inversamente, efeitos anti-sociais do amor ideal heterossexual que foi o amor cortês. Aliás, em 1973, Lacan persistiu e deu sinal disso, por assim dizer, em "O aturdito", onde, ao falar do Movimento de Liberação Feminina e dos movimentos homossexuais femininos dos anos 1970, fez-lhes um pequeno cumprimento, cujo alcance não foi, certamente, apenas circunstancial, reconhecendo no que neles se afirmava o testemunho de um real. Isso realmente merece uma reflexão, e vemos que não vai no sentido do que se costuma repetir, às vezes até entre os psicanalistas.

Quanto ao desejo das mulheres heterossexuais, também ele não toma o rumo da entropia social, se lhe podemos atribuir a manutenção da família na degradação dos laços sociais. Lacan lhe atribui um alcance social positivo, que vai de encontro ao despedaçamento, que ao menos detém esse despedaçamento antes do resíduo derradeiro que é o indivíduo, ao sustentar a célula familiar. É aí que se impõe uma crítica a Freud que o situe em relação à história.

Hoje em dia, a ideologia contratual e igualitária predomina. Ora, ela trabalha tão pouco pela união quanto o discurso capitalista de que é solidária, e que só gosta dos consumidores, tomados um a um ou em massa. Sem dúvida pode imiscuir-se no espaço do casal, e é isso mesmo que acontece todas as vezes que o objeto feminino se afirma, ou é afirmado por toda uma legislação, como sujeito a ser respeitado. Nada a criticar, evidentemente; estamos todos mais ou menos repletos desse ponto de vista, mas com certeza ele não milita realmente em prol de Eros. Na verdade, essa reivindicação igualitária homogeneíza os parceiros, apaga a dissimetria, ao passo que esperamos que Eros una as diferenças sem reduzi-las, e essa elisão do Outro com certeza não deixa de prometer reviravoltas surpreendentes.

A partir daí, compreende-se melhor a objeção de Lacan a Freud com respeito à exigência feminina. Quando o pai impera — e podemos dizer que, na época de Freud, ele imperava mais —, quando o pai impera como princípio unificador do laço social, podemos imaginar que as exigências do amor, este sempre singular, objetem às sublimações voltadas para o coletivo e entravem as agregações coletivizadoras da libido. Foi justamente por isso que, numa dessas notinhas de cujo segredo dispunha, Lacan imputou o desaparecimento do amor cortês a seu caráter antissocial.

Mas, quando o despedaçamento dos laços sociais prevalece, e quando, além disso, como acontece hoje, esse despedaçamento se conjuga com os imperativos do supereu esquizofrênico que evoquei antes, será que o amor, a exigência do amor, não assume um valor diferente? Quando o Um coletivizador consolida os conjuntos, o amor objeta, através de seu gosto pelo particular e pelo íntimo. Mas, quando os laços sociais se desagregam e despedaçam ao extremo, num movimento que parece inexorável, podemos indagar se a exigência do amor, que instaura um limite no despedaçamento, não assume outro valor. É essa, se bem a leio, a hipótese de Lacan em 1958, na passagem que evoquei. E, com efeito, quando os laços se desfazem, será que a exigência do amor, especialmente imputada às mulheres, não continua a ser a única a representar Eros, o princípio unificador, que une não as multidões, nesse caso, mas o um com o um, ou melhor, o um com a uma, e vice-versa, ou até o um com o um ou a uma com a uma, nos casamentos homossexuais?

Assim, conforme a conjuntura da civilização, podemos acentuar no apelo amoroso ora seu gosto excessivo pelo íntimo, que vai de encontro ao coletivo, ora sua aspiração a uma coesão mínima entre dois — dois ou mais, quando ele rege a família. Não estou longe de considerar que, atualmente, esse traço suplanta o excesso de predileção pela intimidade que existe no amor, pois talvez seja tudo que nos resta para impor um limite às solidões contemporâneas, assim como à falsidade universal das seitas que se propõem em número cada vez maior em nossa época. É assim que entendo a objeção feita por Lacan a Freud, e a acentuo em função do novo contexto, quase 40 anos depois.

Volto às mulheres. De que modo elas conciliam sua reivindicação paritária com suas exigências do falasser sexuado, Outro?

Que a mulher seja Outro no encontro sexual implica que também seja sempre dividida, "partilhada",[5] digamos, entre o sujeito que ela é como ser falante e, além disso, o Outro que também é como "falasser". Partilhada também entre o gozo fálico, que é homogêneo ao registro do sujeito, e o gozo outro, que não o é. Seria demais dizer que em cada mulher sucede o que sucede na civilização, se o princípio de uma civilização é dominar as pulsões a fim de homogeneizá-las até torná-las compatíveis e permitir que elas coexistam? Toda sociedade, nesse sentido, é uma empreitada de contenção do Outro. Ora, nas mulheres, em cada mulher em particular, a luta é travada internamente entre o que ela é como sujeito e o que ela é como Outro, a questão estando sempre em saber para que lado penderá a balança.

Nas configurações do discurso atual, as mulheres modernas estão longe de ser místicas que sonhem abolir-se no Outro divino, com certeza, sendo, antes, servas da ideologia igualitária que se infiltra em todos os espíritos. Por isso, os chamados "machões" são obrigados a se mascarar e a engolir seu sarcasmo. Em todo caso, as mulheres de hoje, isso está claro, são adeptas da ideologia contratual, militantes da igualdade, e não apenas no nível da vida social. Elas vão mais longe: são elas, as mulheres, e não os homens, que pretendem impor o contrato... sexual, se assim posso dizer, num eco irônico ao querido Jean-Jacques. Prova disso é o que evoquei há pouco, os processos por diversas formas de assédio. O eixo dos arrazoados é a concordância mútua. E assim chegamos às loucuras tipicamente norte-americanas em que a mulher ou a moça aceita ir a uma *party*, aceita subir ao quarto, aceita algumas práticas de aproximação e então, no último instante, pretende fazer valer sua concordância livre. Isso é não levar em conta a pulsão, evidentemente. E aí as pessoas vão parar no tribunal.

O problema, como já evoquei, é que não só não há contrato possível com a pulsão, como também, acima de tudo, não há contrato possível com o Outro, que é externo ao contrato por definição. Talvez se diga que essa é uma razão a mais para considerarmos que a mulher é enganadora — ramerrão muito conhecido —, porque ao engodo da mascarada fálica a que o discurso a condena vem somar-se, para ela, a impossibilidade de qualquer garantia quanto ao Outro que ela é. Mas isso seria não levar em conta os artifícios característicos do próprio discurso e de sua função de anteparo. Na perspectiva da psicanálise, a avaliação inversa não é menos digna de crédito.

Sabemos que, na década de 1970, Lacan ainda atribuiu às mulheres um mérito que eu poderia chamar de suplementar. Ao que evoquei há pouco, ele acrescentou este outro: ter uma relação com o real muito superior à que é mantida pelo homem. O real, aqui, deve ser entendido no duplo sentido da impossibilidade de escrever a relação sexual e da ex-sistência de um gozo não codificado pelo Outro da linguagem.

É em virtude desse real que as recorrentes do sexo, aspirando ao gozo, convertem-se, de fato, em aspirantes ao amor. O que é algo totalmente diverso: uma tentativa de dar um parceiro, humano ou divino, a esse real. Parceiro a quem dedicar de certa forma o real do gozo sem Outro, ao preço, eventualmente, de fazer-se sintoma dele. E podemos dizer, em consideração a Freud, que essa metáfora é uma sublimação, e talvez a melhor. Seu alcance social é evidente, de fato, pois ela amarra o gozo demasiado real nas redes de um lugar de eleição. E, na medida em que o laço social fica em perigo, acaso ela não se torna o último recurso contra as fragmentações segregadoras? Pelo menos, o último recurso passível de se contrapor às diversas imposturas do Um agregador...

V

A Maldição

O AMOR NÃO LOUCO

"Todo amor se baseia numa certa relação entre dois saberes inconscientes."
— Jacques Lacan, *Mais, ainda*, p.197

Maldição/má-dicção

É comum repetir-se, seguindo as pegadas de Lacan, que a psicanálise promete introduzir o novo no campo do amor. Mas conviria dizer qual, porque, decorrido um século, ela não pára de atestar "uma maldição sobre o sexo".[1] Desde Freud, a psicanálise nunca se cansou de ter a pretensão de elaborar um saber sobre "a vida amorosa", e é verdade que os chamados analisandos lhe reservam resumos singulares sobre essas questões, que são recusados aos outros discursos. A mensagem não é rósea, como sabemos: o itinerário de Freud levou-o dos sintomas dos chamados "nervosos" da época à afirmação de um mal-estar de todos e da irredutível desarmonia entre os sexos.

A maldição em causa não vem de nenhum outro deus senão do próprio inconsciente, que, por ser linguagem, não quer e não pode conhecer senão o um, seja ele diferencial ou não. Resultado: ele expressa mal e até nem expressa o Outro do sexo — e daí a falar mal é apenas um passo. O amor aspiraria ao dois para inscrever a relação de fusão ou efusão dos parceiros, mas o inconsciente condena o sujeito à separação do Sexo. Entre o homem e a mulher existe o muro, o muro da linguagem, dizia Lacan, que cunhou seu "amuro"* para estigmatizar o impasse no lugar em que ele efetivamente se manifesta.

Não é à toa que foi preciso chegar ao século XX para que se viesse a formular, num dito metódico, o que sempre se pressentiu. Com efeito, se o Homem é feito

* Neologismo que une as palavras *amour* (amor) e *mur* (muro ou parede). (N.T.)

de linguagem, "falasser", portanto, ele não é menos feito da outra diz-mensão que Lacan chamou de discurso, ou seja, uma organização das "práticas", dos "usos e costumes", como se dizia antigamente, propondo a cada comunidade histórica uma regulação dos gozos permitidos, ou seja, possíveis, adequados para garantir uma configuração estável e viável do vínculo social. Não há outro remédio para os infortúnios da vida e do sexo senão esses discursos. O próprio remédio, aliás, é bastante incômodo, pois, se os discursos são plurais, como mostra a história das sociedades, a singularidade do Homem, em sua pretensão de universalidade, sofre um golpe — mas não é essa a minha questão de hoje.

Freud, pelo menos, não errou ao acreditar que podia imputar à voz da civilização do capitalismo moderno, ferozmente sacrificial, o impasse de um irredutível "mal-estar". É que outras culturas, como se sabe, lograram, no correr dos séculos, engambelar esse impasse e tamponar as aporias estruturais do sexo, quer inventando imagens do amor, quer, ao contrário, inventando práticas de desprendimento — Lacan evoca o Tao a esse respeito. Contudo, não mais temos acesso a essas soluções, a não ser pelas vias abandonadas da erudição, muito impróprias para impulsioná-las, e a psicanálise, sem dúvida, só faz revelar o que a civilização da ciência, ordenada pela globalização do capitalismo liberal, hoje quase consumada, já deixou claro. Que a existência do discurso analítico, assim como as revelações que ele traz à luz, não deve muito a essa conjuntura é certo demais para que, após um século de freudismo, não levantemos a questão de seus efeitos de retorno sobre os fenômenos atestados. Impõe-se igualmente um diagnóstico atualizado do que nossa época propõe nesse lugar.

Figuras do amor

Falei em figuras do amor porque o amor é inventado, entre simbólico e imaginário, por meio do discurso que erige os semblantes próprios para cativá-lo. Suas formas históricas são um produto da arte, cultivada pelas diversas formas de sublimação, em especial religiosas e literárias. De civilização em civilização, de século em século, podemos acompanhar suas sucessivas reformulações, como fez Denis de Rougemont com respeito ao Ocidente.[2] Do que ele descreveu, bem pouco subsiste hoje, ou mesmo nada — exceto, talvez, a nostalgia, que ainda é cantada. E como é que uma época em que a ciência acabou de derrubar todos os semblantes tradicionais — o do pai maiúsculo, porém não menos o d'A mulher — seria a época de um novo amor?

Uma vez que o sujeito da ciência, no sentido em que o entende Lacan, emergiu no século XVII, é daí que partirei. O amor, tal como exibido no palco do teatro clássico, na corte da França, onde, justamente, não se duvidava de encarnar o universal do homem civilizado, pode servir-nos de termo de comparação e como que de modelo de contraste, talvez apontando para o fim de um mundo.

A glória

As belas análises apresentadas por François Regnault em *La doctrine inouïe* me servirão de guia neste ponto. Retenho, primeiro, sua lição sobre a glória, essa glória com que são alimentados os heróis de Corneille e Racine e pela qual eles identificam seu ser. Os significantes do amor e da política, em suas formas destacadas, conjugam-se nela. Destino privado e destino público, intimidade do sentimento e inscrição na comunidade unem-se ali, para que se consume o herói clássico, que jamais ganha nem perde um sem o outro, já que esse teatro faz com que eles "se equivalham". Eles se atam, cito, em

> um nó subjetivo no qual um sujeito se ata a uma mulher (ou uma mulher a um homem) e, ao mesmo tempo, à figura que criará ou deixará no mundo ou no além. O que significa que um homem ou uma mulher só realiza sua existência quando é amado.[3]

Esta é, portanto, a grande significação que fundamenta todos os móbeis trágicos desse teatro, e que confere a seus heróis uma unidade rara, poupada da dilaceração e da alternativa, não menos, aliás, que da vanglória moderna, uma vez que os direitos do amor, do narcisismo e da coletividade nela se conjugam harmoniosamente.

A confissão

Um segundo traço notável reforça esse efeito: é que o amor, aqui, não se dá sem a confissão. Sempre se declara, e até se conclui. Não é o amor subentendido que o teatro barroco evoca metonimicamente, nem tampouco o amor que o preciosismo adia sempre em novos desvios, mas o amor confesso, no qual a declaração "decide sobre o amor impossível de decidir",[4] num momento de concluir que nunca é escamoteado. Vejo nisso uma característica fundamental, que, apesar de não depender da famosa regra das três unidades, nem por isso deixa de introduzir nesse teatro uma unidade bem mais segura: a que lhe confere o basteamento de todo o discurso por essa noção prevalente de glória, nas qual as satisfações conjugadas de Eros, da auto-afirmação e da inscrição na comunidade convergem e se atam, num único nó de "gozo-sentido" [*joui-sens*].

Ponto de basta

Por certo não foi à toa que, no momento de inventar a idéia do ponto de basta, como ponto de atamento do significante e do significado, antes de lhe acrescentar, portanto, a satisfação que os solda, Lacan buscou sua primeira ilustração nesse mesmo teatro clássico, recorrendo à primeira cena da *Athalie* de Racine e ao significante "temor a Deus" — curiosamente, o mesmo que, muitos anos antes de seu *cogito*, Descartes colocara no alto de um de seus manuscritos, intitulado *Preâmbulos*,[5] que Lacan conhecia, visto que o citou, aliás atribuindo-o, por um lapso de memória, a uma Carta a Beckman. Isso equivalia a remontar ao significante da exceção, que condiciona todos os basteamentos do discurso, exatamente aqueles que o puro sujeito da ciência, isolado por Descartes, iria maltratar.

Disjunção

Podemos avaliar a que ponto esse nó da glória perdeu-se para nós. Perdeu-se, aliás, muito antes de nosso século, como já atesta o teatro romântico do século XIX. Neste, o amor e a política estão presentes, mas disjuntos, não atados, mas simplesmente entrelaçados em peripécias alternadas, sejam elas de fracasso ou de sucesso. E, se às vezes chegam a se conjugar, isso é fruto de um acaso fortuito, comumente efêmero, e não de uma implicação recíproca. Basta pensarmos em *Lorenzaccio*, *Hernani* e *Chatterton*:* todos ilustram o mesmo desdobramento, a mesma separação entre objetivos privados e públicos, digamos, os do amor e os da ambição. No fim do século em que surgiu, Freud obviamente foi herdeiro dessa disjunção, a qual ele mesmo retomou, ao enunciar os dois pólos em que a neurose fracassa: o amor e o trabalho. É a mesma disjunção encontrada nos ditos do analisando de hoje, quando ele deplora fracassar num ou noutro, e às vezes também nos dois!

"Altos feitos" do amor e crônica do cotidiano

Haverá quem objete que não se pode comparar o teatro com a realidade, e menos ainda um sucesso teatral com um fracasso na realidade? E por que não, se todos dois, teatro e realidade, são produtos do discurso, ambos, portanto, atestando igualmente fatos produzidos pelo discurso? Sem dúvida não diríamos o mesmo do real, mas, justamente, no que concerne ao amor, ele se desenrola tanto num palco, que o que comporta de real é problemático. Essa é a tese de Lacan em "Televisão". O palco em que se exibem os "altos feitos"[6] do amor é a tal ponto o da fantasia que nos perguntamos — sem para isso precisar do psicanalista — se a vida não é um sonho. Nada nos garante isso, acrescenta Lacan, exceto o fato de que matamos! Traduzo assim: dos altos feitos do amor ao que hoje se intitula noticiário cotidiano do crime passional, há apenas um passo, e talvez este seja o que mais se aproxima do real. Nada como

* Respectivamente, dramas sobre personagens epônimos da autoria de Alfred de Musset (1834), Victor Hugo (1830) e Alfred de Vigny (1835). (N.T.)

isso para tornar crível um amor! O amor pela morte não é um tema moderno, sem dúvida: já Tristão e Isolda, casal lendário gravado no inconsciente ocidental (Denis de Rougemont, mais uma vez), haviam marcado o lugar de uma impossibilidade. Só que o fato de a morte de que se fala haver agora passado do mito para o noticiário é uma mudança e tanto! Não será a mudança que vai da percepção de uma necessidade de discurso, no primeiro caso, para uma contingência meramente... impressionante, no segundo?

O século XIX, mais uma vez, atesta isso, quando o romance se inspira precisamente na crônica do cotidiano para dela retirar, sem dúvida, algo da virulência da paixão e como que a marca do real. Sabemos que, em *O vermelho e o negro*, o crime de, Julien Sorel encontrou seus precursores em dois episódios sangrentos: a execução de um seminarista, guilhotinado em 1828, e o assassinato de uma amante infiel. Os contemporâneos, aliás, acusaram a compreensão disso, a do bom gosto, sem dúvida, quando o próprio Mérimée comentou, a esse respeito: "As chagas do coração são sujas demais para serem mostradas nuas!" Preferiu-se *A cartuxa de Parma*, mais apolínea, com certeza, ou, para dizê-lo no linguajar atual, mais *soft*. Do mesmo modo, Madame Bovary, que viria a se tornar um paradigma, foi precedida nos anais por uma certa Delphine Delamare.

Antecipações

Evoco Stendhal e Flaubert como duas balizas nos encaminhamentos do discurso.

O primeiro, ao escrever não o seu romance da paixão, mas seu estudo *Sobre o amor*, fez a apologia de Werther, o que amava, em oposição a Don Juan, o que possuía, e assim fez ler por antecipação a degradação sintomática da vida amorosa que Freud viria a estudar, acrescentando-lhe apenas uma exaltação inteiramente romântica do sentimento.

O segundo introduziu outra coisa, parece-me, e de maneira mais sutil, com *A educação sentimental*. Seu Frédéric Moreau, que já não é o herói da paixão, também não é ainda o herói ridículo do século XX, mas já é bastante desencantado. Há sentimentos vivos, uma sensibilidade, até um refinamento da emoção, porém nada de um desejo decidido. Invertebrado e irresoluto, ele nunca conclui nem decide, deixando-se levar pelas circunstâncias, pelos encontros ou pelos acasos dos acontecimentos, tanto no amor quanto na política. No fim, contudo, uma vez sentimentalmente educado, depois de ter perdido todos os seus ídolos, os do amor e os dos sentidos, esse homem inseguro e sempre indeciso chega a uma conclusão, ainda assim, na última réplica, quanto ao que teria valido a pena. Reencontrando seu velho amigo Deslauriers, que se curou de suas esperanças na política, os dois evocam os amigos, resumem sua vida e, em seguida, exumam sua juventude e suas lembranças de colégio, até o famoso dia em que tinham ido visitar as cortesãs, e relembram como Frédéric havia fugido, apavorado desde o instante em que escutara o riso delas e avistara seu grupinho, e como aquilo fora uma história e tanto... No calor das lembranças, vem enfim a conclusão: "Isso foi o que tivemos de melhor", diz Frédéric.[7] Deslauriers, o político malogrado, aprova, porém com hesitação, não sem manifestar uma certa contrariedade, com um "talvez" interrogativo: "Sim, talvez, não é mesmo? Foi o que tivemos de melhor."

Assim é a fala da nostalgia: a escolha do sonho em lugar da vida, as esperanças do passado contra a experiência adquirida, e o deleite com o desencanto. Essa escolha é passível de interpretação. Pois, afinal, não será ela a confissão de que, depois de todas as decepções do amor e da vida, ainda brilha na memória o tempo do bando de garotos, que é também a época anterior às mulheres, e o episódio de sua ida malograda à casa das profissionais está aí para nos lembrar disso, caso o esqueçamos? Assim, quando ecoa o grito do coração que costura todo o romance, que detém a contabilidade dos gozos, é... a libido homossexual que fornece a chave da conclusão![8] Freud não estava longe, era o ano de 1863!

Extravio

Mas continuo no teatro ou na literatura, para delimitar o que é característico de nosso século. Ele leva ao palco algo inteiramente diferente, como sabemos — os Ubus, os Roquentins, os Godots, todos os insones de todos os diários "do desassossego",[9] perdidos e ridículos, patéticos ou grotescos, sem projeto e sem futuro, fora do vínculo social. Para eles, sequer há alternativa, não há amor nem ambição, nem glória nem mesmo vanglória, embora talvez haja o novo narcisismo de uma apatia do desespero. Heróis da inconsistência, eles contam as horas ou os dias, estagnados numa temporalidade inerte, a-significante, que ignora tanto a função da pressa quanto o momento de concluir. Não há nisso nada passível de servir de estofo ao discurso. É lógico, portanto, que o mesmo século, com sua chamada literatura de vanguarda, tenha jogado mais com a letra do que com o sentido, quer fazendo as significações oscilarem, ao atacar precisamente a pontuação, ou até suprimi-la, em se tratando de Apollinaire — meio precedido, é verdade, por Mallarmé —, quer jogando, na escrita surrealista dos automatismos da linguagem, contra as intenções do autor, quer enfim cultivando, com Joyce, o enigma a-semântico.

Todos pós-modernos, dizem. De fato; ou então, há Claudel, um gênio, mas de antes, como que fora do século — uma causa perdida, portanto. E não me esqueço de Brecht, também um gênio, com suas epopéias da miséria em marcha, mas receio que o curso da história já o tenha incluído na conta de um "lembrete". E o que vem depois? Na filosofia, na moral, vemos o que desponta: em toda parte em que não são os fundamentalismos religiosos, nos quais já não se sabe para que santo apelar, depositam-se esperanças nos acordos da sociedade e se recorre à trilogia debate-consenso-contrato. Cf. Habermas, Rawls e muitos outros. Só há nisso coisas respeitáveis, que merecem que nos detenhamos nelas, mas, no que tange a alimentar um teatro das paixões amorosas, nada! Talvez, ao contrário, como afirmei antes, o casamento possa encontrar aí um resgate. Está mesmo precisado, pois, fundamentando-se agora apenas na escolha amorosa, que é o que há de mais contingente e mais efêmero, ele está ameaçado pelos mesmos riscos.

Inventário

Volto a nossa realidade, muito pouco favorável aos mitos do amor, porque o supereu consumidor, o novo estatuto dos semblantes e as práticas consensuais correspondentes a eles lhes erguem uma tríplice objeção.

Esquizofrenização

Para começar, temos o que Lacan chamou de "extravio de nosso gozo",[10] doravante comandado pelos imperativos de um mercado devorador de homens, que diz a cada um o que lhe convém e o que ainda lhe falta. A uniformização unissexual caminha de mãos dadas com um efeito suplementar, menos aparente, porém de maior alcance, talvez: o supereu padronizado do consumidor próspero deixa todos casados com os mais-de-gozar que se estabelecem como um curto-circuito sobre o laço social, fixados em semblantes de gozo que não passam pela mediação do semelhante. Esse despedaçamento autístico tem algo de homólogo ao sintoma esquizofrênico, fora da transferência e sem Outro.

O paradoxo está em que esse fenômeno é acompanhado por um discurso do direito que se pretende compensador, mas que acentua seu efeito, apregoando o que chamarei de um universal abstrato. Como é fácil constatar, esse discurso pretenderia proscrever os dois mamilos tradicionais da *pólis* que foram a segregação e o racismo, e por isso prega o respeito pela diferença — e quem não aquiesceria? —, mas, a partir do momento em que esta se afirma como gozo Outro (o problema da excisão do clitóris nas mulheres, do véu islâmico etc.), vê-se obrigado a condená-la, em nome do Homem maiúsculo abstrato. Na prática, porém, isso só se realiza no nível do mercado e da universalização de seus imperativos anônimos, que ordenam gozar dentro das formas da oferta.

Não admira, portanto, que essa pseudo-esquizofrenização, combinada com o cinismo generalizado do direito ao gozo promovido por nosso século, alimente uma insatisfação, também ela muito generalizada, e a partir da qual podemos, mais uma vez, recorrer à psicanálise.

A pulverulência dos semblantes

Por outro lado, nas reformulações do século XX, o amor carece de semblantes. Não que eles tenham desaparecido, ao contrário. Multiplicados na mesma medida dos objetos e das formas de gozar, eles não conseguem escapar às coerções mercantilistas e sucumbem, por sua vez, a uma pulverização esquizofrênica e instável, que, longe de unificar, é complementar ao despedaçamento crescente dos laços sociais. Do filme pornográfico aos padrões da moda, sem dúvida se continuam a fabricar armadilhas de sonho padrão. A *top model* de hoje, por exemplo: ela é no máximo uma imagem, nem sequer um semblante, que, este sim, demandaria fala. Digamos que ela é a mulher fatal hollywoodiana quando já não tem mais nada de fatal senão sua silhueta, e quase sempre, ainda por cima, acomodada ao gosto héctico do homossexual masculino, gosto este às vezes corrigido pelos hormônios, quando é preciso mudar, como quer o mercado! A primeira ainda era realmente uma figura do Sexo, um lugar-tenente do Outro, de um Outro totalmente diverso, investido de um mistério irresistível e funesto. Com a segunda, reduzida a sua superfície, imagem do corpo, não longe do mesmo e sempre substituível como melhor isca para a cobiça, o Outro desaparece. Mas não sem um efeito de retorno, porque a foraclusão das diferenças, produzida pelo universal realizado do consumidor, alimenta, em contrapartida, o aumento das configurações de gozo dissidentes, surgindo o Outro, por conseguinte, no seio do mesmo, e sobretudo sob a forma de pulsões fora do discurso.

Seriam numerosos os exemplos que revelam essa lógica. Porventura não vemos, por exemplo, que, tal como o Don Juan da fantasia, com suas mil e três mulheres, o *serial killer* moderno com que se agitam as multidões, e que é hoje estudado como um animal raro, também conta as mulheres, só que para outro uso, fora de qualquer laço social? Em dezembro do ano passado,[11] a imprensa australiana fez grande alarde de uma notícia com que julgou poder processar a Internet: a de uma mulher que se servira desta para provocar a contingência, ao fazer uma licitação para encontrar seu futuro assassino, o qual efetivamente achou. Patologia? Sem dúvida. Que sempre existiu? Talvez. A não ser que se alimente e se multiplique como nova resposta à insuficiência moderna de nosso modo de gozar, porque, se a uniformidade afugenta o gozo Outro, também o estimula. Aliás, só evoco esses casos raros e extremos — há outros mais banais — para situar em seu devido lugar os problemas do amor.

Exclusão do Outro

A era do acordo democrático não lhe é mais favorável do que a inconsistência dos semblantes. Sonha-se com a paixão amorosa, que teve seus grandes modelos na história, seus casais míticos, seus enaltecedores, mas, acaso não vemos que a união com que ela acena não deve nada a contrato algum, e é até heterogênea ao ideal democrático da justiça distributiva, que pretende conceder o mesmo direito a todos os sujeitos? É claro que este se tornou nosso único recurso simbólico para manter e regular um vínculo social cada vez mais comprometido pelas devastações do capitalismo, agora universal, mas ele implica a exclusão do Outro. No contrato, a despeito de qualquer disparidade, é o mesmo que fala com o mesmo. O próprio pacto da fala plena, o famoso "és minha mulher", manifesta isso, ele que, além do ato de adoção que parece significar, só é proferido, patentemente, ao reduzir a alteridade do outro. Que esse Outro possa consentir nisso é outra história. Quanto ao masoquista à maneira de Sacher Masoch, contra as aparências ele não desmente isso, na verdade. É claro que pretende instaurar um contrato possível com o Outro, mas este é só um fingimento, já que se dá ao preço de um "peço-te que me peças" que previne qualquer surpresa. A verdadeira perversão é outra coisa.

E que dizer também do fato de que hoje homens se casam entre si, ou até mulheres com mulheres? Certamente, com isso se atesta a maldição, e se atesta uma disjunção entre o amor e a heterossexualidade que é confirmada por toda a experiência do inconsciente. A Antigüidade já a reconhecia, e até a Idade Média cristã a admitia;[12] de lá para cá, ela fora proscrita, mas o foi por abuso. Só podemos rejubilar-nos com a nova eqüidade do momento atual, mas, ainda assim, ela marca uma neutralização da alteridade do sexo e seu recobrimento pelo aspecto contratual da união socializada que é o *conjugo*. As manifestações disso são várias. Semanas atrás, uma dessas revistas semanais de além-Atlântico[13] das quais nos vem boa parte de nossas mensagens sobre os sintomas de nossa civilização anunciou uma novidade do lado do Império do Sol Levante: uma surpreendente geração de jovens casais ditos *sexless* [assexuados]. Uma novela de televisão, jogando com esse ascetismo inédito, estaria fazendo um sucesso digno dos programas mais *hard* [obscenos], enquanto, por outro lado, as famílias já se estariam inquietando junto aos psiquiatras, pelo menos um dos quais expressou seu assombro ante esses novos jovens, que atestam uma indiferença tranqüila não pela companhia de uma mulher, mas pela coisa sexual. E se insistiu muito em sua juventude, para deixar bem claro que não se tratava de cansaços devidos ao tempo. Acrescentou-se ainda, dividindo o mundo entre os "*have*" e os "*have-not*",* que os primeiros, aqueles que não renunciaram ao "império dos sentidos", estariam condenados a aprimorar cada vez mais a imaginação erótica, para se manterem interessados.

Não discuto a exatidão disso, mas presumo que haja uma parcela de verdade, porque essa clivagem ajusta-se demais à estrutura para ser apenas uma fabulação jornalística. Para quem leu Freud, com efeito, isso não deixa de evocar algo como

* Expressão extraída da linguagem econômica (norte-americana) que designa os abastados e os despossuídos. (N.T.)

uma degradação materializada, passada como esquize para o real. Nada sabemos dos móbeis subjetivos desses *sexless* tranqüilos, que, aparentemente, não se sacrificam a nenhum deus obscuro, que talvez simplesmente antipatizem com o "isso não é isso" do gozo fálico, mas que, contornando os poderes do Sexo, apontam em ato o esboço de uma erradicação especialmente ferrenha do Outro, uma vez que ela atua no baluarte do próprio casal sexuado, que poderíamos imaginar como o mais irredutível ao império contemporâneo do unissex.[14]

O importante é que eles não fazem disso um sintoma, eis o que é sublinhado, e, em especial, não questionam sua pertença sexuada. *Sexless*, mas não *genderless* [sem gênero], portanto. Não sendo homo nem hétero, eles nos designam a linha de fratura que passa entre a pertença sexuada e a escolha do parceiro, da qual falei há pouco. E tampouco *homeless* [sem-teto]! É a redução consumada do amor à *philia*. Talvez não seja uma doença, mas, quem confundiria *home* com as tempestades — angústia ou delícia — do encontro com o Outro?

O Outro que existe

Resta ainda esclarecer, talvez, o que justifica que, acompanhando Lacan, falemos do grande Outro como se ele existisse, quando, há pelo menos dois séculos, todo o Ocidente deplora seu fim. É que a estrutura se encarna. O não-todo certamente proíbe qualquer pregação universal, porque do múltiplo faz apenas série, na falta da exceção que o constituiria como conjunto, mas é habitado pelo gozo Outro que a feminilidade rouba e que, por sua vez, existe, e até só faz ex-sistir, realmente, como que à margem. Pelo menos, essa foi a tese do seminário *Mais, ainda*, também presente, aliás, em "O aturdito". Foi por isso que Lacan pôde dizer que as mulheres são Outros, mas também que são reais. Em termos mais genéricos, o Outro ganha vida toda vez que a pulsão se impõe fora dos limites e das formas circunscritos por um discurso. Por isso, convém perceber que a formulação "o Outro não existe" tem como correlato que todos, e sobretudo "os outros", podem existir. Se já não há Outro, somos todos Outros, na medida do que cada um apresenta de gozo foracluído. Daí a inquietação, também ela cada vez mais generalizada. Na falta do grande Outro, o falasser não tem outra bússola para orientá-lo em suas escolhas vitais senão sua própria "fixão"* de gozo, a única a operar como princípio oculto de qualquer decisão e avaliação. Abordando essa fixação a partir da ficção da fantasia, poderemos dizer, como faz Lacan em "O aturdito", que "o julgamento, até o 'último', continua a ser fantasia". Se lhe dermos, ao contrário, o nome de sintoma, diremos que cada um só existe por si, porque esse sintoma é o que há de mais real. Suas modalidades são diversas, mas, no que concerne ao Outro do Sexo, a questão, hoje, é saber como ele pode se alojar no discurso atual, e se o amor continua propício a lhe dar abrigo.

---

* Neologismo que conjuga os termos *fiction* (ficção) e *fixation* (fixação). (N.T.)

Função do amor

Evoquei antes a expressão utilizada por Lacan para designar a gente feminina: as "recorrentes do sexo". Doravante, como se fará ouvir essa voz? O feminismo não pode encarná-la, dilacerado que está entre a reivindicação de uma igualdade dos mesmos ou de uma feminilidade incomensurável, elevada à ficção. E, se pensarmos que é no amor, seu lugar quase natural, que ela poderia nunca deixar de ainda se fazer ouvir, decerto nos inquietaremos com o que evoquei antes e que é atestado por muitas mulheres em análise: que, passada a euforia da conquista, os "partidários do desejo" comumente se furtam ao apelo: seduzir, sim, mostrar uma mestria, com certeza, mas aproximar-se do Outro... não demais!

Sem dúvida convém, nesse contexto, reinterrogar o alcance social da exigência feminina de amor, na medida em que sua especificidade não é reabsorvida no unissex em progresso e no igualitarismo contratual. As indicações de Lacan, do modo como as leio, têm o sentido de afirmar simultaneamente sua irredutibilidade ao mesmo e sua função positiva no laço social. Porque dizemos "amor", mas não há amor no singular, e sim amores. De vários tipos.

Quanto a isso, Freud abriu o caminho, com seu famoso texto *Psicologia das massas e análise do eu*. Fala-se ali de um amor socializante, é certo, mas esse não é o do casal, e menos ainda o das mulheres, embora Freud disponha numa série o amor pelo líder, a hipnose e o amor transferencial. Trata-se do amor que está na base da compacidade das massas, com tudo que ela implica de submissão infantil e cega ao substituto do pai-objeto.

O esquema de Freud é muito simples: no princípio do grupo, ele situa o amor pelo que chama de um ideal do eu — para nós, um significante-mestre —, o qual, por ser comum aos diferentes eus que compõem o grupo, permite sua identificação recíproca e os constitui como conjunto. Esse esquema do grupo, Lacan o retoma tal e qual, explicitamente, nas "Observações sobre o relatório de Daniel Lagache", na página 684 dos *Escritos*. Cito:

> [Freud nos mostrou] como um objeto, reduzido a sua realidade mais estúpida, porém colocado por um certo número de sujeitos numa função de denominador comum, que confirma o que diremos de sua função de insígnia, é capaz de precipitar a identificação com o Eu ideal, inclusive no débil poder do infortúnio que no fundo ele revela ser. Será preciso lembrarmos, para tornar inteligível a importância dessa questão, a figura do Führer e os fenômenos coletivos que deram a esse texto seu peso de vidência no cerne da civilização?

Feliz expressão, esse "débil poder do infortúnio", para designar algo que não é suficientemente assinalado: a coalescência do significante, sempre besta, com a contingência estúpida de um objeto.

Dessa estrutura podemos distinguir os níveis. Do líder a seus adeptos, o traço ideal, "traço unário" (TU), funda um vínculo que podemos chamar de vertical, que não é de identidade, mas de disparidade. Ao contrário, como que entre os membros da massa, ele funda, horizontalmente, por assim dizer, uma identificação recíproca que gera união:

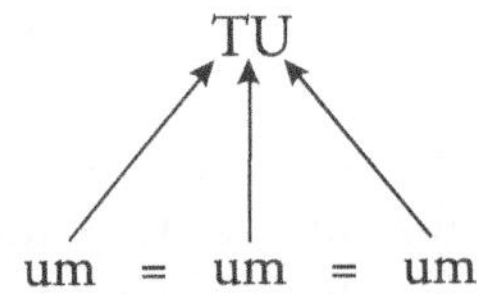

Essa união [*union*], conviria até escrevê-la em duas palavras, com um traço de união, *uni-on*, porque é isso que condiciona, no seio do grupo, justamente o uníssono de todos os *on*,* os *on* do "todos iguais" da massa unida. Aliás, ele não constitui o uniano [*unien*], pelo contrário, e é justamente isso que significa o grande tema da solidão na multidão. Essa união é justamente a manifestada pelo uniforme. A língua cai bem, já que o uniforme, como roupa, é aquilo que, no nível da forma visível, do envoltório, presentifica a homogeneização dos eus, a uniformidade que os torna todos conformes. Freud havia assinalado, aliás, que o poder de identificação num grupo é tamanho que chega a apagar a diferença entre os sexos. E não é à toa que foi em nossa época, a da explosão de crescimento da ciência e das técnicas de massa, que surgiu o unissex nas roupas.

A esse amor ao Um que gera o mesmo, Freud opõe, precisamente, o amor das mulheres. O que ele designa como anti-sociabilidade feminina, portanto, não é outra coisa senão aquilo que percebe como uma resistência das mulheres à *Massenpsychologie*. Se assim é, quem dirá, hoje em dia, que é preciso censurá-las por isso? Na psicanálise, porventura haveríamos de esquecer o que não cansamos de repetir: que o todo fálico não esgota a eficácia do significante mestre (cf. o "servir-se do pai") e tampouco é o ideal do laço social? Acaso o século não pagou caro para aprendê-lo?

O risco de um Outro desenfreado, do lado da mulher, com o qual às vezes se brinca de amedrontar, não é a alternativa exclusiva com que a incansável misoginia gostaria de nos assustar. Resta a opção mais freqüente de um amor singular, para o qual todas as concessões são corretas e no qual se encarna um limite, porque ele escolhe o gozo na ligação com um parceiro também singular, e que permite concluir, como fez Lacan, que as mulheres, que se gosta de dizer que são todas loucas, são "não loucas-de-todo".[15]

---

* O "nós" como pronome indefinido, equivalente ao "gente" ou ao "se" que simboliza a indeterminação do sujeito em português. (N.T.)

Não é pelo fato de os grandes totalitarismos do século passado já não surtirem efeito que essas conclusões perdem sua validade. A falta do Um ideal unificador decerto modifica algo na sociabilidade universalizadora da massa, mas a homogeneização e a coexistência dos gozos padronizados não perdem nada com isso, muito pelo contrário: passam a se alimentar dos imperativos ferozes do mercado, o qual substitui o um do mestre/senhor. O "não todo", portanto, triunfa inesperadamente, mas sem benefícios para o Eros dos laços sociais e sem que a diferença saia ganhando: então, que resta àquele que quer sair do que reserva o destino? Restam o desempenho, a façanha, o recorde, todas essas coisas agora comercializadas nos diferentes campos do esporte, da arte e da política. Ou então, a barbárie da pulsão. Como desconhecer o fascínio horrorizado que inspiram, na face invertida dos ideais humanitários, aquele ou aqueles que chegam a extremos? As atrocidades coletivas, que continuam a marcar o século depois do Holocausto, o *serial killer*, com sua contabilidade, os novos terrorismos, e outras coisas mais, repõem num lugar mais correto os chamados crimes passionais, que ficam parecendo quase insignificantes.

Fazendo as contas

Vê-se como a psicanálise é parte interessada nisso, ela que estabelece um vínculo do um a um no qual o chamado amor de transferência desempenha um papel crucial. O novo amor de que Lacan falou em 1973, em "Televisão", não é, como se poderia imaginar, uma promessa remetida às calendas gregas, ao fim, se não da história, pelo menos da análise. Ele já está aí, mas sob uma forma tão inesperada, que mal se discerne sua "subversão",[16] porque, na transferência, o amor "se dirige ao saber"[17] e espera-se que produza um saber, e não um saber qualquer, pois trata-se de que se demonstre um real "apropriado" à experiência. De fato, isso é tão inédito quanto inaudito. É que aí os mistérios do amor não se furtam como em outros lugares. Não é que a psicanálise tenha que transmitir nenhuma mensagem, nem pró nem contra, mas sim que fazer as contas.

Impotência do amor

A experiência de uma análise, ao atestar o impasse sexual, parece reduzir muito os poderes do amor. Às vezes, parece até instruir o processo com suas miragens, revelando-o ilusório, mentiroso, enganador. Ilusório porque não cumpre suas promessas de união entre "[aqueles] em quem o sexo não basta para torná-los parceiros",[18] pois que o gozo vem opor um desmentido; mentiroso porque é narcísico, dissimulando o amor a si mesmo sob a máscara do amor pelo outro; e enganador, enfim, porque só quer seu próprio bem, sob a capa do bem do outro. No cômputo final, gêmeo do ódio. "Não o amo", já declinava Freud em relação à psicose.[19] Lacan generalizou esse "enamoródio". Mas estas ainda são apenas verdades, verdades que se usufruem na dor e que, portanto, só fazem intensificar a maldição, enquanto seria preciso demonstrar o real.

Amor sem modelo

Já não temos o amor ideal, porém ainda temos amores. Houve épocas em que o Outro era tão consistente que abarcava com seus mitos o vazio da não relação, assim atando o gozo, parceiro da pulsão solitária, a uma relação entre dois seres sujeitados ao sexo. Agora, o Outro já não sustenta esses nós amorosos, nem o amor homossexual à moda antiga, nem o amor cortês da Idade Média, com sua variante preciosista, nem o amor glorioso dos clássicos e nem tampouco o amor divino. Uma vez perdidas essas figuras típicas do passado, restam, no entanto, nossos amores... sem modelo. A característica de nosso século. O amor contemporâneo ficou órfão de seus mitos, reduzido unicamente à contingência dos encontros. Doravante, o acaso parece ser o único a tramá-los, ali onde o Outro, quando existia, oferecia o padrão unificador. Apesar disso, amamos o amor, mais que nunca, e talvez mais desesperadamente que outrora, nesta época em que, quando amamos, dizemos prosaicamente que temos uma "relação" ou uma "ligação", certamente por sabermos que é aí que a coisa pega.

O amor-sintoma

A psicanálise acrescenta a isso uma pitada de sal suplementar — o que me leva de volta à pergunta formulada sobre os efeitos de retorno de um século de freudismo nos fenômenos do amor.

Ela confirma esse amor sem modelo — razão por que, sem dúvida, muitas vezes se acha que ele caiu do céu — e, no mesmo movimento, revela que, apesar disso, ele não deixa de ter restrições, que são muito precisas. São as do próprio inconsciente, que, por suas coerções próprias, singulares em cada caso, rege as contingências dos encontros. Sem modelo, mas não livre, portanto. O que equivale a dizer que o amor, por mais contingente que seja, tem uma estrutura de sintoma, o que combina perfeitamente com seu caráter repetitivo e compulsivo.

Se o sintoma de fato designa, num sujeito, os arranjos de seu gozo de falasser, que não criam vínculo de um com o outro, mas apenas entre o um e seu gozo, o amor é o sintoma que consegue atar essa primeira relação, que não cria um laço social — é autista, portanto —, a um vínculo com o semelhante sexuado. Daí a tese final de Lacan, que diz que a mulher é um sintoma para o homem. Poderíamos acrescentar: um tipo de sintoma, porque existem outros.

Tu és... meu sintoma: eis, sem dúvida, o que se pode dizer de mais sólido no fim de uma análise. Esse amor de olhos abertos, que, diferentemente do amor louco dos surrealistas, não exalta a Dama nem o Homem, que corta o fôlego das falações auto-gozosas do amor, talvez seja o que de melhor podemos esperar na conjuntura atual.

Por causa dos gozos

> "Daí minha expressão falasser [*parlêtre*], que virá substituir o ICS de Freud (inconsciente, é assim que se lê): saia daí, então, que eu quero ficar aí."[1]
>
> — J. Lacan

O gozo manda? Sim, sem dúvida, pelo menos parcialmente, se, como vou mostrar, induz efeitos subjetivos diferenciados, se suas características do lado do

homem ou do lado da mulher repercutem, em especial, no nível da clínica diferencial do amor.

Essa tese pode surpreender, frente ao estruturalismo que comumente se atribui a Lacan. Se eu dissesse que o significante e suas combinatórias pré-subjetivas mandam, estaríamos em terreno conhecido. Poderíamos até considerar um consenso, fazendo referência a desenvolvimentos posteriores do ensino lacaniano, que o sujeito do desejo é comandado pelo objeto-causa — objeto perdido, diria Freud. É o gozo subtraído pela operação de castração da linguagem, em conjunturas próprias de cada sujeito, que impulsiona os dinamismos do desejo.

Aqui, porém, a questão não diz respeito ao significante nem ao sujeito, mas aos efeitos do gozo positivo do corpo vivo, notadamente o que ocupa o campo da relação sexual. Acaso ela também não é determinante de efeitos específicos? Apontei anteriormente que um deles estava ligado à identidade. Não há outra identidade sexual senão a do modo de gozo, todo ou não-todo fálico, que, ao determinar o sujeito insubstancial do significante, faz dele o *falasser*, ser especificado por um gozo que, na totalidade dos casos, prende-se ao "ser da significância".[2]

A hipótese do falasser

Tais são as questões inauguradas pelo seminário *Mais, ainda*. Elas repousam numa hipótese que Lacan explicita em seu último capítulo. Cito:

> O inconsciente, eu não entro nele, não mais do que Newton, sem hipótese. Minha hipótese é que o indivíduo afetado pelo inconsciente é o mesmo que constitui o que chamo de sujeito do significante. ... Como suporte formal, o significante atinge um outro que não aquilo que ele é, cruamente, ele, como significante, um outro que ele afeta e que se faz sujeito.[3]

Essa hipótese, Lacan a diz sua com justa razão, pois ela é única não somente na psicanálise, como na cultura contemporânea. Ao contrário do que poderia fazer crer a referência ao significante, ela tanto rompe com a abordagem lingüística quanto com tudo que se pôde formular no século XX como filosofia da linguagem, desde os primeiros passos do positivismo lógico, que foraclui o inconsciente por princípio, até as pesquisas do pragmatismo, que se empenham em vão em reencontrar o real. É que o indivíduo aqui evocado, esse outro que não o significante, define-se, na linha de Aristóteles, como corpo, e até como corpo vivo. Com esse ser vivo afetado pela linguagem, estamos no oposto diametral da hipótese da linguagem-órgão. É a hipótese de uma linguagem operadora que transforma esse organismo, ou realmente o desnatura.

Dito de outra maneira, o inconsciente se encarna, se faz carne, por assim dizer, e o indivíduo torna-se falasser. A hipótese postula não apenas que a pulsão "é o eco no corpo do fato de que existe um dizer",[4] tese já antiga, datada da distinção necessidade-demanda como condição do aparecimento do vazio do sujeito, mas postula que o inconsciente-linguagem regula o gozo do corpo vivo, submetido à reprodução sexuada. Podemos avaliar o passo dado ao lermos esta estranha frase, que parece misturar todas as dicotomias: "O real ... é o mistério do corpo falante, é o mistério do inconsciente."[5] Estamos muito longe de um pensamento que proceda por oposições binárias sucessivas, e a hipótese se abre para novos desenvolvimentos. Ela avança, na verdade, para a questão da economia do gozo, para a do par amoroso, e abre caminho para as novas definições do sintoma que encontramos no seminário do ano de 1974-75, *RSI*.

A questão, portanto, é esta: como se ordenam os gozos, gozo fálico ou gozo suplementar, possivelmente no espaço do sintoma, e como repercutem eles no espaço do sujeito?

Sintoma generalizado

Evidentemente, a própria pergunta só pode ser escutada se levarmos em conta o extraordinário deslocamento da definição de sintoma a que conduz a psicanálise orientada por Lacan. Se não há relação dos gozos sexuais — perversão generalizada, como a chamei —, só há relação sintomática do sujeito com o gozo, ou seja, regulada de maneira singular, a partir do inconsciente-linguagem. E aí está o sintoma para todos, separado, portanto, de qualquer conotação patológica. Isso não quer dizer que todos os sintomas sejam equivalentes, no que concerne tanto ao bem-estar do sujeito afetado por eles quanto ao da própria sociedade. Mas são sintomas, ou, em outras palavras, "eventos de corpo", a ser distinguidos dos eventos de sujeito, todas as diversas fixações, as diversas modalidades de acesso ao gozo de que cada um dispõe, sejam elas conformes ou não às normas próprias de uma época.

Assim, Lacan acaba redefinindo o sintoma como uma função do gozo. A guinada salta aos olhos, se nos lembrarmos de "A instância da letra no inconsciente", que fazia do sintoma uma metáfora, isto é, uma função do significante, com uma estrutura de cadeia. Essa tese se coadunava bem com seu caráter decifrável, fornecedor do sentido, mas, a bem da verdade, já então poderíamos ter observado que a relatividade própria do significante, sua não identidade consigo mesmo, portanto, não combinava muito bem com a fixidez do sintoma, fixidez esta que o diferencia, precisamente, das outras formações do inconsciente na fala ou na conduta — esquecimento, lapso, ato falho, todos caracterizados pelo efêmero. Daí a necessidade de convocar uma transformação do significante, finalmente, para explicar o que acontece no sintoma-gozo. É aí que a distinção entre o sintoma e a letra assume todo o seu valor: a letra, único elemento lingüístico marcado pela identidade consigo mesmo, isto é, fora da cadeia, é, portanto, também a-semântica, ex-sistente nas leis de composição do significante articulado em cadeia, consiste no argumento da função de gozo que é o sintoma.

O sintoma, assim redefinido como uma nodulação entre linguagem e gozo, sob a forma de uma letra gozante, excetua-se das "formações do inconsciente", embora provenha delas, e faz uma "fixão" de gozo. Logo, ele acentua o que Freud apontara desde o começo: que o sintoma, primeiramente, é um modo de gozar, bem mais que de falar. De certa maneira, tive a oportunidade de dizer isso no passado: essa foi, no ensino de Lacan, a conclusão de um "segundo retorno"[6] a Freud, começado em 1964, no seminário *Os quatro conceitos fundamentais da psicanálise.* Ele lhe permitiu reformular a sintomatologia e promover uma nova clínica, em função das modalidades de nodulação ou desnodulação entre o gozo vivo, a linguagem e as representações do semelhante. Formulada em termos de nodulação entre o real, o simbólico e o imaginário, essa nova clínica pode ser chamada de borromeana, como a chamei no passado.[7] Daí vieram todos os enunciados inéditos concernentes ao sintoma pai, à mulher-sintoma, ao *sinthome* Joyce e também à "doença da mentalidade", que me sucedeu ilustrar com Fernando Pessoa.

O sintoma pai

Pela primeira e talvez única vez em seu ensino, Lacan, se não estou enganada, definiu o que é um pai... digno desse nome: é um sintoma. Contudo, falar do pai como sintoma é defini-lo por um modo de gozo. A inversão em relação ao pai morto do Nome-do-Pai de seus primórdios é total, convenhamos. Quanto a isso, a lição de 21 de janeiro de 1975 do seminário *RSI* merece que nos detenhamos particularmente, pois nela Lacan formula, com seu novo formalismo do sintoma, outras duas definições novas, solidárias em sua lógica: precisamente a do sintoma pai e a da mulher-sintoma.

Um pai, diz ele, que não tem "direito ao respeito, mas ao amor", já assinala, com essa simples conjunção "mas", que o amor não é necessariamente requerido, ou é até quase supérfluo, e, de qualquer modo, não é o índice da função. Quanto a esse ponto, aliás, temos uma prova por Joyce — uma prova invertida, porque ele em nada respeitava seu pai, mas, ainda assim, parece realmente tê-lo amado.

Prossigo: ele só tem direito ao respeito quando é "per-versamente [*père-versement*] orientado". Ei-lo incluído, portanto, no todo da perversão generalizada do homem. Mas não convém que ele seja "qualquer um", sob pena de *Verwerfung*, embora seja preciso "que qualquer um possa constituir uma exceção para que a função de exceção se transforme em modelo", diz Lacan. É isso que é mais complexo, porque há aí um uso duplo do qualquer um, que precisa ser desdobrado.

Qualquer um, isto é, qualquer um do conjunto de todos os homens, deve poder atingir a função. A possibilidade é de todos, $(\forall(x))$. Nesse todos, porém, somente os pais dignos desse nome, não todos, portanto, não qualquer um, são modelos da função. Assim, o conjunto de todos os homens divide-se em dois subconjuntos: o dos pais que não são qualquer homem, porque têm o sintoma pai — e, nesse caso, não importa que tenham outros sintomas — e o subconjunto dos que não têm esse sintoma pai.

Isso significa que há duas versões, pelo menos, da "perversão generalizada" do homem: a versão pai, a *père-version* paterna, e a outra, a (ou talvez as) versão(ões) que poderíamos chamar de não paterna(s). Isso dá pelo menos dois tipos: os Pais e os outros. Os Pais não no sentido de serem genitores, é claro, mas no sentido de terem o sintoma Pai, razão por que lhes outorgo a maiúscula, e os outros, que não são menos perversos, mas que o são de outra maneira que não por esse sintoma, o que não os impede, ocasionalmente, de serem genitores.

Vemos que a questão levantada é a da diferença entre o Pai e o Homem, o universal do Homem definido pelo Um fálico.

Sua nova definição do pai, aliás, Lacan a formulou em duas etapas. E primeiro por um comentário realmente exorbitante, pois afirmou que o Pai é aquele que faz "de uma mulher o objeto *a* que causa seu desejo". Fica-se extremamente surpreso, com efeito, adverte-nos Lacan. Porventura não é essa, pelo menos aparentemente, a definição de todo homem heterossexual, que só deixa fora de seu campo o conjunto dos defensores da ética ex-Sexo do celibatário,[8] os quais, por sua vez, não fazem de uma mulher o objeto-causa? Isso equivale a dizer que, no todo homem ($\forall x.\Phi(x)$) da per-versão [*père-version*] generalizada, o Pai, segundo Lacan, fica do lado do subconjunto dos héteros.

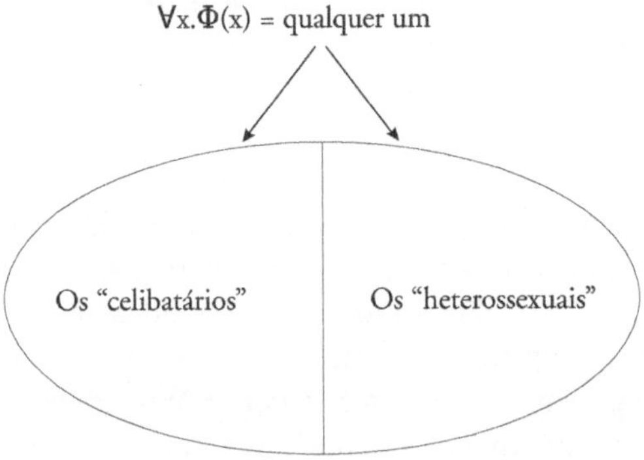

Mas não é só isso. Seguem-se outros esclarecimentos. É preciso ainda, acrescenta Lacan, que essa mulher-causa "lhe seja reconhecida para lhe fazer filhos, e que destes, querendo ou não, ele cuide paternalmente". Não é esse o caso geral.

Com efeito, a clínica mostra que escolher uma que lhe seja reconhecida, com o duplo sentido dessa expressão — que seja a dele e que consinta nisso —, não está ao alcance de todo homem. Nem sequer me refiro aos homossexuais, em relação aos quais isso é evidente, mas aos próprios homens heterossexuais: para muitos deles, como sabemos, as chamadas "umas" se sucedem em série, podendo ser contadas. Mas distinguir uma delas, eleita, e escolhê-la como sua fica fora de seu alcance. Fora do alcance de sintoma, quero dizer. Assim, o conjunto dos homens heterossexuais se divide, por sua vez, entre os Pais e os outros, os não-Pais.

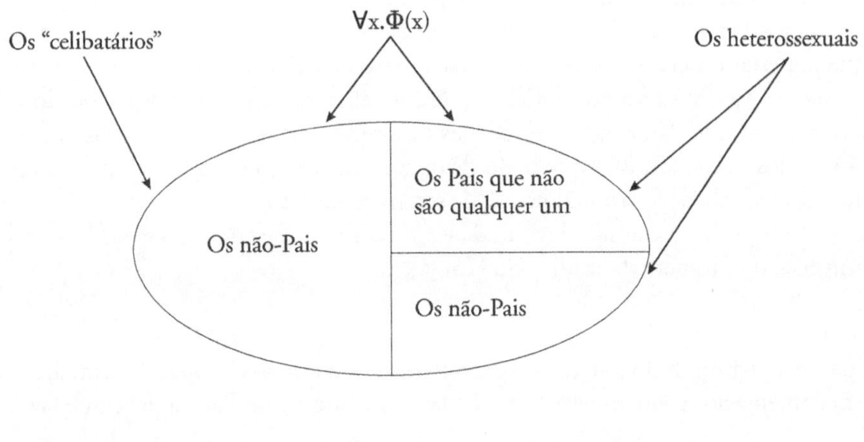

Donde se demonstra bem que um Pai não é "qualquer um". Tanto não é "qualquer um", que é um modelo. Mas um modelo da função pai. Esse modelo não é comum e não exige dele que ele seja um pai modelo, longe disso. A normalidade não é o que o define: pouco importam seus próprios sintomas, bem como suas aptidões ou seus talentos e tudo o que possa haver de exemplar em sua pessoa. Sua função nada tem a ver com a consideração de seus atributos ideais, dos quais Lacan zombou amplamente desde o começo, ironizando as pesquisas que, perseguindo a carência paterna "entre o pai tonitruante, o pai indulgente, o pai onipotente, o pai humilhado, o pai acabrunhado, o pai derrisório, o pai caseiro ou o pai passeador",[9] perdem-se numa fenomenologia do pai, sempre mais ou menos normativa. Medíocre ou eminente, não é essa a questão: o Pai como tal só é modelo da função, para a qual, além disso, não existem graus, não há mais nem menos: ou ela é satisfeita, ou não é.

Desejo de paternidade?

Mais que um Nome, Pai, aqui, é uma questão de desejo, preso que está a uma das modalidades da causa do desejo masculino. A metáfora paterna fazia do desejo da mãe a precondição e a mediação necessária à função do Nome-do-Pai. Mas agora estamos longe das teses enunciadas em "De uma questão preliminar a todo tratamento possível da psicose" — embora já encontremos nesse texto uma observação discreta sobre a subjetividade paterna como tal. Numa perspectiva inversa, se bem que não contraditória, o suporte da função é colocado, aqui, do lado do Um pai, tomado como sujeito, ou melhor, como falasser. A fórmula de seu sintoma poderia ser: fazer de sua mulher, ou da mulher eleita, uma mãe.

Vê-se claramente que não se trata de um desejo qualquer do homem, pois muitos homens que não recuam diante do Sexo, nem tampouco diante da escolha de uma eleita, recuam, entretanto, como é notório, quando se trata de assumir a transmissão da vida, atendo-se mais à formulação: mulher, sim, mãe, não.

Fazer da própria mulher uma mãe não deve ser menos distinguido daquilo que é válido, em linhas mais gerais, do lado masculino, ou seja, que "a Mãe permanece contaminando a mulher",[10] como diz Lacan, o que tem como conseqüência o que Freud percebeu bem: a tentação sempre acessível, para o homem, de se tornar filho de sua mulher. Isso significa, muito concretamente, esperar dela cuidados maternos no nível do substrato da vida cotidiana, solicitude para com seu narcisismo e, às vezes, em termos mais amplos, também até no plano erótico. Essa configuração do homem-criança é não apenas distinta da posição paterna, como cria obstáculos a ela, porque é na medida da referida "contaminação" que um homem pode ser levado a recusar uma paternidade que lhe subtrairia uma parcela dos cuidados maternos de sua mulher, e que o colocaria, portanto, em rivalidade fraterna com os próprios filhos. Aceitar-se como Pai pressupõe, ao contrário, o efeito de separação que permite a um homem deixá-la um pouco para os outros, pelo menos para os outros que são seus filhos.

O sintoma pai fornece o exemplo, portanto, de uma nodulação entre o amor por uma mulher, o desejo sexuado e o consentimento na reprodução da vida. Talvez seja até mais que um consentimento, a acreditarmos na conotação de finalidade que há na expressão "reconhecida *para* lhe fazer filhos". Aí se evoca claramente um desejo de paternidade, e distinto de qualquer desejo pedagógico, como indica o "querendo ou não" com que Lacan cliva os cuidados paternos de qualquer vocação educativa. Esse tema é inicial no ensino lacaniano: não há nada pior do que o pai identificado com um *magister*. Podemos até surpreender-nos ao encontrar sob sua pena a expressão "cuidado paterno". Que é isso, portanto?

O cuidado é mais comumente pensado como apanágio da mãe. Quer ela se dedique a sustentar o corpo, quer se empenhe em ser para seu filho a mediadora da linguagem e de seus diversos efeitos, a um tempo castradores e erógenos, toda a sua solicitude equivale a uma manifestação primeira de seu amor de mãe. Para o pai, não pode tratar-se de simplesmente reproduzir esses cuidados maternos. Ponhamos, pois, a seu encargo, com a função separadora de sua presença, afirmada seja de que modo for junto à mãe, o cuidado simbólico: a transmissão do Nome, sempre crucial, porque acarreta a inscrição na cadeia das gerações e num desejo que não seja anônimo. E, também nesse ponto, a clínica permite recensear as recusas sintomáticas da transmissão. Elas certamente têm graus, mas, em última instância, são a figura dos genitores avaros de seu nome, os quais, por um curioso paradoxo, às vezes chegam a consentir em compartilhar os cuidados maternos, ou em pagar pelos cuidados com a criança, enquanto se recusam obstinadamente a reconhecê-la, como se diz, e a inscrevê-la na linhagem.

O sintoma pai não é qualquer um. É o sintoma típico do que podemos continuar a chamar de função paterna, desde que a redefinamos, como faz Lacan, em termos de nodulação borromeana entre as três consistências do simbólico, do imaginário e do real. Na metáfora paterna, elaborada uns 20 anos antes,[11] o Nome-do-Pai, ao metaforizar o significante do desejo da mãe, para lhe dar seu significado fálico, nodulava o simbólico do significante e o imaginário do significado, ficando o real como que de reserva. As últimas elaborações que se serviram do nó borromeano foram solidárias da consideração do gozo vivo como real, disjunto, em si mesmo, das outras duas consistências.

A função paterna ampliada tem como efeito nodular os sexos entre si (o par homem-mulher) e as gerações entre si (o par pais-filhos), mas também nodular entre si os dois casais do sexo e da geração, ainda que a civilização contemporânea trabalhe no sentido de desuni-los cada vez mais. Assim, vemos seu alcance socializante — e essa foi uma tese constante em Lacan —, estando todo o problema em saber se esse é um sintoma em vias de regressão, se pode manter-se além do "declínio do paternalismo" e se pode ser substituído. Manifestamente, Lacan não contemplou nisso as parentalidades homossexuais.

É uma questão, portanto, a incluir no dossiê do debate sobre as novas formas da família. Não é fácil avaliar com justiça o alcance político dessas teses de Lacan. Por um lado, elas parecem reforçar o casal da família clássica, heterossexual, e poderíamos qualificá-las de conservadoras. Mas, por outro, Lacan trouxe à luz uma dupla disjunção: de um lado, entre a anatomia registrada pelo registro civil e a identidade sexual efetiva, e, de outro, entre essa identidade sexuada do gozo e a escolha do parceiro sexuado. Por isso, heterossexualidade e homossexualidade parecem igualmente aceitáveis como figuras da perversão generalizada de que falei antes. O que se evocaria aí seria mais o liberalismo, pois em nome de que poderíamos hierarquizá-las? Em nome das conseqüências, dizem alguns. Só que confundir sua voz com a do oráculo do bem futuro já não tem nada a ver com a decifração das coerções próprias do inconsciente. Quanto ao inconsciente em si, ele não diz nada sobre o uso das liberdades que nos dá e se mantém mudo em matéria de ética. Razão por que, com efeito, o psicanalista não pode postar-se como especialista nos costumes.[12]

Uma mulher, sintoma

A tese foi anunciada na mesma aula que redefiniu o pai como função de sintoma. Cito: "Eu tomo a decisão — para quem é atravancado pelo falo, que é uma mulher? É um sintoma."[13]

Mas a dissimetria é maciça: um pai tem, do verbo ter, o sintoma pai; uma mulher é sintoma, do verbo ser. Aí vemos em ação o mesmo jogo verbal que já valera para o falo, como recordei acima. Por outro lado, é do homem que se diz que a mulher é sintoma, e não apenas de um pai, o que confirma a disjunção já afirmada, contrariando Freud, entre a mulher e a mãe, e que assinala bem, além disso, a distância entre o pai e a norma heterossexual, pois esta em si não é paterna.

De fato, naquele ano de 1975 Lacan veio a redenominar com o termo "sintoma" todos os elementos previamente situados como objeto *a*, causa do desejo. É o caso da mulher, simultaneamente evocada na mesma lição como objeto *a* e, depois, como sintoma, mas é também o do próprio analista. No discurso analítico, tal como Lacan o escreve, ele presentifica o objeto, mas Lacan acaba dizendo que ele é sintoma.[14]

Se essa nova denominação fosse apenas para expressar que a escolha de objeto não é determinada por outra coisa senão o inconsciente, não haveria nada de novo. Reencontraríamos o problema das condições inconscientes da escolha de objeto, já explorado por Freud, e diríamos apenas que, para o falasser, na falta de um parceiro programado, o inconsciente vem em suplência, fazendo-se instigador dos encontros da vida amorosa. Entretanto, dizer "sintoma" é evocar, mais que o objeto do reencontro, mais que os laços do amor e do desejo, o próprio gozo. Sim, mas qual?

O do corpo-a-corpo do par sexuado levanta um problema, uma vez que não estabelece relação. Lacan explicita: que uma mulher é sintoma se vê pelo fato de que "não há gozo do Outro como tal". Isso é o que o seminário *Mais, ainda* já interrogava, para concluir, justamente, que o gozo extraído do corpo-a-corpo, por mais paradoxal que isso pareça, passa pelo gozo do inconsciente, e mais até, assegura para o sujeito seu gozar com o inconsciente. Se o sintoma é "a maneira como cada um goza com seu inconsciente",[15] quando se trata de uma mulher, segue-se que ela empresta seu corpo para que, gozando com ela, o homem de fato goze com seu próprio inconsciente, e que, inversamente, é por esse gozar com o inconsciente que ele tem acesso ao gozo do corpo, que não é gozo do Outro, mas gozo fálico.

Gozar com o inconsciente

Estamos lembrados de que, depois de afirmar, em sua primeira aula, que o gozo do corpo do Outro não é o signo do amor, o seminário *Mais, ainda* perguntou: então, de onde vem, se não é do amor, o que responde pelo gozo do corpo do Outro? — e declinou as respostas negativas. Não vem nem do sexo da mulher nem dos caracteres sexuais secundários, e também não é gozo do Outro, porque o gozo não vai em direção ao Outro e a cópula só faz induzir a falácia de uma falsa finalidade. Por fim, ele responde que o gozo do corpo-a-corpo tem sua causa no próprio significante, no significante que "se situa no nível da substância gozante"![16]

Foi essa a resposta, nova naquele ano de 1973, que Lacan desenvolveu em páginas que mereceriam ser mais famosas do que são, as páginas 36 e 37 do seminário *Mais, ainda*, nas quais declinou as quatro modalidades do significante como causa, a ser entendida não mais como causa de uma perda de gozo, tese clássica, mas como causa positiva do gozo do corpo. Na ocasião, pude dizer que os semblantes, as normas dos discursos constituídos detêm-se ao pé da cama; pois bem, não é o caso do significante, que impera inclusive na cama, animando até mesmo o espaço da relação sexual. O significante é erógeno.

No homem, ele rege também a ejaculação, esse gozo estranho, fora do corpo, que é o gozo fálico. Não há pílula de ereção que agüente! E, já que estamos na época do Viagra, é divertido constatar com que insistência os médicos fazem questão de enfatizar que ele não substitui os ímpetos da libido — digamos, para nós, a causação significante. Daí a formulação notável do seminário sobre Joyce: "O homem faz amor com seu inconsciente", tomando o "com" no duplo sentido do instrumento e do parceiro. Daí também, quanto às mulheres, a afirmação de que seu ser de gozo não-todo não está menos preso ao ser da significância. Voltarei a isso.

"Só os significantes copulam no inconsciente, mas os sujeitos patemáticos que dele resultam, sob a forma de corpos, são levados a fazer o mesmo — trepar, como chamam isso", diz a lição de 11 de março de 1975.

Aí nos encontramos, realmente, na esteira das teses formuladas pelo seminário *Mais, ainda*. Ele afirmou que o falasser, aqui chamado de sujeito patemático, isto é, corpo cujo gozo é comandado pelo significante, nunca se acopla senão por intermédio da linguagem. Em outras palavras, o Um gozo só se agarra ao "corpo significado Outro"[17] ao acoplar esse corpo, ele mesmo, com o significante do saber inconsciente.

Uma mulher-sintoma, portanto, é, em primeiro lugar, um corpo com que gozar, gozar por intermédio do inconsciente, mas com o resultado de que o gozo suportado por esse corpo Outro não é, no fundo, para o homem, senão um gozar do inconsciente. O que também quer dizer que o Um fálico, repetitivo, e que não cessa de se escrever, não tem outra companhia, mesmo no amor, senão os uns da linguagem, tendo, no final, a sina de solidão que tanto faz suspirar. Mas isso nos leva à outra vertente do sintoma.

A loucura do amor

Se no ato chamado amoroso pela língua francesa, ao estreitar um corpo Outro, o homem, no entanto, continua sozinho com seu inconsciente, é compreensível a referência às reticências do sintoma. Elas inscrevem que o Um fálico, acoplado com o Um de sintoma, continua carente de Outro.

Indico isso com um parêntese: Um (Σ) ... (A). Essas reticências realmente equivalem, portanto, como precisa Lacan, a outros tantos pontos de interrogação da não-relação: Um (Σ) ... = ?, não podendo o Um fazer nada menos do que continuar a interrogar a falta do Outro que comporia o dois do sexo. É aí que se introduz a dimensão de crença no sintoma. Ela é, evidentemente, heterogênea a sua dizmensão de gozo, mas é comandada por esta. Daí meu título, que visa os efeitos subjetivos das características do gozo.

A crença no sintoma, ou até mesmo a invenção do Outro, é uma delas. Não foi à toa que Lacan a introduziu no seminário *Mais, ainda*: "O homem acredita criar — ele crê-crê-crê, ele cria-cria-cria. Ele cria-cria-cria a mulher."[18] O efeito de matraca não escapa, com suas diversas ressonâncias de irritação e de vaidade. Aí encontramos o tema que o seminário *RSI* generaliza, dessa vez: "O que constitui o sintoma ... é que se creia nele."[19] Em outras palavras, acreditamos que ele pode dizer alguma coisa. E acaso o próprio princípio da psicanálise não é fazer o sintoma falar, sendo o "crer nele" o postulado de toda decifração?

Mas, quando o sintoma é esse outro falasser que é uma mulher, uma mulher, portanto, que também tem a palavra, abre-se além do crer nisso a virada para a loucura que é o "fiar-se nela". A distância entre um e outro é a mesma que separa a transferência da verdadeira credulidade: a primeira caminha em direção ao saber latente, a segunda sujeita ao texto do Outro; a transferência presume e procura a enunciação escondida, a credulidade sucumbe à sujeição do enunciado manifesto. Do "crer nisso" ao "fiar-se nela" existe a mesma distância que vai da neurose à psicose. Esse é o ponto de homologia que faz do amor uma loucura, a partir do momento em que se "acredita nela", tal como o sujeito psicótico, que, além de crer em suas vozes, fia-se nelas. É nisso que o amor, segundo

Lacan, aquele que ele chama de "amor maior", é um sentimento cômico, lastreado pela "conhecida comicidade, a comicidade da psicose".[20]

Assim, o gozo solitário do Um fálico, ao deixar o Outro inacessível, comanda efeitos de empuxo para a loucura do amor. Mas também lhe cria um limite, pelo lado do gozo. Daí ser mais nas mulheres que essa loucura do amor assume toda a sua dimensão, como sabemos, enquanto, no homem, nunca é senão esboçada e como que hesitante.

Não é que ele não ame, e sim que, para ele, o amor pode ser algo que é escusado dizer, como assinala Lacan em sua lição de 12 de fevereiro de 1974, no seminário *Os não-tolos (não-tapeados) erram (são errantes)* [*Os nomes do pai*]. É escusado dizê-lo porque o homem pode contentar-se com seu gozo, no duplo sentido da expressão: esse gozo que não tem sua causa no dizer, mas nos significantes discretos do inconsciente, lhe basta; também o satisfaz, compondo toda a substância de sua identidade de homem, muito longe de entrar em choque com ela.

O homem-devastação

Não há nada semelhante nas mulheres, e foi por isso que Lacan procurou uma expressão que tornasse dissimétricos os parceiros de cada um dos dois sexos.

Enquanto ele falava, com respeito ao homem, em mulher-sintoma, não encontrou coisa melhor, do lado da mulher, do que devastação ou aflição, o homem-devastação. Os dois termos conotam, ao mesmo tempo, as agonias da dor e a destruição que aniquila.

É notável, além disso, que, com esse termo "devastação", Lacan tenha reencontrado um vocábulo que utilizara, inicialmente, para caracterizar a relação da filha com a mãe. Ele parece dar continuidade à tese freudiana de que o homem é herdeiro da relação com a mãe e, mais precisamente, das censuras feitas à mãe, e se torna, indo atrás dela, alvo da reivindicação fálica.

Não creio, porém, que seja essa a tese de Lacan, porque devastação não é reivindicação: às vezes a inclui, mas não se reduz a ela e, em última instância, é de outra ordem, porque não pertence ao registro fálico.

Só apreendemos sua verdadeira natureza a partir das características do gozo feminino, porque ela é conseqüência dele. O orgasmo, assim como o sintoma, é um despontar de gozo no espaço do sujeito, dizia Lacan na lição de 27 de abril de 1966. Seu valor decorre, precisamente, de ele ser um ponto de esvaecimento do sujeito como dividido, ou seja, um ponto que o subtrai de sua causação pelo objeto, em prol de um gozo fechado sobre si mesmo. O resultado é que, entre o gozo orgástico e o sujeito propriamente dito, há um batimento de exclusão, com a presença de um fazendo a ausência do outro.

Para a mulher, a conseqüência clínica é que, mesmo quando a experiência orgástica é mais afirmada, até mais preenchedora, ela nunca deixa de desestabilizar o sujeito. Tornando sem fundamento suas bases identificatórias, assim como o apoio que ele encontra no objeto que o divide, essa experiência o rapta de si mesmo, ainda mais quanto mais presente está, e mesmo que a mulher às vezes a vivencie na alegria.

É esse o núcleo da devastação: é o gozo outro que devasta o sujeito, no sentido forte de aniquilá-lo pelo espaço de um instante. Os efeitos subjetivos desse eclipse nunca faltam. Vão da mais leve desorientação até a angústia profunda, passando por todos os graus de extravio e evitação. O sentido de algumas formas de frigidez se esclarece com isso. Apreendemos, além disso, o que impôs a Lacan a referência aos místicos, pois que outra coisa é a aspiração mística, exatamente — todos os textos o clamam —, senão o abolir-se no Outro, o abolir-se como sujeito de qualquer projeto da criatura?

Não há nada disso do lado do homem, porque o gozo fálico, longe de estar em oposição à base identitária do sujeito, a constitui, ao contrário. Tanto é verdade que, por menos que se confronte com uma experiência de impotência ou de fiasco, o homem recorre com muita freqüência ao exercício de seu órgão: seja na relação com uma mulher ou com um homem, seja na masturbação, esse exercício vale sempre como uma reafirmação. E também se recorre a ele para tamponar o que há de efeito de castração numa análise. Esse é o segredo de muitas performances sob transferência. Para uma mulher, ao contrário, quando o fracasso a abate, o recurso mais freqüente é a sedução, sempre falicizante, e às vezes também a competição pelo ter fálico, porém bem mais raramente o gozo sexual propriamente dito, que remete à aniquilação.

Absolutização do amor

A maior conseqüência subjetiva do gozo outro, além até de seus efeitos afetivos, deve ser buscada do lado da posição da mulher em relação ao amor. Formulo-a assim: seu gozo a compromete com uma lógica de absolutização do amor, que a empuxa para uma busca insaciável do Outro.

Essa busca, porém, tem uma dupla face. Na que é mais visível, ali onde o S(A) do gozo arrasa as identificações, o amor restabelece uma identificação fálica. Nesse sentido, quando ela pede ao homem que o ato sexual seja envolto em amor, e até num amor único, a mulher está pedindo, de fato, que a assegurem como sujeito de sua sustentação fálica. Na outra face, menos visível, o que se lê é o essencial, a meu ver. Ali decifro esta formulação: abolir-se, sim, mas no Outro. Daí os esforços das mulheres, às vezes absurdos, para elevar seu homem à dignidade do Outro e para que ele se preste, nem que seja um pouquinho, "à confusão com Deus", como diz Lacan no seminário *Mais, ainda*. Assim se esclarece um fato evidente na clínica: que, para as mulheres, "o amor não é uma evidência",[21] e não há nada de que elas se queixem tanto quanto do silêncio masculino. Dizer que esse silêncio as "aphlige" é pouco. Daí os pequenos dramas cômicos do cotidiano: o "ele não me diz nada", ao qual retruca o "mas, o que ela quer que eu lhe diga?". Desse dito elas esperam, sem dúvida, que ele dê consistência ao objeto *agalmático*; mais essencialmente, porém, creio que aspiram a que ele venha tamponar o S(A). Em outras palavras, elas exigem que o homem queira se dar ao trabalho, ao cansaço mesmo, diria eu, de oferecer mais que sua simples presença de desejo: seus esforços para bancar um pouco o Outro.

Assim, a devastação propriamente dita me parece bem distinta da simples reivindicação fálica. Não a exclui, aliás, e pode também combinar-se com ela, mas é diferente. É notável, como eu disse, que Lacan empregue o mesmo termo, devastação, para qualificar a relação mãe-filha. Freud, por sua vez, havia reconhecido a ladainha de censuras que a filha é capaz de endereçar à mãe, e que lhe pareciam muito enigmáticas, antes de ele as reunir todas, finalmente, na simples idéia de inveja do pênis. Mas, além dessa dimensão reivindicatória, não haverá nisso a solicitação de que a mãe revele o segredo supremo? Não apenas o do *ágalma* feminino, sempre fálico, mas o do gozo que ex-siste, mas que o Outro não conhece, e pelo qual, portanto, conseqüentemente, a mulher apela para o Outro.

É verdade que a própria inveja do pênis pode assumir formas devastadoras. O sentimento de falta de ter culmina então, em alguns sujeitos femininos, numa convicção deletéria de menos-valia, muitas vezes reforçada, além disso, por uma raiva exagerada de todas as figuras falicizadas. Assim é que vemos mulheres que tanto se enfurecem com os encantos e sucessos de suas rivais quanto com as supostas facilidades do gozo masculino.

Essa parte da clínica foi amplamente explorada na literatura psicanalítica, mas coube a Lacan havê-la completado com o termo "devastação", que designa, essencialmente, fenômenos de um outro tipo: nada além dos efeitos patemáticos que o gozo outro induz no sujeito, e que se desdobram e se dividem entre a abolição subjetiva a que me referi e a absolutização correlativa do Outro.

VI

A Análise

Sintoma de separação

Pode a psicanálise, quando chega a seu termo, ter realmente a pretensão de produzir um sujeito inédito? Esta pergunta refere-se menos ao término da seqüência analítica do que ao sujeito que resulta dela. Lacan não hesitou, em mais de uma ocasião, em evocar esse sujeito transformado da análise pelo fortíssimo termo "metamorfose". Freud, apesar de comumente tido como meio retraído quanto às ambições a serem atribuídas a toda análise terminada, também não evitou a questão.

Em seu texto "Análise terminável e interminável", interrogando o possível resultado de uma análise, ele evocou a transformação que o sujeito deve sofrer para que se possa dizê-lo "analisado", no particípio: "Acaso nossa teoria não reivindica, justamente, a instauração de um estado que nunca está espontaneamente presente no eu, e cuja criação original constitui a diferença essencial entre o homem analisado e o que não o é?"[1]

De Freud a Lacan, os enunciados divergem muito, às vezes a ponto de parecerem antinômicos. Onde Freud aponta, no início do mesmo capítulo III, a intenção "de chegar a um estancamento radical das possibilidades de doença", Lacan anuncia a produção do incurável e solta a expressão "identificação final com o sintoma", muito estranha em relação aos efeitos terapêuticos com que a análise merece ser creditada. Mas, desde que não tratemos as formulações como a árvore que esconde a floresta e restituamos a cada encaminhamento a sua lógica, talvez vejamos essa divergência reduzir-se muito.

Uma posição revista, segundo Freud

Na data em que publicou "Análise terminável e interminável", em 1937, Freud, velho e doente, sabia que ia morrer. Fez o balanço de uns 50 anos de experiência, fornecendo-nos ali como que um testamento teórico em que se desenharam as tarefas do futuro. Ele reavivou por um instante algumas figuras do passado, assim como antigos tormentos: Fliess e suas teorias sexuais, Adler e o "protesto viril", que se supunha esquecido, e sobretudo Ferenczi, a censura viva — embora, nessa ocasião, ele já tivesse morrido — quanto a sua análise inacabada. As respostas de Freud foram as últimas, e conservam para nós todo o seu interesse.

A pergunta formulada por Freud refere-se menos às peripécias da análise, a suas inércias ou seu eventual esteio final, do que a seu resultado, à possibilidade de produzir ou não um sujeito para quem a causa geradora de eventuais sintomas novos estaria estancada.

Ora, a tese *princeps*, desde a origem da descoberta freudiana, diz que é o recalcamento das pulsões que condiciona seu retorno no sintoma. Nesse ponto, Freud operou com dois termos: a pulsão como exigência de gozo específica, e o *Ich* como princípio de defesa e rejeição diante dessa exigência inconciliável. A questão, portanto, é a do destino do recalcamento na e depois da análise. Quando fala de tomada de consciência ou elucidação,[2] Freud enfatiza o aspecto epistêmico do processo, o ganho de saber esperável de uma análise, um "eu sei". Mas, quando evoca paralelamente, como faz, a possibilidade de "revisar esses antigos recalcamentos",[3] de chegar a uma "correção *a posteriori* do processo de recalcamento originário",[4] trata-se de uma coisa completamente diversa. Já não estamos no eixo da revelação analítica, mas no de sua operatividade e das mudanças que ela é passível de produzir no nível da defesa frente às pulsões, no nível de um "eu quero" ou um "eu não quero" do sujeito.

Freud distingue aí dois tipos de transformações possíveis: entre os recalcamentos, "alguns são destruídos" — admissão da pulsão, portanto —, "outros são reconhecidos, mas novamente construídos com um material mais sólido"[5] — rejeição confirmada, por conseguinte. Como se vê, Freud não sonha com um sujeito que teria deixado de se defender de todo o real do gozo pulsional (que seria, de resto, um ser inassimilável a qualquer vínculo social), mas sim com uma defesa que, ali onde o gozo permanece inaceitável para o sujeito, teria deixado de gerar recalcamento, com o retorno sintomático implicado nele.

Os dois obstáculos ao tratamento possível da pulsão pela psicanálise são claramente indicados, portanto: de um lado, o famoso "fator quantitativo" e a ameaça sempre presente de um eventual "reforço pulsional", e de outro, a incompleta "transformação do mecanismo de defesa"[6] do *Ich*.

Resultado, diz Freud: "A análise, com sua pretensão de curar neuroses, assegurando o domínio das pulsões, sempre tem razão na teoria, mas nem sempre na prática."[7] Essa é a conclusão a que ele chega, para realizar a notável aliança de uma exigência conceitual que faz uma afirmação categórica com um realismo pragmático que se molda aos contornos da experiência.

Freud, assinalo, não considera, em nenhum momento desse texto, que a análise modifique a exigência pulsional em si. Creio até que o termo "sublimação", que nele sempre designa um processo de transformação da pulsão, e até de transformação socializante, não está ali. O que a análise modifica, ao contrário, a seguirmos esse texto, é o que realmente posso chamar de tratamento da pulsão pelo recalcamento — a relação com o real, diríamos. Resta então, para o sujeito, uma vez esclarecido pela decifração analítica, efetuar uma nova escolha. Assim, Freud, tão freqüentemente acusado de funcionar como mestre, deixa amplo espaço para uma decisão renovada do sujeito.

Esse mesmo traço se reencontra noutro lugar, muito explícito, acerca do famoso fator de impasse que Freud introduziu em seu último capítulo: a castração como "rocha originária".[8] O fato de ele a situar como "resistências transferenciais"[9] nos diz suficientemente que o impasse aí evocado não pode reduzir-se ao medo de uma mutilação corporal, e que as imagens que pululam ali e que Freud recenseou são apenas a tradução, no imaginário, de um processo diferente, o qual não é imaginário, a saber, o efeito de perda implicado pela relação com o Outro, e cuja ameaça é reeditada a cada aproximação desse Outro — no caso, aproximação transferencial.

Conhecemos a última palavra de Freud quanto a isso:

> Será difícil dizer se e quando, num tratamento analítico, conseguiremos dominar esse fator. Consolamo-nos com a certeza de havermos proporcionado ao analisado todo o estímulo possível para *rever e modificar sua posição* diante desse fator.[10]

Que Mestre engraçado, afinal, aquele que nos deixa a escolha! Haverá quem diga, sem dúvida, que esse é um liberalismo de impotência — o que de fato é bem conotado pela evocação do consolo —, mas nem por isso a palavra final e a saída derradeira deixam de caber ao sujeito, ou melhor, à "insondável decisão do ser".[11]

No cômputo geral, portanto, o sujeito transformado pela análise se definirá por uma nova relação tanto com a castração quanto com a pulsão.

Identificar-se com o próprio sintoma?

Foi a essa mesma tese que voltou Lacan, a partir de 1964, ainda que com outras formulações, e foi com ela que complementou a ênfase inicialmente depositada, 10 anos antes, na formação linguageira do conjunto da experiência do sujeito. Desde a afirmação, no Seminário 11, *Os quatro conceitos fundamentais da psicanálise,* de um sujeito para quem, no final, a fantasia se reduz à pulsão, até a evocação mais tardia de uma identificação final com o sintoma, há a mesma questão da relação inédita ou não com a pulsão e, em termos mais gerais, do tratamento possível do gozo a partir do inconsciente como linguagem.

Ao proferir que, no fim de uma análise, identificar-se com seu sintoma é o que o sujeito pode fazer de melhor, Lacan surpreendeu, sem dúvida por ter sido mal acompanhado até então. Tudo se prende, evidentemente, à definição de sintoma aqui implícita, e que faz dessa afirmação uma expressão quase codificada.

Poderíamos até supô-la carregada de uma provocação irônica. O analisando, com efeito, dirige-se à análise em nome de seu sofrimento, porque *tem* um sintoma. E o psicanalista chegaria a lhe prometer que, no final, ele poderá dizer: "Meu sintoma, *sou* eu"! Evidentemente, convém supor que não se trata do mesmo sintoma, e que, nessa distância, o efeito terapêutico pode ter lugar, mas ainda resta elucidar o que significa identificação com o sintoma, e a que problema essa expressão corresponde.

Falar de identificação com o sintoma parece curioso. Com efeito, a identificação toma um empréstimo do Outro, ao passo que o sintoma inscreve uma singularidade de gozo.

Os psicanalistas de todas as orientações concordariam em que a identificação é um estigma, no sujeito, das influências do Outro, ou dos outros sem maiúscula, os semelhantes. Ela retira desse Outro, com ou sem maiúscula, um componente, traço unário, que daí por diante passa a marcar o sujeito, a orientá-lo, a determiná-lo ao menos parcialmente, e que assinala seu caráter educável, acessível à influência. Em toda identificação, podemos perguntar de quem o sujeito tira algo emprestado, e qual é esse traço. O sujeito identificado é sempre um sujeito influenciado, quer o saiba, quer não. Na maioria das vezes, desconhece-o, a menos que a psicanálise lhe revele isso, e às vezes até acredita em sua autonomia! Foi justamente por isso que, desde o começo de seu ensino, Lacan pôde enunciar: "Eu é um outro." Também nos lembramos de Freud, em sua *Psicologia das massas e análise do eu*, que faz da identificação a mola da relação de cada um com seus semelhantes e com a figura de exceção.

Já o sintoma lhe é totalmente oposto. Se a identificação cria o mesmo, o sintoma cria a diferença. Sempre singular, rebelde à universalização, ele é um princípio de dissidência, para empregar uma expressão de ressonância política que Lacan aplica, em outro lugar, à pulsão. Essa dissidência do sintoma é tão patente, que a história das sociedades registrou no Oriente, não faz muito tempo, uma definição da sintomatologia que abrangeria as divergências políticas. Não é totalmente por acaso, isso tem lá sua lógica: o sintoma nunca marcha com passo ordenado, mesmo quando é inofensivo; ele resiste às ordens do significante-mestre. Impossível de homogeneizar, tem qualquer coisa de real: não seria exagero falar em autismo do sintoma, uma vez que ele se opõe a qualquer diálogo. É verdade que o sintoma histérico parece distinguir-se nesse ponto. Com efeito, ele toma empréstimos do Outro (cf. a tosse de Dora) e, com isso, parece fazer um uso coletivizador do sintoma. Mas trata-se apenas de uma falsa objeção, uma vez que seu traço é retirado do próprio sintoma do Outro.

Numa primeira aproximação, portanto, a identificação e o sintoma se opõem como princípio de homogeneização, de um lado, e fonte de distanciamentos, de outro. Daí o paradoxo da expressão "identificação com o sintoma". Ela só pode designar uma mudança na maneira como o sujeito se relaciona com seu sintoma, que deve ser definida.

Duas identificações de término

Ali onde os analistas da *ego psychology* — especialmente os norte-americanos, mas também toda a escola inglesa e, por osmose, o conjunto da IPA — enalteceram, para reduzir esse desvio do sintoma, um término de análise pela identificação com o analista, Lacan, num eco irônico, propôs que o sujeito se identificasse, antes, com sua singularidade sintomática. Essa resposta do pastor à pastora não é um gesto de troça. Tem sua lógica e permite, além disso, apreender a que necessidade obedecem os defensores da identificação com o analista.

A função da identificação, para o ser falante, só é bem apreendida a partir do estatuto do sujeito tal como Lacan o construiu, como efeito de linguagem. Esse sujeito, suposto em toda articulação significante, não tem outra essência senão sua diferença da cadeia que, ao ocultá-lo, o representa. Sua presença só se afirma por uma dinâmica de deslocamento e corte: um vazio em movimento, por assim dizer. É uma espécie de fantasma, esse sujeito — Lacan pôde dizê-lo "um furão" —, e, sem dúvida, é por isso que tem fantasmas em seu imaginário. Ele assombra a casa da linguagem com sua presença de enigma, amorfa e com uma residência impossível de atribuir. A identificação é justamente o que lhe dá feições e um lugar.

Ela é um princípio de parada, de fixação do ser. Isso, evidentemente, ao preço de uma ocultação, pois, a partir daí, a máscara invade o palco, e o "eu sou" em que se instala o sujeito é compensado por um "não pensar". Isso não impede que, eventualmente, nosso sujeito identificado seja um intelectual, só que ele pensará em tudo, menos no que *é* como sujeito do inconsciente. Mas, haja o que houver com a contrapartida, as identificações, por mais diversas que sejam, inclusive a "identificação última"[12] com o significante da falta do Outro, o falo, as identificações, dizia eu, ao revestirem o vazio do sujeito, asseguram uma determinação de seu ser.

Assim, o estado normal do sujeito — não digo o sujeito normal — é um "eu sou" que não pensa no que é. "O homem sadio", evocado por Freud em seu texto de 1937 sobre o término da análise, aquele que não teria necessidade de análise, não é outra coisa: um "*Ich*", ou seja, o próprio sujeito, mas posto na forma de Eu [*Moi*] pela identificação.

Ora, o sujeito só se dirige à análise, salvo algumas exceções, a partir de uma manifestação sintomática de sua divisão que põe em xeque sua unidade. Assim é o Homem dos Ratos quando recorre a Freud. É um sujeito que não poderia estar mais identificado com os ideais de retidão e de bravura militares, perfeitamente decidido a provar sua superioridade aos oficiais de carreira! Infelizmente, esse belo e bom oficial está às voltas com fenômenos estranhos: inibição no trabalho, muito incômoda para seus estudos, e ainda, finalmente, sua obsessão com ratos e o pânico que ela lhe inspira. Aí está algo com que ele não pode se identificar, um sintoma que lhe inspira o que Freud chama de horror, e a pergunta é: é possível identificar-se com a coisa terrível? É claro que a divisão do sujeito, no começo, nem sempre se manifesta sob a forma de um sintoma tão consistente. Ao contrário, eletivamente na histeria, pode assumir a forma de uma experiência de inconsistência, que deixa o sujeito numa dolorosa incerteza do que ele pensa, do que quer e até de seu lugar.

A análise, ao introduzir o sujeito na associação livre, que não deve pensar, calcular nem julgar, engaja-o num questionamento do ser. No duplo sentido da expressão: ela quer produzir a resposta no final, mas também suspende suas garantias. Assim, introduz o sujeito, a princípio, num tempo de espera, num estado de suspensão metódica. No entanto, passadas as suspensões necessárias à elaboração em que se revelará ao sujeito aquilo que o dividia, sob o esgar do sintoma, a análise realmente precisa reconduzi-lo a um outro tipo de "eu sou". Nesse ponto, e apesar das formulações muito opostas, o conjunto do movimento analítico converge, ao que me parece. Ora, o significante-mestre da identificação e o sintoma têm em comum serem inércias que fixam e determinam o ser.

Por isso, captamos um primeiro nível da lógica implícita na teorização da *ego psychology*: sendo a normalidade assintomática pensada em termos de identificação, é isso que se busca restaurar no sujeito. Uma vez que seu ser conforme foi perturbado pelo sintoma, visa-se restabelecer, no final, um efeito de identificação melhorada. E onde encontrar essa melhor identificação senão no analista, tomado como modelo? Com isso nos desenham uma análise que iria de um fracasso da identificação normatizante a seu sucesso da saída, pela identificação com o analista. A objeção salta aos olhos: a análise, nesse caso, torna-se uma segunda educação, que retifica e reforça as marcas identificatórias deixadas pelo Outro. Para isso, não é preciso inventar a psicanálise: trata-se da confusão do discurso do mestre com o discurso analítico.

Sem o Outro

A idéia de identificação com o sintoma é coerente com a necessidade de reatar, ao término da análise, com o efeito de ser: obter um sujeito determinado de uma nova forma quanto ao que ele quer e quanto ao que é, mas não pela via da identificação com o Outro. Essa é a tese de Lacan, desde a origem. Desde seu "estádio do espelho", ele evocava um término em que o sujeito chegaria ao limite extático de um "tu és isto". A palavra "extático" está aí para dizer que o que se espera é mais a resposta do ser não representável, e por uma razão extremamente simples: a identificação só pode perpetuar a regência do Outro. O ser que ela parece assegurar é apenas de mascarada e de mentira, e o analista não pode tornar-se cúmplice disso. A identificação com o sintoma, no outro extremo do ensino de Lacan, designa a finalidade primordial da análise, que é chegar a um "eu sou" que não seja semblante. Indica o esforço, por uma técnica que, no entanto, é apenas de fala, de atingir aquilo no sujeito que não é do registro simbólico, mas do real, que zomba do que se pensa e do que se julga, e até de que se pense e se julgue, não sendo o "se", aqui, nada além de um nome do Outro, do sujeito suposto saber. O sintoma representa justamente um real assim.

Embora as fórmulas paralelas da identificação com o significante-mestre ou com o sintoma visem uma função homóloga, elas designam dois processos totalmente heterogêneos: a primeira, com efeito, fixa o vazio do sujeito, enquanto a segunda fixa seu gozo.

A identificação tem como correlato o efeito mortificante do significante, digamos, a castração do gozo. De fato, não basta dizer que ela dá artificialmente, ao sujeito com falta de identidade, seus representantes e suas figuras, envolvendo o que há de não representável numa roupa talhada à moda do Outro. Convém também destacar que esse vazio do sujeito não é apenas falta de representação. É um vazio que não é inerte, mas dinâmico, e cuja atividade se chama, desde os tempos de Freud, desejo. Desejo que é também defesa contra o gozo.

Em oposição diametral, o sintoma, em sua definição freudiana, é um modo de gozar. Todas as elaborações sucessivas que Lacan propôs, ao longo de seu ensino, visaram conceber de que modo se articulam com isso o elemento da linguagem, que é necessário supor para explicar o fato de o sintoma ser decifrável e ceder à decifração, e o elemento de gozo que se destaca em detrimento do sujeito. A definição inicial do sintoma como função do significante, estruturado como uma metáfora, já implicava o gozo na combinatória significante pelo "significante enigmático do trauma sexual",[13] como memorial de um acaso intrusivo de gozo. Dentro da mesma linha, Lacan soube distinguir "o invólucro formal"[14] do sintoma de seu núcleo de gozo.

A última definição, datada de 1975, no Seminário XXII, *RSI*, como função da letra, atende à mesma necessidade, mas introduz algo novo. Dizer que o sintoma é o gozo da letra não é dizer, simplesmente, que a letra representa o gozo a título de memorial. Equivale a dizer que ela mesma é objeto e que, portanto, o gozo infiltra de ponta a ponta o próprio campo da linguagem, embotando a fronteira habitualmente traçada entre a linguagem mortificante e o gozo. Mas, nesse campo da linguagem gozante, por assim dizer — gozo de decifrar, e também gozo-sentido ["*joui-sens*"][15] —, o sintoma se distingue como uma fixidez que "não pára de se escrever", sendo a própria letra definida pela identidade consigo mesma, enquanto o significante, por sua vez, sempre comporta a diferença. O inconsciente como linguagem trabalha, dizia Freud. Trabalhador ideal, que nunca entra em greve, acrescentava Lacan. Pois bem, o sintoma é o inconsciente transposto para o real: um grevista, em suma.

Concluo, pois: além de sua função homóloga de fixação, os términos por identificação com o analista e por identificação com o sintoma são antinômicos — o primeiro acentua a defesa contra o real, o segundo, ao contrário, pressupõe enfrentar esse real singular. A queda das identificações com os significantes do Outro, como efeito de separação a partir da qual se descobre o vazio constitutivo do sujeito, é sua precondição. Porém, essa é apenas uma condição necessária, mas não suficiente. A opção de Lacan consiste, aí, em valorizar a identificação com o sintoma. É justamente o que ele faz, ainda que de maneira muito discreta, ao frisar que isso é o que o sujeito *pode fazer de melhor*.[16] A expressão, por si só, basta para indicar que existe uma alternativa possível.

A função do sintoma

Essa opção é solidária da nova percepção da função do sintoma da qual falei, que a generaliza e reduz sua conotação patológica. É muito pouco dizer simplesmente, como fez Freud, que o sintoma é o substituto anômalo de uma satisfação sexual. Se a relação sexual não é inscritível na estrutura da linguagem, o que demonstram, sem enunciá-lo, todas as elaborações freudianas, é sempre o sintoma, em sua singularidade, que garante a copulação do sujeito com seu gozo. O sintoma, portanto, é o que vem suprir, na totalidade dos casos, a ausência de uma relação sexual inscritível. Decorre daí que não há sujeito sem sintoma, e que o próprio parceiro entra nesse lugar. Esse fato, evidentemente, obriga a distinguir, por um lado, diversos estados do sintoma, e por outro, relações variadas do sujeito com ele, e a perguntar com que estado do sintoma é possível a identificação, e em que sentido.

As variações do sintoma aparecem à flor dos fenômenos, porque é óbvio que os há mais ou menos incômodos. Uns são intoleráveis, pelo gozo deletério que incluem, outros muito bem tolerados — pensemos, por exemplo, na droga, ou mesmo numa mulher como sintoma, o que nem sempre é muito desagradável, às vezes nem um pouco! Alguns são parcialmente desconhecidos, ficando o sujeito cativo de condutas de gozo não percebidas como tais, não subjetivadas, até que a análise o faça ter uma medida delas. Ademais, existe o efeito terapêutico que reduz essa ou aquela de suas formas, que apaga fobias ou somatizações, tal como desapareceu a obsessão do Homem dos Ratos. Mas, seja qual for a extensão desse efeito, não deixa de persistir um resto de sintoma, irredutível a qualquer análise acabada, no qual se fixa, em cada um, o gozo que supre a falta da relação sexual.

Por isso, a experiência mostra que já podemos distinguir dois casos exemplares, conforme seja ou não tolerável para o sujeito o que resta no fim das aplicações de gozo. Não é na totalidade dos casos, como sabemos, que a análise logra reduzir as fixações dolorosas da neurose e reconciliar o sujeito com suas pulsões. Às vezes, existe a reação terapêutica negativa esclarecida por Freud, na qual o sofrimento, perpetuado como uma fênix, supera qualquer benefício terapêutico, numa opção pela dor. Nesse caso, a análise só pode ver-se prolongada e, quando enfim chega a seu término, trata-se mais de uma renúncia. Então, fica-se tentado a confundir a identificação com o sintoma com uma simples aceitação: como que cansados da guerra, reconhecemos e admitimos o que resta, no final, de impossível de transformar. Mas essa definição meio solta não permitiria fazer uma distinção adequada da simples resignação. Se a identificação com o sintoma devesse consistir apenas num "acostumar-se" com o que não se pode evitar — seria um meio de escapar disso, aliás? —, a expressão não mereceria tanta atenção. Suportar, rangendo os dentes, pode ter suas vantagens, mas só constitui um mérito na ética estóica. Quanto à psicanálise, isso não será um progresso, a menos que seja correlato de uma mudança mais radical. Revisão de posição, dizia Freud. Ora, entre o sintoma rejeitado na entrada e o sintoma aceito no fim, há um terceiro estado do sintoma, que é definido por sua inserção na transferência.

O sintoma na transferência

O sintoma que enquanto tal, como já afirmei, ex-siste no inconsciente, fora do sentido, pode, contudo, ser questionado, pode ser interrogado sobre seu sentido e sobre sua causa. É um ato gratuito, sem dúvida, mas sempre possível. Se Lacan emprega o termo "letra" para designar o elemento que se compraz com o sintoma, é precisamente para incluir em sua definição a junção, sempre possível, com o inconsciente como cadeia. A letra transformada em objeto, idêntica a si mesma, não é qualquer "um": continua passível de conexões, e seu fora-do-sentido sempre pode retornar ao inconsciente, num trajeto que vai do real ao simbólico. Assim, o sintoma, esse grevista do sentido, está sempre pronto a retomar o trabalho na análise.

O sujeito que procura a análise *crê* em seu sintoma. Isso é completamente diferente de se identificar com ele. O sujeito acredita que aquilo que o estorva, aquilo que ele sofre como coerção e afeto, "é capaz de dizer alguma coisa".[17] Acreditar no sintoma é como que lhe acrescentar "reticências",[18] dizia Lacan, um "a seguir" pelo qual se interroga a não-relação. É acreditar que o "um" da letra pode retornar ao "dois" da cadeia, confiar na substituição de signos a partir da qual o sintoma ganha sentido. Em outras palavras, é acreditar no "isso fala".

A partir disso, podemos dar uma definição mais exata da identificação com o sintoma, que não se reduz simplesmente a assumir — de bom ou de mau grado, não importa — o que resta de inércia sintomática ao término de uma análise, e a reconhecer nisso o modo de gozo central, privilegiado, do sujeito. A expressão não designa, segundo Lacan, um término de impotência próprio de um dado sujeito. Designa, antes, um término compatível com a impossibilidade de que o sujeito se assegura na análise, através do trabalho do simbólico. Isso pode ser dito da seguinte maneira: é impossível articular na linguagem qualquer coisa que não implique a castração. Por conseguinte, identificar-se com o sintoma presume que o sujeito tenha deixado de esperar que da tradução das reticências surja... o termo complementar. Ele pode, então, deixar de ser um assinante do inconsciente, como Joyce. E, já que falamos em queda das identificações no decorrer da análise, falemos também de uma queda da crença. Esse é um outro tipo de queda do término da análise, que retorna ao fora-do-sentido. Depois do grande desenrolar, da grande busca de sentido que foi a análise, no fim ela apaga as reticências do sintoma e ali coloca o ponto final do silêncio.

É isso que traça um percurso: na entrada, a crença no sintoma, que o liga à cadeia significante do inconsciente — transferência; na saída, a descrença, que o desliga da cadeia significante — fechamento do inconsciente. É o retorno, portanto, a um "eu não penso", que não é o da identificação com o analista e que é, antes, o que Lacan designou como um efeito de "contrapsicanálise". A identificação com o sintoma é, juntamente com o ato, a segunda feição de um ateísmo de término de análise, sem profissão de fé. O ato [*acte*] não crê no inconsciente, razão por que falei, durante algum tempo, de "acteísmo" [*acthéisme*], embora o analista deva se deixar enganar pela estrutura de linguagem; a identificação com o sintoma já não acredita nele. Esses são dois pontos de falha da transferência a que a análise pode conduzir, e são pontos de silêncio.

Acreditar nisso

Todavia, podemos questionar a crença inicial, assim como sua queda, quanto ao verdadeiro móbil das duas e quanto ao gozo que elas põem em jogo.

O que permite supor que existam, no inconsciente, significantes capazes de responder pelo fora-de-sentido do sintoma? Cabe realmente dizer que cremos nisso gratuitamente, antes de confirmá-lo, sem garantia. Trata-se de um ato de fé.

O fato de a fé preceder a prova, na psicanálise, é certamente um inconveniente, do ponto de vista da exigência científica. Mas, ao contrário do que se supõe, não é uma particularidade: a despeito das aparências, o mesmo acontece na ciência. Só que, na psicanálise, é possível que essa fé crie obstáculos à produção da prova.

Há na opinião comum, aliás, malgrado a crescente notoriedade da psicanálise, uma suspeita que pesa sobre sua base de racionalidade, assim como sobre as comunidades analíticas, amiúde tidas como seitas, como congregações que só compartilham crenças. Essa suspeita encontra seu fundamento parcial — não digo sua justificação — no fato, justamente, de só se entrar em análise sob a condição de acreditar que o sintoma será dócil, e de supor que existe um saber para responder por ele — a transferência. Essa é a postulação inicial, implicitamente presente, a partir do momento em que alguém considera que o que não funciona nele é um sintoma: desse momento em diante, ele crê que há algo decifrável e que isso diz alguma coisa a seu respeito. Apenas suspeita que acreditar é sempre mais que acreditar.

Decerto podemos formular o recurso à análise, como fez Lacan, em termos de uma pergunta que busca sua resposta. O sujeito, invadido pelo gozo de seu sintoma, eleva-o à condição de enigma e recorre ao sujeito suposto saber, de quem espera a resposta por intermédio da interpretação: ele crê em seu sintoma e, por isso mesmo, espera que a resposta do simbólico opere no real. Só que, ali onde o sujeito crê e parece esperar uma resposta, ali onde ele pensa estar, portanto, num registro puramente epistêmico, esvaziado de gozo, ali mesmo ele já trocou um gozo por outro. É que entrar na associação livre é efetuar uma conversão de gozo que metonimiza aquele que estava fixado na letra do sintoma, desdobrando-o, ao mesmo tempo, entre um gozar com a decifração e um gozar com o sentido. Foi o que Lacan formulou em 1975, em "La troisième", como o "Eu penso, logozou".[19]

No fim, portanto, o sujeito que, identificado com seu sintoma, deixa de acreditar, rompe com esse modo. Há uma reconversão de gozo. Os adiamentos do fim na análise interminável, portanto, têm o sentido de uma escolha de gozo. Isso dura tanto quanto a cativação pelo gozo preso a uma utilização do desejo que insiste na demanda. Desejo e demanda certamente equivalem a uma falta-de-gozar, mas há também um gozo da própria falta-de-gozar, digamos, uma satisfação extraída da perpetuação da defesa. Entendemos que, se existe uma alternativa à identificação com o sintoma, ela se encontra desse lado, e que essa defesa deve ser atravessada para que advenha a identificação final com o sintoma. Mas o sintoma com que o sujeito possivelmente se identifica, no final, é um sintoma transformado, situado além da travessia da fantasia. Depois de fornecer suas soluções, ele fica como que despido de sua mentira significante — o "*proton pseudos*",[20] dizia Freud, ou o "*falsus*",[21] retrucava Lacan, servindo a equivocação com o "caído" que deriva da etimologia* para indicar, precisamente, sua redução. Esse sintoma não é uma formação de compromisso, uma vez que deixou de incluir o (-1) da defesa. Por conseguinte, a letra do sintoma resolve o vazio do sujeito que acabou com a questão do ser e com a elucubração do saber relacionada com ela: não se fala mais nisso.

A análise produz, portanto, um sujeito desde então casado com seu sintoma, se assim posso dizer. Mas que lugar, para não dizer que chance, deixa essa configuração para o laço social e, muito particularmente, para o sintoma singular que é o amor? Tomo a questão pelo lado do homem, o único que pode ser predicado para todos, e que não deixa de ter conseqüências para as mulheres. E que acontece com o "identificar-se com seu sintoma", quando é da mulher que se trata?

* Tomando *falsus* como particípio de *fallere*; ver "Radiofonia", op. cit., p.427 (N.T.).

Amar seu sintoma?

A Bíblia situava a mulher entre os bens, entre o asno e o boi. É isso que a coloca em série com a obsessão, a fobia e até o fetiche, ou ainda, para completar a série das estruturas clínicas, com as vozes do automatismo mental.

Mas captamos a lógica que leva a essa afirmação, aparentemente estranha: a linguagem certamente pareia o homem e a mulher como significantes, e o discurso lhes prescreve as normas de suas condutas, mas, na hora da verdade da cópula dos corpos, quando já não é o semblante que responde, e sim o gozo real, não há nada no inconsciente para inscrever uma relação dos gozos sexuados. Daí o eterno mistério do par amoroso, que, desde Freud, a psicanálise pretende elucidar pela via racional da decifração do inconsciente.

Não há inscrição dupla dos gozos no inconsciente, mas sim, em cada sujeito, a inscrição — o representante da representação, dizia Freud —, a marca dos primeiros encontros de gozo a serem repetidos. Assim, o investimento no objeto é duplamente determinado: a castração é sua condição primordial, como menos-de-gozar inerente ao sujeito e que permite transferir para o objeto um valor de gozo,[22] mediante o qual o parceiro vem a representar, quase a metaforizar o gozo do próprio sujeito; mas é preciso ainda que esse objeto exiba, por acaso — acaso do amor —, a marca proveniente do inconsciente do sujeito. O fato de ela ser sintoma, e não apenas objeto anônimo e intercambiável, significa que a "uma" em questão traz alguns sinais enigmáticos, desconhecidos dela mesma e, na maioria das vezes, do próprio sujeito, que a colocam em afinidade com o inconsciente dele. Caso contrário, como conceber o caráter imperiosamente eletivo do amor, pelo qual um homem imagina poder dizer a *uma* mulher: "és *minha* mulher"? Mentira que o tempo se encarrega de denunciar? Sem dúvida, mas não é uma mentira do sujeito. É "o real que, por só poder mentir ao parceiro, inscreve-se como neurose, perversão ou psicose".[23] Assim, o todo do amor vem sustentar-se no verbo, seja na fala do sedutor, cuja função é menos seduzir que constituir seu objeto, seja na carta de amor que substitui o parceiro pela letra — desconfie-se do apaixonado excessivamente dado a suas cartas —, seja ainda no sintoma que o realiza, ao verbo.

Isso quer dizer que uma mulher, tanto quanto uma obsessão, uma fobia ou até uma voz, permite ao sujeito gozar com seu inconsciente, com um termo retirado de seu inconsciente. Nada a ver com saber se isso agrada ou não a ela. O fato de ela gozar — reciprocidade — ou não é um problema totalmente diverso, o de seus objetos ou sintomas próprios. Lacan observou, certa vez, esta coisa espantosa: julga-se um homem por sua mulher, mas a recíproca não é verdadeira! Preconceito, crença, oráculo ou sabedoria da experiência? Lógica inevitável, antes: se *uma* mulher é sintoma para um homem, ou seja, realização do inconsciente, então vemos aparecer nela o inconsciente exteriorizado, o inconsciente na superfície.

De fato, às vezes ela se assemelha muito de perto a uma obsessão; entre o rato do Homem dos Ratos e uma mulher pode haver as maiores analogias! Isso aparece desde os fenômenos, a começar pelo fato de que o amor — não um sentimento vago, mas o amor verdadeiro — é um forçamento inesperado, sensível ao acaso, não raro em contradição com as opções do sujeito. Além disso, uma mulher pode obsedar de maneira devastadora. A expressão francesa diz que "ele a traz sob a pele". Mas convém constatar que, com muita freqüência, o homem tem "uma" na cabeça e não consegue tirá-la do pensamento. Às vezes, isso é acompanhado pela fobia: ele não consegue abordá-la, ou então aborda todas, exceto ela, para evocar a formulação "tudo, menos isso", que Lacan aplica à mulher de Sócrates. Isso também não exclui a fetichização: esta e nenhuma outra, condição absoluta, vital, sem a qual o sujeito acredita estar à beira da morte.

Crer nisso, nesse sintoma-mulher, que, portanto, embaraça o sujeito por seu fora-de-sentido, *crer nisso*, como que numa obsessão, numa fobia ou qualquer outro sintoma, *crer nisso*, como eu disse, consiste em pensar que a escolha amorosa é decifrável. Foi o que fez Freud, ao considerar que o que parece mais rebelde à razão, ou seja, a paixão amorosa, mesmo assim pode ser racionalmente decifrado e fornecer sua chave, exatamente como o sintoma. A partir do momento em que escreveu sobre a psicologia da vida amorosa, Freud ficou na alternativa de crer nisso, ou seja, de postular que é possível fazer o inconsciente responder à pergunta "por que ela?", e é isso também que faz o analisando na análise.

Uma observação de Lacan tinha me surpreendido, já faz muito tempo. Em sua única lição sobre os Nomes-do-Pai, ao desenvolver a idéia de que, para não errar, o psicanalista deve deixar-se enganar pelo inconsciente, ele inseriu um pequeno comentário sobre uma citação de Chamfort, dizendo: "nunca se é completamente tapeado por uma mulher enquanto ela não é a própria". A própria, de mulher, ou a própria, de tapeado?* É uma pergunta. Mas percebe-se o deslizamento efetuado do inconsciente para uma mulher.

Um amor ateu

Entretanto, uma coisa é o sujeito interrogar o inconsciente sobre seus amores, outra é a resposta lhe vir da "uma" em questão. Não se trata mais de acreditar, mas de "fiar-se nela". Um risco, diz Lacan, o do amor. Aí está a diferença da obsessão, da fobia etc. É que uma mulher fala sem que isso lhe seja pedido. Fiar-se nela é não apenas supor que ela seja a eleita do inconsciente, mas é também confundir sua

* Cabe esclarecer que, no francês, *dupe* e *la vôtre* são ambos femininos, e a construção original admite a ambigüidade: "*on n'est jamais tout à fait* [la] *dupe d'une femme tant qu'elle n'est pas la vôtre*". (N.T.)

fala com a verdade desse inconsciente, reconhecer nela a proferição de um "tu és" interpretativo. É colocar seus ditos no lugar das reticências do sintoma, ali onde deveria vir a decifração. A realidade clínica desse fato é absolutamente certa. Daí uma variação divertida do imperativo bíblico: amar a próxima como a voz do próprio inconsciente!

Sabemos do peso do "*Magister dixit*" na experiência. Na análise, o "minha mulher me diz que" pode ser comparado com isso, às vezes. Muitos fatos clínicos se esclarecem a partir daí, em especial o de uma mulher poder assumir, vez por outra, um papel quase persecutório, como uma voz que trombeteia nos ouvidos. "Ela me diz que ... não fico à altura dela, não sou corajoso, não me porto bem com as crianças, não sou o pai que deveria ser..." Isso não condiz com a harmonia do cotidiano, é claro, porque as mulheres, ao contrário, gostam que se fale com elas e, com mais freqüência, gostam de ser tomadas como exemplo. Por isso se constata que, na impossibilidade de reduzi-la ao silêncio, a solução, para o homem, é às vezes ouvir muitas delas, jogar com sua sinfonia, porque, quando ele realmente só tem uma em que se fiar, é, como se costuma dizer, uma loucura...

Na alucinação, o sujeito é identificado pela mensagem ouvida, razão por que Lacan pôde dizer: ele se fia nelas, em suas vozes. Pois bem, fiar-se na mulher não é muito diferente. Uma nuance, porém: como no caso das vozes, isso não significa submeter-se a ela! Observem Schreber: ele recebe do outro uma mensagem que poderíamos formular assim: "você não é homem!", e se fia nisso, mas protesta e luta até encontrar um compromisso. "Minha mulher diz que" tem a estrutura da perseguição, e não é por brincadeira que Lacan afirma que o cômico do amor é o cômico da psicose, ou seja, que nos fiamos nela como numa voz. Mas com a diferença de que, se a paranóia identifica o gozo no lugar do Outro,[24] o amor situa aí, primeiro, a mensagem da verdade.

Daí este anseio bem masculino: "tomara que ela cale a boca!", que também se diz "seja bonitinha e fique calada!". Não devemos imaginar que sejam os critérios da estética que predominam nisso. O peso recai sobre o "fique calada", como se lhe dissessem: "não venha aí onde está o inconsciente." Na análise, "onde isso era, ali devo eu advir", mas quando, no amor, "onde isso era, advém a fala dela", bem, vemo-nos numa estrutura discretamente geradora de paranóia, que constitui grande parte da tragicomédia do casal. É que, com a verdade, venha ela de onde vier, só existe uma única relação segura: a castração.

Tive conhecimento do caso de um homem que, fazia 30 anos, anotava todos os dias em sua agenda o que sua mulher dizia, como se seu ser estivesse em jogo nisso! Por outro lado, em casos menos extremos, conhecemos os fenômenos da vigilância conjugal exercida por certos homens sobre aquela que não é forçosamente sua esposa, mas que, afinal, é a "uma" em questão. Sabemos de mulheres condenadas a permanecer em casa, porque é preciso pelo menos circunscrever o perigo — trata-se de um mecanismo equivalente ao que se produz na fobia. Nesta, localiza-se a ameaça num significante e se fica tranqüilo em todos os lugares em que ele não está. Pois bem, para alguns, quando a mulher está em casa, o homem pode se dedicar tranqüilamente a suas ocupações lá fora. Mas, caso ela venha a se mexer e a proferir algo em público, a coisa pode se tornar mais perigosa. Há também o tipo de homem inquisitivo que pretende obter dela a última palavra! Por que não evocar ainda o fenômeno das mulheres que apanham? Ele com certeza é sobredeterminado, mas também aí evocarei um caso: a mulher não é espancada quando abre a boca para falar de coisas e de terceiros, mas, quando quer dizer alguma coisa sobre os dois, ela e ele, aí, sim, chovem pancadas.

Levando em conta essa estrutura, poderíamos repensar na degradação da vida amorosa reconhecida por Freud.

Essa clivagem entre o amor e o desejo, a ambivalência em relação à mulher amada, essa mescla de idealização, agressividade nociva e propensão a atormentar o objeto, tudo isso é justificadamente comentado, a partir de Freud, pela implicação da castração no amor. Com efeito, se amar é confessar a própria falta e prover a amada do que ela não tem, é concebível que o amor possa provocar, especialmente no homem, algo assim como uma defesa, uma espécie de protesto viril contra o amor. A mulher rica e a mulher pobre, não devemos imaginar que isso funcione somente no nível do porta-moedas, porque este pode equivaler a uma metonímia da castração. E há uma espécie de necessidade, para que a mulher seja desejada, de que ela volte a ser pobre. A degradação previne contra isso, porque degradar o objeto é lhe dar o sentido da castração. É uma estratégia do sujeito masculino para fazer a castração imaginária *oscilar* — o termo é de Lacan em "Subversão do sujeito e dialética do desejo" — de um termo a outro do casal.

Esta primeira elaboração pode ser complementada assinalando que o "fiar-se nela" não se situa no nível do ter, mas no nível do ser: confiar em sua própria mulher é acreditar que o que ela profere não fala apenas dela, mas do sujeito. É claro que existe a fala amorosa, cujo manejo delicado a mulher supostamente detém, e que embeleza aquele a quem é dirigida. Só que há também a fala da verdade, a que nos interessa aqui e que é sempre outra coisa.

A fala da verdade nunca é uma fala amorosa — o que não significa que o amor não seja verdadeiro; pode sê-lo, mas, quando o sujeito diz a verdade, constata-se que o amor mentia. Não será essa uma das múltiplas razões pelas quais as mulheres são tão acusadas de mentir? Nelas, que manejam preferencialmente a fala amorosa, quando surge a fala da verdade, evidencia-se o engodo. A língua traz o vestígio de que verdade e amor não combinam muito bem: "dizer umas verdades a alguém." Isso tem uma enorme relação com uma mensagem de castração. Assemelha-se muito de perto ao que Schreber escuta de suas vozes: "você não é homem!", não o bastante! Resultado: fiar-se numa mulher é não apenas instalá-la no lugar de um supereu feroz, mas é também colocá-la em competição com a articulação do inconsciente. Muitas coisas se deduzem daí e, para começar, que uma mulher em quem se confia não é um sintoma fácil de analisar — o fiar-se nela dispensa o sujeito, com muita facilidade, do trabalho transferencial! Deduz-se também que a vigilância exercida por algumas mulheres sobre a análise de seu homem tem lá sua lógica; e ainda os estranhos silêncios às vezes observados nos depoimentos dos passantes a propósito de uma mulher que evidentemente tem importância, e da qual nada é dito até o fim.

Então, que dizer da identificação com o sintoma, quando o sintoma é uma mulher? A questão da incidência da análise consumada no casal homem-mulher entra em jogo aí. Seria muito simples tomarmos como referência o "não existe relação sexual", para com isso construir o destino de um vago "isso não funciona nunca", mas a análise procura dizer não só o porquê, que vale para todos, mas também o como, próprio de cada um.

Identificar-se com o sintoma, nesse caso como em qualquer outro, é parar de se fiar nele e, depois de reduzi-lo ao indecifrável, pôr uma suspensão definitiva na questão que ele suscitava. Para uma mulher, isso corresponde a parar de se perguntar "por que ela?". Percebe-se o benefício em relação à dúvida do neurótico. Isso não a rejeita forçosamente de seu lugar, mas faz a escolha do sujeito passar para a certeza e... o silêncio. Quem perde com isso? O amor, com certeza, deixará suas reticências e será menos falastrão, mas não necessariamente menos real. Por outro lado, o discurso amoroso sofrerá uma perda, não há a menor dúvida!

Um amor ateu, talvez, separado da fala. Pois, no que concerne ao fiar-se, é certo que o trabalho da análise promove sua queda. Ele só pode efetuar uma separação do oráculo da fala Outra. As pessoas se inquietam com os efeitos, é sabido. Mas, porventura isso significa que, ao deixar de tomá-la pelo Outro, o sujeito substituirá isso por um desenvolto "pode dizer o que quiser"? Talvez haja isso, mas não será necessariamente para pior, porque, afinal, não é preciso estar separado da fala do Outro para poder ouvir a diferença?

FINS... DO AMOR

A questão do que a análise promete é formulada desde a origem. Do analisando ao analisado, qual é a diferença, especialmente no que concerne ao amor? Se o analisando, como sabemos, é comumente o apaixonado, devemos supor que o analisado, por sua vez, estará curado do amor?

É verdade que a estratégia da transferência não é a totalidade da ação analítica, sabemos disso. Desde seu "Para além do 'princípio de realidade'", Lacan distinguiu aí um nível duplo, que designou, na época, pela oposição entre "a elucidação intelectual" e "a manobra afetiva". Esse primeiro binário, aproximativo, encontra-se retraduzido na distinção entre os dois eixos da transferência: o do sujeito suposto saber, no qual se espera a revelação analítica, e o da "atualização da realidade sexual do inconsciente", onde a mudança libidinal entra em questão. Não é por serem conceitualmente distintos que seus dois eixos deixam de se articular na experiência, graças ao analista.

O primeiro passo da estratégia do analista é, precisamente, oferecer o semblante do sujeito suposto saber ao amor, é produzir, para dizê-lo de outro modo, um enamoramento analítico. É claro que este é tão verdadeiro quanto qualquer outro, mas tem sua especificidade. Bem sabemos que a simples acolhida da queixa basta para produzi-lo, em muitos casos, em relação a qualquer ouvinte que se ofereça para escutar — conselheiro, terapeuta, padre etc. —, porque, por si só, a escuta expressa implicitamente ao sujeito que ele é digno de interesse. Na análise, a oferta da associação livre duplica esse primeiro efeito. Ela indica ao sujeito que, além da possibilidade de dizer tudo, tudo o que ele disser — besteiras, inconveniências, absurdos, disparates — terá algum valor, ou, pelo menos, disso sairá alguma coisa que preste. Também não convém creditar ao analisando algum *ágalma* misterioso que o constitua como amado, *eromenos*, para retomar os termos do *Banquete* de Platão, longamente comentados por Lacan em seu seminário *A transferência*. Trata-se do *ágalma* do inconsciente, que é supostamente emitido por sua boca — ato de caridade, diz Lacan — e prometido à revelação pela oferta de interpretação. Mas, por uma nova distribuição das cartas, a associação livre também transforma esse primeiro efeito: ao mobilizar a falta-a-ser inerente à fala, ela induz o recurso ao Outro, e gera a estranha metáfora do amor que faz do amado um amante, do *eromenos* um *erastés*, do objeto um sujeito. Essa conversão do analisando obviamente repercute no analista, que com isso é elevado à dignidade do objeto de amor. Assim, a entrada em análise corresponde à produção quase automática, e sem que nenhuma repetição se misture nisso, do analisando apaixonado.

Essa estratégia, que convém dizer de sedução, no começo, não deixa de ter analogia com a da histérica. Não é por acaso que Lacan encontra na conduta de Sócrates, histérico perfeito, a antecipação da oferta transferencial, uma vez que ele consegue pegar Alcibíades, o homem do gozo, na sedução do amor.

Coloca-se, pois, a questão do uso que o analista faz do amor. Ela existe desde os primórdios da psicanálise, com o princípio de abstinência, e sabemos que chegou a um paroxismo com alguém como Ferenczi. Trata-se de um uso totalmente inédito, de fato, que liga o amor ao saber. O uso comum e espontâneo do amor visa a produzir um efeito de ser, como eu disse. Esse efeito tem seus inconvenientes e seus limites, é claro, que produzem os dramas da vida amorosa, porém, por mais aleatório, alienante e obscurantista que seja, ele não deixa de ser eficaz. O analista é o único a fazer do amor um uso que eu poderia chamar de desinteressado. É que ele não espera seu ser da transferência — e por isso é melhor que tenha deixado de estar doente de sua falta-a-ser —, pouco se importa com a justiça distributiva e, por outro lado, sabe estar fadado ao des-ser. Ele tenta, na verdade, fazer o amor servir não ao ser, mas ao saber, à produção de um pouco de saber.

A batalha da transferência

O resultado é que a transferência é um campo de batalha, habitado por uma luta secreta. Não é o "você ou eu" de nossos amores cotidianos, do qual a língua reproduz um vestígio, ao traduzir as mais efusivas proezas amorosas no vocabulário guerreiro da posse, da conquista, da vitória, da submissão, da redução à misericórdia etc. É uma luta em que se manifesta a disparidade das duas estratégias transferenciais que estão em jogo numa análise.

A do analisando é habitada por uma ânsia de apropriação. "As emboscadas do amor transferencial não têm por fim senão *obter*...",* diz Lacan na "Proposição de 9 de outubro de 1967"; obter aquilo que o analista supostamente *detém*, diga-

* "Proposição de 9 de outubro de 1967 sobre o psicanalista da Escola", in *Outros escritos*, op. cit., p.256, grifo da autora. (N.T.)

mos, as chaves de seu ser, qualquer que seja o nome que lhes demos — falo, *ágalma*, mais-de-gozar; obtê-las nas formas particulares ou típicas que caracterizam os sujeitos ou as estruturas, através do cerco obsessivo ou do ausentar-se histérico, por exemplo.

Já o analista desenvolve uma estratégia que não podemos dizer que é simplesmente de recusa. É claro que ele recusa o amor, mas também dá algo: a interpretação e a presença. Ou melhor, há uma retenção — o termo é de Lacan —, uma retenção sustentada, metódica e instrumental. Ela reforça a frustração própria da associação livre e tem por finalidade e por horizonte a programação de um luto. Por aí se vê o contra-senso daqueles que, na história da psicanálise, acreditaram que era preciso gratificar a demanda transferencial, e não a questão do saber. O dispositivo programa o amor, o analista programa o luto, o amor infeliz, se quisermos. Decerto seria um engodo decepcionar a esperança inicial, provocar o amor e frustrá-lo metodicamente, se o luto a ser produzido fosse um desgosto amoroso como outro qualquer, ou seja, uma simples repetição do luto originário. Isso porque o luto, o sujeito em análise já o encontrou. Aliás, isso é tudo o que é descrito pela chamada fase edipiana: o luto do objeto primordial; e toda uma parte da neurose infantil relata a perda do gozo e a impotência do amor para preenchê-la. Assim, é compreensível que, quanto mais se procura fazer uma terapia dessa ferida aberta, mediante uma gratificação *hic et nunc*, mais se reduz a transferência a uma repetição sem saída.

Essa guerra é travada em vários tempos. Lacan evoca três deles em "A direção do tratamento": enamoramento primário, regressão e satisfação própria da neurose de transferência, dificílima de resolver, acrescenta.*

Há um paradoxo do enamoramento em geral, que é apenas um dos estados do amor. É que a falta, sem a qual nenhuma forma de amor é sequer pensável, não é experimentada nele como uma insuficiência dolorosa, mas é vivida, ao contrário, à maneira de uma elação de completude, de um êxtase, e até de uma quase certeza. Seria preciso recensear as explicações desse fato propostas por Freud e Lacan. Observo, simplesmente, que ele indica o quanto o enamoramento em si mesmo é um gozo, e o quanto, por isso, é pouco favorável ao trabalho analítico — o que Freud observou desde 1914. Na análise, trata-se mais de contê-lo, de o deixar insatisfeito, sem no entanto reduzir o amor transferencial que condiciona a manutenção do sujeito no dispositivo.

A deposição do enamoramento transferencial, ou pelo menos sua diminuição, visa, evidentemente, o lado reivindicador do amor. Porém é preciso dizer mais: o analista, ao se recusar à reciprocidade do amor, introduz entre o silêncio e a inter-

* "A direção do tratamento e os princípios de seu poder", in *Escritos*, op. cit., p.609. (N.T.)

pretação o vazio em que o sujeito localizará... o quê? — a própria repetição. A transferência não é repetição, com certeza. Insistimos nesse ponto, justificadamente. Essa é, inclusive, a condição para que ela permita operar no nível da repetição. A transferência não é a repetição, mas conduz a ela. Lacan o deixa claro, em diversas ocasiões, no *Seminário 11*, depois de introduzir a distinção de seus conceitos, mas essa tese já estava na "Direção do tratamento". Aliás, isso é o que a teoria clássica discerne com a noção de regressão analítica e com a homologia, freqüentemente apontada, entre a neurose de transferência e a neurose infantil. E tem mais: em "nossa prática do dizer" — estou citando "O aturdito", p.488* —, a repetição "não fica entregue a si mesma", pois nossa prática "a condiciona".

A fenomenologia da experiência analítica permite constatar, da maneira mais simples, que a abstinência do analista gera e alimenta a demanda. Assim, reconduz os dramas do passado à memória e reaviva no espaço da análise o que não pára de se escrever, a *ananké*, a grande necessidade. E não é à toa. O amor desiludido é o que permite, na análise, interrogar o luto primário, suas coordenadas imaginárias e simbólicas, seus efeitos de longo prazo nas escolhas amorosas, seus estigmas no plano das condutas, e as soluções fantasísticas que o tornaram suportável. Assim, uma vez que ordena e devolve sua lógica aos restos da lembrança, a análise constrói, em sentido forte, a neurose infantil, muito longe de apenas fazê-la aparecer. Com isso, ela revela que o próprio amor é repetitivo, sempre repetindo a mesma decepção.

Foi uma descoberta de Freud que, em todo amor, tanto entre o homem e a mulher quanto entre analista e analisando, perfila-se a sombra dos objetos primordiais. Também é isso que o sujeito percebe, vez por outra, quando constata que, no acaso dos mais improváveis encontros, confirma-se para ele, repetitivamente, a coerção diabólica que a língua chama de destino, quando ele constata que a diversidade das circunstâncias é perpassada pelo mesmo, pelo aparecimento de algo que, embora seja uma surpresa, é não menos como que antecipado desde sempre. No que o sujeito só faz pressentir aí, a análise demonstra que há uma necessidade em ação. O primeiro amor é sempre o segundo, dizia Freud, porém há mais: no fim do baile de máscaras, não era ele e não era ela, gostava de repetir Lacan. Vemos a conseqüência disso e o inconveniente para o amor. O "eu o(a) amo" mente para o parceiro, como lembrei, e não apenas na psicose, como afirmou Freud.

Existem acasos, é claro, e até nada além deles, mas o falasser é separado do parceiro pela constância da forma singular de gozo que responde, quanto a ele, ao universal da castração. O analista, como eu disse, programa a decepção amorosa. Tem razão de fazê-lo, porque a própria decepção revela não ser acidental, programada que é pela repetição, a verdadeira, que diz respeito ao gozo que ob-

* J. Lacan, in *Escritos*, op. cit. (N.T.)

jeta ao amor. A repetição supõe um traço unário que deixa a marca do primeiro encontro, o qual, três vezes repetido, gera a repetição da perda. O tempo 1 fixa o traço memorial do encontro. No tempo 2, o reencontro do traço consuma a perda do gozo primário. Entropia, portanto. No tempo 3, é a perda do tempo 2 que se reitera *ad infinitum* como encontro faltoso, só deixando subsistir do gozo a seqüência desses traços. O resultado é a *re-petição*, a ser grafada em duas palavras, como faz Lacan em "O aturdito", para assinalar aí a reiteração da petição, ou igualmente do apetite, já que o verbo latino *peto, -ere* ressoa em ambas as palavras. A análise é o lugar dessa re-petição, como reiteração do dizer da demanda.[1]

Soluções do amor transferencial?

Digamos, pois, o resultado da análise sobre o amor. Ele não é simples.

A análise toca no amor, como repetitivo, de maneira indireta, mas lógica. Considero ponto pacífico que uma análise "denuncia" as identificações do sujeito. Ora, "as identificações determinam-se ... pelo desejo".[2] Tocar nas identificações é permitir que o sujeito perceba como, em relação a qual desejo e a quais objetos, ele estava situado. Assim, posso dizer: para sujeito identificado, objeto identificado — se eu pelo menos chamar de identificação do objeto os traços que ele traz. Desidentificar o sujeito é também libertá-lo, em parte, das restrições que a repetição impunha a suas escolhas objetais e abri-lo para uma variedade maior de acasos. Esse efeito me parece constatável e confesso na análise. O que ainda não resolve a questão de saber se ele se estende à modalidade de gozo velada pelo amor.

A análise não esclarece apenas a escolha de objetos. Permite discernir que, na re-petição que recorre ao Outro para corrigir a falta — falta-em-ser, falta-em-saber, falta-em-gozar —, alguma coisa é silenciosamente retirada de uma satisfação da pulsão. O analisando consome o gozo fálico, sem dúvida, ou seja, o gozo do um implicado na cifração. Nem por isso deixa de consumir, correlativamente, o que resta de impossível de cifrar, e que é encarnado pelo analista. Uma vez suspensas as condições repetitivas do amor, resta o que se revela, na instituição do parceiro, como curto-circuito do Outro da linguagem, e que opera diretamente a partir da pulsão. O amor à primeira vista, sem sequer a passagem pela análise, encarna essa possibilidade, e já desvenda o segredo da famosa "relação de objeto", ao revelar o que há de mais real no amor. Mais além das faltas e atravessando as tribulações de cada um, existe o que Lacan designa em "Televisão" como a felicidade do sujeito: a satisfação que não pede nada a ninguém e desde sempre toma a si mesma como referência. Se a análise a revela ao sujeito, talvez o faça renunciar à deploração de sua falta. Isso já equivaleria a resolver a re-petição enquanto endereçada ao Outro e produzir o que chamei de um amor ateu.

A questão está toda aí. A análise gera a transferência, mas será que depois consegue resolvê-la como se gostaria, para que o analisando não fique na sujeição que o amor possibilita? Quanto a esse ponto, como não perceber quantos problemas da instituição analítica estão intrinsecamente ligados aos do próprio discurso analítico, não obstante a opinião dos analistas de mãos limpas que só quereriam saber deste último?

Essa questão se recoloca a cada crise das comunidades analíticas, e é comum imaginar-se que, nesses momentos em que se impõe uma escolha, as posições tomadas por cada um encontram sua causa suficiente na transferência, da qual se faz uma causa que serve para tudo. O resultado é divertido, pensando bem: os de um lado infalivelmente acusam as transferências dos do outro, e vice-versa.

Admite-se de bom grado que os analisandos cedem à captura da transferência, mas, quanto aos próprios analistas, isso causa espanto e indignação: como é possível que os analistas, supostamente analisados, percam a bússola de seu juízo íntimo? Se um término de análise consiste de fato em chegar à diferença absoluta — a do sintoma — e assumi-la, e se, portanto, ele registra a falta do Outro, como explicar as explosões do gozo servil que ganham livre curso na comunidade analítica? A questão realmente se coloca, porque o fenômeno que faz a comunidade analítica virar uma seita não é inédito na história, e é freqüente demais para ser de todo contingente. Prova disso são os sectaristas de Wilhelm Reich e Jung, para citar dois exemplos que estão distantes de nós.

Mas, será isso culpa da transferência?

Ela é incriminada em nome de que a transferência é amor, e o amor dociliza enquanto dura. Ele induz ao consentimento e, às vezes, até mesmo ao sacrifício. Freud enfatizou isso vivamente, basta ler a *Psicologia das massas e análise do eu.* Lacan extraiu daí uma formulação delicada, bem ao seu estilo, dizendo que o amor é um tipo de suicídio. As gradações do sacrifício vão das formas mais benignas às mais devastadoras, mas, na totalidade dos casos, o sacrifício transfere para o outro o encargo do pensamento e da decisão. O enceguecimento débil e a submissão irresponsável também cedem ao Outro o ônus do desejo do mais-de-gozar de que se alimentam o pensamento e a decisão. Dito de outra maneira, quem ama é impelido a sacrificar aquilo que tem de mais real, e que chamamos de seu sintoma.

Assim, podemos ficar tentados a achar que as seitas analíticas têm seu móbil em transferências não resolvidas, abertas à propensão sacrificial do amor.

Caberá, então, opor os verdadeiros analisados, que resistiriam às sereias da influência, aos outros, os assujeitados da transferência? Ou dizer que as análises não terminam verdadeiramente?

Os dois amores

Esquece-se, nessa questão, que nem todo amor é transferencial, e que o amor transferencial não é qualquer um. É a Lacan que cabe o mérito de ter percebido isso, porque, quanto a Freud, ele não teve a menor desconfiança: ao descobrir a transferência, identificou-a imediatamente com o retorno dos amores infantis, só vendo nela, em última análise, uma reedição do velho amor pelo pai. Observo que, se Freud tivesse razão, os efeitos mutatórios da psicanálise seriam impossíveis, porque ela só poderia reeditar infinitamente a posição infantil. Se não existe um além do pai, não existe um além da criança.

Lacan levantou uma objeção: a transferência é um novo amor. Tanto assim que ele introduziu a "subversão" nesse campo. Sabemos que Lacan não abusa do termo "subversão". O fato de o aplicar à transferência, depois de havê-lo aplicado ao sujeito, tem todo o seu peso, ainda mais que ele nunca foi um exaltado do amor.

Tudo se joga neste resumo: o amor transferencial não é o amor ao pai. Velho amor e novo amor se opõem como o amor do S_1 e o amor do S_2, visto que escrevemos o saber como S_2 e que, na estrutura de linguagem, ele surge como garante do S_1, o do pai, em especial. Esses dois amores se opõem, ainda que o segundo leve à consideração do primeiro.

Retomo: o deus da transferência não é o deus de todos os fiéis. O sujeito suposto saber é o próprio Deus, sem dúvida, mas o deus que não ex-siste, o dos filósofos, latente em toda teoria, seja qual for a natureza dela, até a matemática, e não é nada além, portanto, do lugar que Lacan diz ser do Outro.

O deus da fé, especialmente o dos profetas, é completamente diferente. Deus da palavra, na totalidade dos casos, as toneladas de amor e de promessas que o cristianismo lhe atribui não conseguem mascarar que esse deus é um deus da vontade, um deus de temores e tremores, um deus do terror sagrado, vez por outra — em suma, o que Lacan chama de "o deus obscuro". É esse que, na medida de sua opacidade, impele ao fascínio do sacrifício. É também esse que grafamos S1, o mestre vingador e todos os seus derivados laicos. Ali onde vibra a corda do sacrifício, podemos ter certeza de que não é o novo amor que impera, mas o velho amor do antigo pai-terror. Este é menos um suposto saber do que um suposto querer.

O Nome-do-Pai distingue-se dele. Freud o percebeu bem, com sua história dos dois Moisés, e Lacan deu seguimento a isso. Logo, é preciso ver o que cada um promete, e nossa questão é saber qual é a resposta final que o trabalho da transferência fornece àquele que se torna analisado, e que conseqüências é possível esperar fora da análise.

O deus obscuro não tem por que assombrar uma análise. É verdade que, vez por outra, a transferência assume uma forma paranóide, o que se explica pelo fato de que faz presumir os mistérios de um sujeito inapreensível, recorrente em toda a elaboração do analisando, e que é o menos-um fantasístico da análise. Sucede então que o impasse do sujeito deriva para a própria instituição desse deus obscuro. Esse não é o caso mais freqüente nem tampouco o mais favorável, e comumente se espera que o analista previna esse desvio que leva o paciente para fora das sendas do amor ao saber.

Quanto à elaboração da transferência, ela não ruma para outra coisa, além da queda do sujeito suposto no saber, senão para o que chamarei de ajustamento do sintoma de saída, com o qual o sujeito não pode fazer nada melhor do que se identificar. Nesse ponto, porém, preciso retornar ao que é o sintoma e extrair as conseqüências clínicas das últimas elaborações de Lacan a respeito dele, e ver como ele se liga à problemática do pai.

O nome do sintoma

Parto do seguinte: o inconsciente não é apenas sujeito, é gozo. É um "saber sem sujeito" que dá forma ao gozo do corpo que realmente existe no sintoma. Desde que não nos esqueçamos de que o sintoma, aqui, não é definido como anomalia, em termos psiquiátricos, mas que todo parceiro é sintomático, ou seja, produzido pelo inconsciente, uma vez que a relação entre os sexos não é inscritível, como afirmei acima.

No campo do gozo indefinidamente codificável, o sintoma tem uma função de exceção. Todo significante decifrado ($\forall x$), todo significante do saber inconsciente traz a castração (Φx), ou seja, o gozo limitado do Um, e a indução infernal a continuar que vem depois disso, e que só faz engrossar o enxame dos signos do sujeito: $\forall x.\Phi x$.

Todo significante, portanto, é portador da castração, exceto um, porque existe um significante que podemos chamar de letra ou signo: existe um ($\exists x$. não Φx) que não representa o sujeito, mas que fixa o gozo de seu corpo, um, por conseguinte, que não é portador da castração, mas de uma solução para esta, não a metonímia do gozo castrado, mas uma fixação de gozo que serve de prumo. É o Um do sintoma que Lacan chama de letra, que se excetua do simbólico da cadeia e faz o inconsciente passar para o real (cf. o seminário *RSI*).

Em outras palavras, mais fáceis talvez, esse Um do sintoma é também um significante do Outro barrado, significante disjunto, que tem a mesma estrutura que o significante no real, significante este que, excepcionalmente, não faz parte da cadeia do Outro, mas é o único que serve de estofo para suas declinações.

Utilizei formulações homólogas às de "O aturdito", para assinalar que pai e sintoma estão no mesmo plano. Mas é preciso não esquecer que falamos aí de um sintoma que não é o sintoma que chamei de autista, mas de um sintoma que é laço social, ou seja, que inclui a diz-mensão do desejo e da fantasia. Temos sua prova em Joyce, e isso modifica algo na função do pai na psicanálise.

É que o próprio pai, refiro-me ao pai Nome-do-Pai, é sintoma (outra parte da tese), é sintoma por sua versão própria da per-versão (*père-version*) generalizada. Não é um S_1, mas um S_2, tal como o sintoma. É um modelo, no sentido de exemplo, de solução para a castração, de uma solução entre outras possíveis, mas que tem talvez a vantagem de ligar entre si os sexos e as gerações, os gozos do sexo e as gerações numa configuração suportável.

Eis uma primeira conseqüência dessas teses reformuladas de Lacan: a famosa distinção entre os pais imaginário, simbólico e real torna-se, se não obsoleta, de menor alcance. Não existe o mínimo pai simbólico: o pai que ata os três registros é real ou não é. Segunda conseqüência: um sintoma pode funcionar tão bem quanto o pai. Joyce, o artista. Logo, podemos prescindir do pai, desde que nos sirvamos do sintoma. Que nos sirvamos do sintoma para gozar, é claro, mas sobretudo que nos sirvamos dele como o único princípio de consistência possível de um discurso e de um laço social. O Outro falta, falta-lhe o S_2 que o tornaria consistente, mas o sintoma próprio de cada um vem suprir. Se não existe Outro, toda escolha vem do sintoma e vai para o sintoma, inclusive a de fazer uma análise, note-se. A bússola é sempre o sintoma, quer o saibamos, quer não.

A análise não tem outro fim, e é um fim pelo real.

Ter acesso a isso, para o neurótico, é uma grande mudança, porque esse é um sujeito doente do ponto de basta, digamos, um sem-nome, dizia Lacan, o que significa que, na impossibilidade de se reconhecer em seu nome de sintoma, na impossibilidade de assumir o gozo que é o único capaz de cobrir o fato de que falta o Outro, ele flutua na inconsistência — o que o discurso comum formula ao assinalar que ele não sabe o que quer. Digamos que ele é mais um doente da pergunta que da conclusão — porque existem também doentes da conclusão! Conhecemos os sintomas dessa inconsistência: dúvida, incerteza, adiamento, evitação, procrastinação da ação, utopia do pensamento, são essas as suas manifestações banais. Daí o seu lado flutuante, pouco confiável, a despeito de qualquer intenção: a falta de fé da histeria, a meia-volta do obsessivo. Outra maneira de formulá-lo seria dizer que somente sua queixa é consistente, o que equivale a um gozar com a castração. Nesse sentido, ele é mais sujeito que sintoma.

A análise o cura? Sim. Em geral, ela lhe permite escolher (uma mulher, um homem, um estilo de vida, uma profissão etc.), torna-o mais apto a decidir, menos inibido, menos impedido, em suma, mais resoluto e mais combativo. O que significa que reforça nele não o seu eu, mas o que chamarei de "ponto sintoma", por analogia com o "ponto doxa" de Lacan. Ela lhe permite avaliar que ele já estava orientado. Devolver um sujeito neurótico ao sintoma é um grande sucesso, que lhe permite chegar ao que ele tem de mais real, de menos parecido com o Sr. Todo o Mundo. A partir daí, aliás, é compreensível que seja no fim da análise, quando o sujeito delimitou a diferença absoluta de seu sintoma, que pode surgir, como diz Lacan no fim do *Seminário 11*, não um amor absoluto, como às vezes se diz, por contra-senso, mas "a significação de um amor absoluto", o que é bem diferente. E a significação de um amor absoluto, tal como a declina o fim do seminário, é precisamente o sacrifício absoluto. A identificação com o sintoma e a fascinação com o deus obscuro são excludentes.

Sintoma-prótese

Mas há um porém, e há um depois da análise.

O sujeito que pôs termo ao gozo do inconsciente através da análise, que se reconciliou com seu sintoma, estará esse sujeito protegido da influência? A experiência mostra o contrário, e é preciso apreender o móbil desse fenômeno. Ele não deve nada ao sujeito suposto saber.

E repousa em que, a meu ver, os sintomas não são todos equivalentes como princípio de orientação. Lacan evocou a posição do inconsciente. De minha parte, eu gostaria de falar da posição do sintoma, para designar a afirmação de seu valor de gozo. Ele é muito variável de um para outro.

Utilizei a expressão "amar seu próprio sintoma", mas não sem conter algumas idéias. Completo: amar seu próprio sintoma mais que outro, um outro sintoma. Pode-se estar identificado com o próprio sintoma, mas como que a contragosto, e esse é comumente o caso do neurótico: a auto-rejeição, ou o ódio a si mesmo, isso existe, e não apenas na melancolia. Então, se ele passa por um sintoma que promete um gozo diferente e que o afirma até a arrogância da certeza, a captura por essa consistência fortuita é quase garantida.

No discurso desnorteado que é o nosso, não há senão o sintoma para orientar os sujeitos, porém de maneira mais ou menos frouxa. Por isso, os sujeitos ficam à procura de algo como um sintoma complementar, que lhes traga uma orientação extra. Isso vai do sintoma como simples complemento ao sintoma que é uma verdadeira prótese. Um sintoma-prótese é um achado para os sujeitos oscilantes, mais ainda quanto mais eles são oscilantes, porque, assim equipados, eles muitas vezes se convertem em sectários inflexíveis e assustadores. Freud já o tinha percebido, ele que dizia que as formações coletivas podiam substituir as formações da neurose. Insisto: o apoio no sintoma-prótese não é a transferência. É uma sutura da transferência, ao contrário.

Não recriminemos a transferência. Certamente existe um erotismo do poder "débil do azar", como diz Lacan, mas o erotismo do saber é outra coisa. A transferência como amor ao saber é preciosa, pois só ela pode conduzir o sujeito ao que ele tem de mais real, só ela pode conduzi-lo a um fim que, como dizia Lacan, o "separe da manada". É aí que poderíamos encontrar a diferença do Sexo e supor que as mulheres, por serem não-todas, mais do que divididas, portanto, partilhadas entre duas modalidades de gozo, prestam-se menos à manada, ou seja, ao reino do gozo homogeneizado. A mulher "não se supereu-iza [*surmoite*] tão facilmente quanto a consciência universal".[3] No fundo, Freud censurava as mulheres por isso, como já apontei, sabendo muito bem que o que chamava de civilização, com um termo supervalorizado, não era nada além de uma máquina discursiva de fabricar manadas. Já Lacan o computou mais a favor delas, pelo menos ao dizer, no final de seu ensino, que elas têm mais relação com o real, no sentido de um gozo vivo impossível de dizer.

Conclusão

Para terminar, portanto, volto à incidência do não-todo no laço social e suas diversas modalidades. O *che vuoi?* com que Freud interrogava o desejo e a sexualidade feminina, em nível privado, assume hoje uma dimensão totalmente diferente, social e coletiva. E como não seria assim, numa época que soltou as rédeas seculares com que as mulheres eram contidas? Já se foi o tempo em que queriam que elas não soubessem nada e também não decidissem nada. Reprodução, erotismo, família, profissão, agora tudo lhes pertence. Daí a questão do que está para ser partejado no desejo que habitará esses novos poderes, e do que produzirá o excedente de relação com o real que Lacan atribui às mulheres. Essa questão não concerne apenas aos efeitos do desejo feminino no nível social, no sentido banal do termo, mas também a seus efeitos no próprio vínculo analítico.

Efeitos sociais

Já evoquei o eventual empuxo-ao-amor induzido no sujeito feminino pela "heteridade" não identificadora de seu gozo, como fator de resistência à fragmentação dos laços sociais. É a questão do Eros feminino e de seus poderes em relação ao que Lacan chamava de real — o mesmo que Freud, na falta de coisa melhor, havia batizado com a expressão "pulsão de morte", para designar tudo o que caminha para a disrupção e o despedaçamento. Poderíamos creditar esse efeito de empuxo-ao-amor às mulheres. Freud não objetaria, uma vez que era justamente isso que censurava nelas; quanto a Lacan, aquiesceria, mas é no amor que não se fiaria demais. Seja como for, diremos, com certeza, que elas se orientam mais comumente para o laço amoroso singular, quer se trate do casal, da família ou do novo amor ao saber, do que para o velho amor pelo líder agregador, que hoje sabemos estar na base de todos os totalitarismos e desfazer todos os laços singulares em favor da massa.

Quanto a esse ponto, entretanto, a histeria como tal parece criar problemas ou levantar objeções. Com efeito, como atesta a experiência, não é ela uma inconsolável do pai? Mas isso não resolve a questão, pois a relação do sujeito histérico com o pai e com o grupo é complexa.

As epidemias histéricas, fáceis de recensear na "hystória", poderiam levar a supor que o histérico é sobretudo um animal grupal. Freud forneceu seu mecanismo exemplar no capítulo VII da *Psicologia das massas e análise do eu*, com o exemplo do pensionato de moças. Mas não convém nos enganarmos: o contágio que funciona ali, embora homólogo ao gerado pelo amor ao líder, nem por isso deixa de diferir dele enormemente, uma vez que o que propaga em suas crises, a seguirmos Freud, não é outra coisa senão a identificação com a falta que entra em jogo nos infortúnios do amor. O exemplo freudiano não deixa dúvida alguma nesse plano: é com a decepção da apaixonada, seja qual for essa decepção, que as pensionistas se identificam, sem nada saberem do apaixonado que está no horizonte. Há nisso um paradigma: o grupo histérico é sempre secretamente comandado pelas mutações de uma relação conjugal, de uma apaixonada e seu Outro, real ou imaginário, mesmo que ele seja, em outras épocas, Deus ou o Diabo. Não é esse o caso da multidão da *Massenpsychologie*. Nesta, como eu disse, é a identificação vertical e direta com o líder único, ao contrário, que dita a identificação horizontal entre os irmãos, adoradores do Um. Basta que a primeira se desfaça para que não sobre nada da segunda. Freud insistiu: nessa estrutura da massa, o pânico e o rompimento dos vínculos caminham de mãos dadas, quando a voz do chefe silencia.

Qual é a diferença entre adorar o chefe e "sustentar o desejo do pai", posição característica do sujeito histérico, em especial na transferência? Não se trata de uma adivinhação, a resposta é perfeitamente evidente. É que esse pai a ser reanimado sofre, precisamente, de uma carência de desejo, seja pelo saber, seja pela mulher, ou pelos dois ao mesmo tempo. O líder cuja voz, por mais débil que seja, dita a lei, este insufla e orienta a libido. Já o pai da histérica precisa ser reanimado, porque está aflito. Longe de ser o temível deus de vontade que guia as massas, ele é, muito pelo contrário, o pai decaído de qualquer posição de exceção, degradado à categoria da castração do todo homem, mais amado por suas chagas abertas do que por seus poderes — embora persista a nostalgia de um pelo-menos-um que queira saber. Aliás, sabemos o que acontece quando, por uma contingência histórica, um sujeito suposto saber apresenta-se ao sujeito histérico: questionado, ele é necessariamente submetido à prova de sua impotência. Daí a censurar o histérico por amar menos o Outro do que sua castração, e a ponto de fazer empenho nisso, é apenas um passo, rapidamente dado. Isso é meio insuficiente, mas, vá lá. Vejam Anna O., com quem iniciei este livro. Não há dúvida de que ela fracassa em sua iniciativa transferencial, vitimada, depois das recusas de Freud, pela covardia de Breuer, mas faz disso uma vocação de dedicação a todas as irmãs de miséria que existem pelo mundo, todas mártires do homem, tal como as moças do pensionato de que falou Freud.

Acabo de evocar a histeria sujeita à história, oscilando conforme suas conjunturas — o que é uma evidência. Lacan introduziu mais uma coisa: a histeria como causa, que não deixa de ser responsável pelas evoluções da civilização. Assim, atribuiu à posição histérica, tal como a psicanálise a esclarece no nível do privado, um importante papel social, particularmente no surgimento da ciência e de sua paixão de saber, que nada detém. A figura emblemática dessa operação, ele a reconheceu em Sócrates, o Sócrates de Platão (não existe outro), que, questionando o mestre antigo, intima-o a dar mostras de seu saber... de mestre. A própria ciência moderna, galileana, bem poderia ser uma repercussão desse desafio, a longo prazo. Podemos ver como Lacan situa o sujeito histérico: ele é aquele que, por vocação, faz o outro produzir saber. O histérico e o cientista formam um belo casal, no qual um estimula, enquanto o outro, que não é nada histérico, trabalha no saber. Daí a idéia de que a histérica busca um homem que seja animado pelo desejo de saber.

Sua homologia estrutural com a ciência está aí: num discurso em que é o parceiro interpelado que é intimado a responder. Mas, entre um e outro, não há o mesmo parceiro. A ciência volta-se para o que há muito é chamado de mundo ou natureza, e faz com que o saber responda com sucesso no real. O que equivale a dizer, como fez Einstein, que ela lida com um Outro não barrado, complexo, mas não enganador, e que não joga dados. Há uma foraclusão metódica, que exclui de sua consideração todo o registro do sujeito, com o que ele sempre implica de verdade singular do desejo e de gozo.

Assim, não seria exagero pensar na emergência da psicanálise como um retorno para o real do qual a ciência afasta, ela que só quer o saber, todo o saber, exceto o do inconsciente que faz de nós "falasseres". E foi preciso a histeria. Foi preciso que ela trouxesse sua questão, ali onde a ciência não vai e onde Freud quis ir: para o campo do sexual. Lacan observa com razão, aliás, em "Radiofonia", que uma "subversão sexual" é sempre solidária dos momentos incipientes da ciência, e reconhece nisso o próprio toque da histeria. Essa subversão, hoje patente, obviamente não promete a felicidade, especialmente não para o parceiro. Solicitado quanto aos mistérios do casal, como responderia ele senão com os significantes do saber, que jamais dirão o indizível? Fracasso garantido.

Concluo com este ponto: a histeria como tal terá contribuído para pôr a céu aberto "a maldição sobre o sexo"; essa é sua virtude, mas sem que diga nada sobre os poderes do amor e sem benefício para estes, porque tratar das feridas não basta para criar um laço social, e esse é seu limite. A distinção entre o não-todo e a histeria, que aliás não distingue uma mulher das outras, mas antes atravessa cada uma, repercute, assim, no nível do amor, porque formar um par com a castração do parceiro ou com seu gozo vivo não tem o mesmo alcance.

Na psicanálise

Passo ao campo da psicanálise. Nele se verifica, inequivocamente, que as mulheres são mais facilmente atraídas para o laço transferencial do que os defensores do Um. Isso é lógico: porventura não é sempre a partir de um pedaço de real, precisamente, que os "sujeitos patemáticos" que somos podem recorrer ao sujeito suposto saber? Não admira, portanto, que, nas mulheres, sua relação maior com o real caminhe de mãos dadas com uma relação maior com o Outro. Mas, como avaliar a incidência dessa disposição, que certamente sobredetermina a feminilização da profissão de psicanalista em relação a outras, como a medicina, o ensino, as disciplinas literárias etc.?

Para começar, podemos computá-la a favor delas. Diremos então, em termos positivos, que as mulheres se orientam mais facilmente para o novo amor ao saber do que para o velho amor ao líder agregador. A histeria, muito freqüente nas mulheres, atua no mesmo sentido, aliás, e sabemos, desde seu encontro com Freud, o que a psicanálise lhe deve. Isso é uma vantagem aos olhos do psicanalista, pois se abre para o laço analítico possível. Mas não é um cumprimento.

A crítica ao amor pelo Um já não precisa ser feita: sabemos que ele é instigador da massa que despoja o sujeito de seu desejo e de seu julgamento, mas, por seu lado, a transferência como amor ao saber não tem só virtudes. É que amar o saber não é desejá-lo. O novo amor não é menos ilusório do que o outro: antes, faz preferir o sonho ao real, o sonho do sentido esperado da interpretação. Foi nessa tese que Lacan se deteve nos anos 1970. O saber em questão, aqui, não é, evidentemente, um saber qualquer, e pelo menos não é o da ciência, mas o do inconsciente em sua relação com o gozo sexuado. Ora, a primeira promessa desse saber não é outra senão a da castração. E portanto, quem poderia desejá-lo? O amor ao saber certamente descortina a elaboração transferencial possível, mas também cria obstáculos ao desejo de saber. Assim, ainda que por caminhos inteiramente diversos, Lacan recai na tese freudiana que faz da transferência, ao mesmo tempo, a condição e o obstáculo do tratamento.

Sem dúvida, é isso que o faz dizer das mulheres que elas são as melhores entre os analistas, assim como as piores. As melhores por serem mais livres em suas interpretações, menos preocupadas com a exatidão total e mais atentas à verdade, ela mesma não-toda. As piores porque, amando demais a verdade singular, pode-se esquecer a estrutura, que singular não é. E Lacan zomba da desproporção entre o peso da voz delas na psicanálise e a "falta de seriedade das soluções" produzidas. Essa apreciação, aliás, seria injusta em relação a Melanie Klein, se ele não houvesse, por outro lado, homenageado amplamente seu talento e assinalado seu papel efetivo.

Mais além da piada, creio que com isso ele apontou um problema muito efetivo, com o qual concluo, finalmente: a disparidade entre os sexos quanto aos fins da análise.

Disparidade dos fins

Essa diferença dos fins, aliás, faz eco a uma outra, a da entrada. Eu a havia assinalado, tempos atrás, durante as Jornadas do Campo Freudiano sobre a Histeria e a Obsessão. Todos concordaram em reconhecer que era mais fácil fazer a primeira entrar em análise que a segunda, mas também era mais difícil fazê-la sair. Ora, não se pode duvidar de que a distinção entre essas duas estruturas clínicas superpõe-se globalmente à dos sexos.

Esse fato clínico, bastante reconhecido, só pode encontrar sua razão última do lado do que chamei de "mandados" do gozo. Afirmo que o gozo fálico é, paradoxalmente, mais propício à conclusão de uma análise. É que, já estruturado como o significante, já passado para o molde do um, ele se presta melhor à fixação sintomática. Pois bem, como recordei, não há outro ponto de basta conclusivo, para um dado sujeito, senão seu sintoma fundamental, em sua função de Nome-do-Pai. Isso é válido, evidentemente, tanto para os homens quanto para as mulheres, que não estão fora do gozo fálico, longe disso. Só que a letra do sintoma que casa o signo com o gozo não amarra o gozo suplementar, e este continua sempre carente do Outro — *O* homem, Deus ou o Diabo, como eu disse. Em outras palavras, há um gozo que não passa para a letra. Na minha opinião, foi por isso, aliás, que Lacan viu-se induzido a se referir a um esquematismo de nodulação da heteridade — termo dele para expressar o que é heterogêneo ao um, qualquer que seja ele.

Uma mulher, cada mulher, com certeza sempre pode se nodular a Um dizer. Há várias maneiras, é claro, de esse Um dizer fixar seu amor, ou, ao contrário, seu desafio, ou até sua recusa — é o caso da homossexualidade feminina, como vimos. Em todos os casos, no entanto, a solução não se equipara à exigência. Lembrei a inexistência de "limites para as concessões que cada uma faz a *um* homem: de seu corpo, de sua alma, de seus bens". Entretanto, "ultrapassadas as fronteiras, existe o limite".[1] É que a solução pelo Um dizer do amor fica demasiadamente à mercê das contingências do acaso e, principalmente, impotente demais para reduzir a assíntota do apelo inextinguível a Um dizer, também outro. Isso não decorre da insatisfação histérica, é até inteiramente oposto a ela, mas muitas vezes se presta, ainda assim, à confusão com ela.

Dito de outra maneira: é somente para aquele que é homem que o identificar-se com seu sintoma pode estancar a recorrência do apelo ao Outro. É que o gozo todo fálico do sintoma, aquele que não conviria para que haja relação, basta para fazer — *satis*-faz, faz bastante, diz Lacan —... *O* homem. Quanto ao que é não-todo nesse gozo, o mesmo não se dá: há um real excedente ao Um, e nenhuma nodulação constituirá suficientemente a mulher. Nenhuma, portanto, reduzirá a espera sardônica d'*O* homem Outro, alimentada pela lógica da série nunca fechada dos possíveis. "Assim, o universal do que elas desejam é a loucura: todas as mulheres são loucas, como se diz."[2]

Só que, entre *um* homem e *O* homem, não há terceiro excluído: há um terceiro possível — o suposto saber oferecido pelo laço analítico, sobre o qual constatamos o quanto ele é propício para sustentar a assíntota que evoquei há pouco. É compreensível que as mulheres nele depositem, preferencialmente, suas esperanças de se aliviar do fardo de um real suplementar que lhes é próprio; no entanto, o que ele lhes promete?

Os analistas concordam, em geral, em reconhecer que uma análise passa por um luto, mesmo que as concepções que têm dele sejam diferentes. Só que lutos, existem vários: luto pelo Outro, para começar, esse Outro que não existe, mas que a transferência faz existir por algum tempo. É nesse ponto, já insisti, que o sintoma fundamental faz suplência e permite a cada um concluir, conforme seu desejo e seu gozo.

Mas, para quem é afetado por um gozo sem significante, que faz com que seus ditos só possam "inconsistir-se, indemonstrar-se e indecidir-se",[3] a conclusão pelo sintoma não pode bastar. O luto sem compensação de um saber que saberia tudo, até o não-todo, está programado, portanto. Quando ele se perfila, é freqüente, aliás, ganhar cores diferentes, conforme o analista seja homem ou mulher, pendendo mais para a depressão nostálgica, no primeiro caso, ou para a virulência da recriminação, no segundo. Mas essas são apenas nuances de uma mesma experiência, na qual a conclusão de saída é, digamos, mais difícil. As conseqüências sobre a decisão de saída, que deve ser distinguida da conclusão, são inevitáveis. São contrastantes, além disso, porque a dificuldade de concluir favorece clinicamente tanto as análises prolongadas quanto as que se interrompem bruscamente, tanto a retenção do ato de separação e a perpetuação do laço quanto a passagem ao ato que toma medidas enérgicas, sem uma separação real. Freud discerniu a primeira, mas não enxergou adiante da ponta do nariz, por sua obsessão com a inveja do pênis, que de fato existe, mas, justamente, é não-toda.

ANEXO

A diferença entre os sexos na análise

O que o discurso analítico permite formular a respeito da diferença entre os sexos? O que podemos propor, no tocante a homens e mulheres, que não decorra da opinião ou dos anseios próprios de cada um?

O desafio dessa pergunta não é tanto o das relações reais entre os sexos. Essas relações, como se sabe, funcionam muito bem sem que digamos nada delas, ou mal, talvez, mas à sua maneira. O desafio está, antes, na ética do tratamento. Há muitas perguntas à espera a esse respeito, a começar por esta: o que é exigível, e será que há algo exigível, no que concerne às identificações sexuadas, para que possamos falar de análise terminada? O debate é antigo, o tema do acesso à oblatividade genital esteve no auge por algum tempo, mas continua em aberto. Assim, podemos indagar se o analista funciona como para-sexuado, caso em que homem ou mulher seriam a mesma coisa, ficando a diferença apenas no nível das representações do analisando, ou se o efeito de um tratamento é idêntico num homem e numa mulher.

Não responderei a essas perguntas no punhado de observações que se segue, mas as menciono para tornar sensível o que, da experiência analítica, parece-me estar em jogo nas fórmulas da sexuação que Lacan nos propõe: no que tange à diferença sexual, será que a análise, que só opera pela fala, permite atingir um certo real?

Homens e mulheres, isso é real, comenta Lacan. Não há idealismo que tenha chegado a ponto de sustentar que a divisão dos sexos é apenas uma representação. Mas desse real, do real do corpo vivo sexuado, não podemos dizer nada. Nada podemos dizer porque existe o "muro" da linguagem, porque o real está fora do simbólico, mas lidamos com ele, no entanto, sob a forma muito precisa do gozo. Cito Lacan, falando do inconsciente: ele é

> um saber que se articula pela lalíngua, só sendo atado a ela pelo real de que tira seu gozo. Mas o corpo deve ser compreendido, ao natural, como desvinculado desse real, que, embora exista a título de produzir seu gozo, nem por isso lhe é menos opaco. Ele é o abismo menos notado, pelo fato de ser lalíngua que civiliza esse gozo, se me atrevo a dizer, com o que entendo que ela o leva a seu efeito desenvolvido ... .[1]

Portanto, se o real com que o corpo goza é inacessível, resta delimitar o único real acessível ao falasser, aquele que Lacan define pelo impossível. Para um "semblante de ser", um ser comandado pelo discurso, o mais real é aquilo que o discurso proíbe, no sentido forte, ou seja, o que é impossível na lógica própria do discurso, aquilo que não se transgride, portanto. Assim, trata-se de buscar "o que faz função do real no saber que a ele se acrescenta (ao real)".

Esse real que é apreendido nos limites do articulável, pelos impasses da formalização, esse real como impossível, como nos aproximarmos dele sem a experiência da fala analítica, e como está nele concernida a diferença entre os sexos?

Partamos da evidência: primeiro há os ditos do analisando, esses ditos espontâneos, arriscados e tateantes dos quais é impossível desdizer-se. Como dizem as crianças, "você falou, você falou!". Esses ditos visam, é claro, a verdade singular do sujeito, mas, ao persegui-la, desenham o movimento próprio do tratamento, pelo qual a fala, como que se voltando sobre si mesma, reduz toda verdade à verdade da fala, ou seja, à verdade que Lacan enunciou, mas que todo analisando demonstra: o sujeito é dividido. Para que isso passe para o dizer, basta que o analisando fale. O dizer, aqui, deve distinguir-se dos ditos, pois não é da dimensão da verdade. É um momento de enunciação, e seu conteúdo não é o que é enunciado nos ditos, mas o que se infere de todos esses ditos, o que se demonstra por eles. Nesse ponto, o dispositivo analítico toca no real da fala.

Com efeito, quando o neurótico fala, ele que se empenha na vida em evitar a castração, há muitas coisas que não pode evitar. Para começar, que a equivocação significante, por menos que o analista a remeta a ele, despoja-o da intencionalidade de seus ditos e o sujeita ao que é dito, possivelmente sem ele, isto é, sem seu "eu" [*moi-je*]. Assim, a equivocação significante faz dele um sujeito assujeitado por uma enunciação da qual nem lhe é possível deter o sentido — um sentido ou os sentidos —, o qual, portanto, permanece inarticulável, embora articulado. Aquele que sonhava fazer a síntese de seus enunciados, captar a última palavra do que sua história programou, descobre-se sujeito do inconsciente. Fracasso de qualquer síntese. Poderíamos dizer: a síntese está proibida a quem fala como tal, e é essa a divisão do sujeito. Derivando dessa maneira ao sabor de sua fala, será que ele pode ao menos esperar amarrar-se na sincronia de seus últimos significantes? Nem mesmo isso, porque existe o recalcamento originário. A partir de sua incapacidade de reunir o que seria a bateria de seus significantes fundamentais, podemos concluir por uma impossibilidade lógica, aquela que Lacan designou por seu S(A). A noção lingüística de sincronia revela aqui sua ilusão, que o analisando descobre e cuja razão Lacan fornece. Tomar todos os significantes ao mesmo tempo, eis o que não é possível. Não se pode fazer deles um conjunto, porque há sempre um a menos, nem que seja o do sujeito. É essa impossibilidade, diz Lacan, que melhor ilustra o que acontece com a castração.

Assim, podemos dizer que a análise é a implementação da castração na fala. Nesse sentido, ela é a experiência da lógica própria da fala, essa fala que, não nos esqueçamos, encarna-se e, agrade ou não ao dualismo, cria o corpo falante. Tal como a lógica, portanto, a análise é "a produção de uma necessidade de discurso", com o paradoxo implícito nessa definição. De fato, se a necessidade é produzida, ela deve ser pensada como anteriormente inexistente, mas, como necessidade, deve-se supor que já existisse antes de ser produzida. Muitas particularidades da experiência encontram-se nisso, por exemplo, o estatuto da castração que Lacan chama de simbólica: por um lado, reconhecemos nela um fato estrutural que não decorre do acidente — em outras palavras, não há meio de cortá-lo —, mas, por outro, evoca-se a assunção, o acesso à castração simbólica. Logo, falamos dela, simultaneamente, como de algo que existe, que está sempre presente, necessário, e como de algo que deve advir, que deve ser produzido. É exatamente a mesma nuance da frase de Freud: "onde isso era, ali devo eu advir."

Que é esse advir na análise senão advir à existência, através da fala e do dizer que ela porta? Não se trata, porém, de uma conscientização, como provam os analisandos que chegam à análise sabendo de antemão que, como às vezes o formulam, têm de passar pela castração simbólica. Sob esse termo, eles então guardam a menor de suas decepções, quando não abrigam aí sua resignação ou sua esquiva. Eles "sabem", portanto, mas isso não é verdade. Para que seja verdade, é preciso que, na transferência, a experiência dos ditos secrete o dizer, faça-o ex-sistir. Essa mesma clivagem entre saber e verdade talvez divida, aliás, a própria transmissão da psicanálise. Esta, com efeito, produz um saber, um saber sobre a verdade, um saber que pode saber-se de antemão, repetir-se, que pode até ter um uso universitário e sustentar todas as enfatuações que quisermos. Mas esse saber sobre a verdade só é verdadeiro para um sujeito sob a condição de ser produzido pela operação da fala transferencial em ato — ser produzido, e não apenas ter sido produzido, porque, entre a verdade e o saber, há o que poderíamos chamar de um jogo de eclipse, que faz com que a verdade se perca à medida que se mostra, que seja esquecida no saber. Daí a necessidade de continuar o trabalho do analisando, seja sob que forma for. O fato de a experiência da análise ser insubstituível não implica que ela se assemelhe às iniciações religiosas, como temem alguns, se, efetivamente, de todos esses ditos cujo sentido escapa e se perde sair um dito do qual se possa escrever o que o condiciona. Entre ciência e religião, talvez a escolha não se imponha.

Volto à sexuação: esse sujeito dividido da fala é sexuado, ou será que a diferença entre os sexos é apenas um assunto, quer do vivente real, quer do eu? O eu, sim, é uma função de síntese, mas de síntese imaginária. Que ele está implicado na questão do sexo, isso é certo. Lacan diz até que predomina nela, mas acrescenta: "Basta que o assunto eu e o assunto falo ... articulem-se na linguagem, para se tornarem assunto do sujeito, e não mais serem unicamente da alçada do imaginário."*

Portanto, a pergunta pode ser reformulada: na medida em que o sexo seria uma questão do sujeito, qual é seu dizer na análise, se o dizer é aquilo que sustenta a existência? O dizer de Freud, segundo Lacan, é o enunciado jamais formulado por Freud e que ele "restabelece": não existe relação sexual. Tal é a fórmula que se infere de todos os ditos do inconsciente descobertos por Freud. Mas, o que fundamenta essa inferência?

Não é simplesmente que os analisandos digam que "isso não funciona", pois tal constatação não excluiria o "funcionará"; é justamente essa esperança que leva muitos deles à análise, a esperança de que a coisa acabe funcionando.

O "não existe relação sexual" implica que a relação é esperada; ninguém se espanta muito com isso, porque já é um refrão, tão cômodo que todos podem abrigar nisso suas experiências de solidão, seus fracassos e até suas falhas. Aí reencontramos o problema da negação, que, a seguirmos Freud, pressupõe uma *Bejahung* anterior. Para que a relação seja esperada, é preciso que haja dois, é preciso que a diferença esteja instalada no inconsciente.

Ora, o que vemos é que a própria diferença é uma questão. É claro que a fala, nos homens e nas mulheres, é diferente; é diferente pelo estilo, pelo tom, pelo conteúdo. Fala-se como homem ou como mulher, e se fala disso porque existem os significantes. No entanto, não se sabe o que é. Freud já insistia muito no fato de que não havia representação de masculino-feminino no inconsciente. Certamente vemos funcionar, ora a recusa a ser homem ou mulher, ora, mais freqüentemente, a aspiração a ser verdadeiramente homem ou a ser uma mulher de verdade — nuance da língua —, mas não há dúvida de que o que se visa, nesses casos, além do que se imagina do homem e da mulher, nunca é senão o falo, em termos de tê-lo ou sê-lo. Assim, falamos de homens e de mulheres, sem poder formar a seu respeito nenhum juízo de atribuição.

Sendo assim, como se impõe a diferença?

Nós os dizemos diferentes, e o fazemos a partir da pequena diferença anatômica. Mas, quando os dizemos diferentes, não apontamos apenas uma diferença na forma do corpo, implicamos que eles são diferentes como sujeitos. Logo, é por já

* J. Lacan, "O aturdito", in *Outros escritos*, op. cit., p.457. (N.T.)

ser um significante que o falo os diferencia. Para apreender isso, basta fazermos uma comparação com outras diferenças anatômicas: por exemplo, ter olhos azuis ou pretos. Dessa diferença do ter não se conclui por uma diferença do ser. É verdade que isso é o que o racismo tenta fazer, em particular o ariano: reproduzir, a partir de um traço anatômico, uma diferença tão radical quanto a dos sexos, isto é, elevar um outro traço anatômico, como o tipo ariano ou mediterrâneo, à função de significante, significante em relação ao qual se possam distribuir lugares simbólicos.

Portanto, é por já estar presente o significante fálico que os dizemos diferentes, e, por os dizermos diferentes, eles passam a se relacionar diferentemente com a questão da diferença.

Insisto em tornar sensível o esforço feito por Lacan para formular uma diferença que não decorre do juízo de atribuição, isto é, que não funciona de acordo com a forma — os homens são isto e as mulheres são aquilo —, forma esta em que se manifestam todas as ideologias sobre a questão, e que sempre supõe, por trás da atribuição, a referência a uma substância.

Então, como é que, a partir de um único termo, o falo, obtém-se a distribuição dos indivíduos em duas metades superponíveis à *sex ratio*, e "que não se atrapalhem demais na coiteração [*coïtération*]"?*

A distinção entre ser ou ter o falo, pela qual, em "A significação do falo", Lacan procurou abordar a divisão entre os sexos, é esclarecida pelo uso das funções proposicionais.

A propósito delas, apenas alguns comentários.

Quando escrevemos $\forall x.\Phi x$. (para todo x, fi de x), o argumento x, antes de ser relacionado com a função, é totalmente indeterminado, como Lacan deixa claro. O que permite determiná-lo, diferenciá-lo, portanto, é a modalidade inscrita no quantificador $\forall$. Logo, quando se diz, como faz Lacan, que existe um universal do homem, podemos escrever: todos os homens, o homem está todo na função fálica; o que convém notar é que não é por ser homem que ele está na função fálica, mas, ao contrário, é pelo fato de um x indeterminado situar-se todo na função fálica que podemos chamá-lo de homem. Trata-se, pois, de uma imputação condicional. O significante homem é imputado aos x que se alinham todos na função fálica, o que deixa intacta a questão de saber se existe sequer um deles.

* Ibid., p.455. (N.T.)

Tal como quando escrevemos $\forall x.\Phi x.$, não há um universal da mulher, a mulher não existe; as mulheres não estão todas na função fálica; não é por serem mulheres que elas são "não todas", mas, quando elas se alinham do lado do "não todo", podem ser chamadas de mulheres.

Não há essência do masculino e do feminino, por conseguinte, não há obrigação: a anatomia não é o destino. Tendo cada um a liberdade, diz Lacan, de se alinhar de um lado ou do outro, existe escolha para ambos os sexos. Se assim é, a questão de saber por que é às mulheres que o discurso imputa alinharem-se do lado do "não todo", que as torna radicalmente Outro, é desprovida de sentido. Com efeito, pode-se objetar a isso que não é por serem mulheres que elas têm que se alinhar aí, mas só quando se alinham é que são chamadas de mulheres.

Entretanto, convém notar que, nessa matéria, não pode tratar-se de uma liberdade por indiferença, porque o significante está ligado à anatomia. É um órgão do corpo que dá sua representação ao significante falo, e por isso se diz que um indivíduo é menino ou menina, antes de qualquer posição do sujeito. Logo, se há uma escolha, é pelo menos uma escolha vivamente aconselhada. De outra forma, não se compreenderia a obtenção, de qualquer modo, de duas metades que praticamente se superpõem à *sex ratio*, de tal sorte que a reprodução da espécie continua a se dar. Aliás, foi com isso que Freud se surpreendeu, já numa nota dos *Três ensaios sobre a teoria da sexualidade*, na qual comentou que, se só existiam pulsões parciais, como ele tinha estabelecido, cabia explicar como a heterossexualidade se mantinha tão geral. Em todo caso, é certo que, como os significantes "homem" e "mulher" não deixam de se relacionar com a anatomia, o sujeito é representado *a priori* por um ou outros desses significantes, e não tem a opção de não se pautar por eles. Portanto, persiste a questão.

Esse "todo" e esse "não todo" representam duas possibilidades do sujeito falante, duas vertentes da estrutura. Em "O aturdito", Lacan faz uma pergunta: $\forall x.\Phi x.$, que quer dizer isso? Quer dizer que todo sujeito como tal se inscreve na função fálica, e é justamente por isso, por outro lado, que ele também pode dizer que, se as mulheres estão não todas na função fálica, nem por isso deixam de estar nela.

Para definir esse $\Phi x.$ e o gozo fálico que ele sustenta, retenho a seguinte, dentre todas as expressões possíveis: a função fálica é a função da castração, devida à lalíngua. Por ser o gozo do corpo organizado por lalíngua, ele se torna "externo ao corpo", anômalo, idêntico ao gozo que opera no sintoma. O significante é a causa do gozo, mas é também o que o parcializa e o exterioriza de forma irremediável. A função fálica designaria, portanto, a captação do corpo e do sujeito na lalíngua.

Mas, do não todo, que dizer? Se a função fálica é o que acabamos de lembrar e se o sujeito é o que diz Lacan, ou seja, aquilo que é suposto no significante, no entre-dois de dois significantes, parece imediatamente paradoxal falar de um sujeito que não estaria todo na função fálica. Esse "não todo", Lacan o aproxima muito explicitamente do S(A) que evoquei anteriormente. Ou seja, do fato de que o Outro, como lugar da fala, é hiante, sempre outro, o que se pode formular dizendo que não há Outro do Outro, ou que não há saber absoluto possível, e que o discurso não pode reforçar seu controle de alguma coisa que seja uma totalidade do saber. Em outras palavras, há um furo no Outro. O que se aponta aqui é um limite interno na ordem simbólica.

O fato de um ser vir a representar esse limite significa que não se pode dizer nada dele, ou então que dele se pode "dizer tudo", isto é, qualquer coisa, mas nada que fundamente uma definição universal. A linha oblíqua que barra o A de A mulher que "não existe" seria, portanto, homóloga da que barra o Outro (do mesmo modo que o sujeito, aliás). No entanto, por mais indefinido que seja no campo do significante, esse ser não é totalmente indeterminado, na medida em que o sujeito falante não é incorpóreo, posto que existe um corpo real. Logo, convém sublinhar que esse limite interno do simbólico, que encontra seu significante no S(A), não se confunde com um outro que ele abarca: o que separa o real do simbólico. Com efeito, o que "escapa ao discurso" senão, por definição, o real que está fora do simbólico, esse real que, na questão do sexo, só pode ser representado pelo corpo?

Há, pois, dois aspectos do Outro absoluto: o Outro que, como lugar do significante, é barrado, sempre Outro, e o real, no que ele é absolutamente outro que não o simbólico, ex-siste nele. Esse duplo aspecto me parece implicitamente presente quando Lacan fala, em *La troisième*, do gozo do Outro, esse gozo do Outro que ele diz impossível, e tão "fora da linguagem, fora do simbólico", quanto o gozo fálico está "fora do corpo". O Outro designa, primeiro, o outro corpo substancial, e, como corpo, efetivamente só se pode estreitá-lo, destruí-lo ou tirar dele um pedaço. Por outro lado, no entanto, esse corpo, o corpo real do parceiro, simboliza o Outro como lugar inapreensível do significante.

Dizer que as mulheres são "não-todas", portanto, é dizer que o significante "mulher" conota aquilo que escapa ao discurso e faz presente o mais-além do que se pode atingir pela fala. Esse mais-além prende-se, com certeza, à estrutura simbólica e à falta que lhe é inerente, mas permaneceria totalmente indeterminado se, fora do simbólico, não houvesse o real — no caso, o do corpo. Por esse prisma, as querelas sobre o sexo dos anjos bem mereceriam ser qualificadas de bizantinas. Postar-se como mulher, portanto, seria dar corpo a um aspecto da estrutura, isto é, ser, "em relação ao que se pode dizer do inconsciente, radicalmente Outro": a opacidade do real do corpo (desse "real com que um corpo goza" e que é o mais estrangeiro ao simbólico como tal) surge, aqui, no lugar da hiância própria do simbólico.

Por que é que se convoca preferencialmente o corpo feminino para esse lugar, e que implica isso para os sujeitos?

Convém, sem dúvida, voltar à coisa — àquilo que do real permanece estranho, fora do simbólico —, à coisa com que todo sujeito depara, inicialmente, como coisa materna. Encontro que não poderia ser pior, já que é o encontro com o muro que cinde o falasser do real. Mas a mãe, aqui, é dupla: corpo e fala, mistério do corpo falante, para retomar uma expressão que Lacan aplica ao inconsciente. A relação com a mãe é dupla, de fato.

Por um lado, é preciso dizer que não há gozo do corpo da mãe. Há, é claro, um contato sonoro, olfativo, táctil, mas esse corpo continua outro, estrangeiro, dobrado sobre sua opacidade interna, que é envolvida pela imagem especular. O sadismo da criança não me parece ter outro sentido senão apontar o encontro com esse primeiro limite, a saber, o de que um outro corpo, por mais que se tente cortá-lo, comê-lo, amassá-lo etc., permanece outro. É aí que esbarram as agressões reais e imaginárias da criança, antes que a proibição trazida pelo discurso venha pôr fim a isso. A impotência para agarrar a coisa materna, o incesto impossível com a coisa, reduz o sujeito a não poder fazer mais do que desprender pedaços dela, pedaços de objetos, seio, voz, olhar etc., isto é, a instaurar pulsões parciais, mas se o Outro lho permitir.

Porém a mãe também fala. Deixo de lado a questão de saber como pode a criança discernir que existe a fala, como se separa a fala do barulho. A mãe fala e, ao falar, fornece os significantes que organizarão o corpo pulsional; ela instaura, com a dimensão da demanda, a dimensão do desejo e do significante fálico, aquela, portanto, do próprio enigma do Outro. O que é preciso sublinhar, entretanto, é que esse enigma de seu desejo como articulado, em cujo horizonte perfila-se o S(A), redobra o enigma do real de seu corpo. Aqui reencontramos a mesma superposição que temos a propósito do "não todo'. Mas impõe-se um comentário: não estou dizendo que o real em si seja enigmático. Ele simplesmente está ali, desprovido de sentido, mais além da realidade, a qual é construída. O enigma vem do simbólico. Isso significa que o real constitui um enigma para o falasser porque o simbólico o separa dele. Portanto, permanece apenas como um limite, limite eletivamente imaginarizado sob a forma do enclausuramento.

Assim, podemos dizer que a coisa materna é o lugar de todas as metáforas, é aquilo que é visado por todas as metáforas. Com certeza, não é à toa que, toda vez que as mulheres tentam dizer alguma coisa delas mesmas, só conseguem fazê-lo mediante a cintilação das metáforas. De fato existe, como diz Michèle Montrelay, um imaginário que ela chama de feminino, mas talvez fosse melhor dizer que é um imaginário do feminino, arraigado no imaginário do materno e que almeja fazer o próprio real passar para o significante. Portanto, seria pelo fato de a mãe ser o primeiro Outro, aquele em relação ao qual a criança apreende a hiância própria do simbólico e, com esta, o real como o além inapreensível, que o corpo feminino fica sendo, para todo sujeito, homem ou mulher, o "hétero".

Aqui pode surgir uma objeção, concernente a essa passagem do materno para o feminino. De fato, se evocamos, como estou fazendo, o encontro do sujeito *infans* com a coisa materna, decerto é preciso deixar claro que a mãe só pode ser classificada do lado da mulher a partir do momento em que a diferença entre os sexos é reconhecida. Antes disso, primordialmente, em ambos os sexos, o falo é atribuído à mãe e, além disso, como se sabe perfeitamente, a maternidade pode funcionar para uma mulher, em parte, como recuperação do falo imaginário de que ela foi privada. Logo, é somente na retroação do reconhecimento da diferença entre os sexos, ou seja, da castração da mãe, que a relação com esta pode ser posta na conta da relação com a mulher. Essa distinção por certo mereceria ser articulada com mais exatidão, mas convém sublinhar que está implicitamente presente desde o momento em que se evoca o enigma materno, na medida em que este só vem à luz pela presença metonímica do desejo na fala.

De que modo essa relação com a coisa materna, originalmente idêntica para o menino e a menina, vem a se situar de formas diferentes para um e outro? Não retomarei aqui a totalidade da questão. Pretendo deter-me apenas em dois traços.

O primeiro me parece prender-se a que a mulher se relaciona com esse outro lugar através de seu próprio corpo, e não apenas pelo fato de o discurso e, depois, seu parceiro a colocarem nesse lugar. Dizer que a mulher se relaciona com ele através de seu próprio corpo não é abusar do apelo ao corpo. Esse abuso, Lacan o denunciou a propósito das mulheres que, no movimento analítico, "fizeram um apelo ... do inconsciente à voz do corpo, como se não fosse justamente pelo inconsciente que o corpo adquire voz".* Não duvidamos disso, mas também não nos esqueçamos de que, assim como o grito faz ouvir o silêncio, a voz do corpo faz aparecer aquilo que, do corpo, do corpo real, não passa para a voz. Ora, é precisamente esse "real com que o corpo goza" que vem, para a mulher, no lugar opaco da coisa materna. Isso é verdade não apenas sobre o gozo sexual, mas também sobre tudo que se soma a ele, particularmente quando da gestação e do parto. Nesses casos, como se diz, uma mulher é sempre ultrapassada pelo real. (Ultrapassada, aliás, não implica nenhum *pathos*.) Não há conhecimento anatômico que dê jeito, não há parto sem dor que consiga reabsorver o inefável do encontro incomensurável. Esse encontro, por outro lado, não está reservado às mulheres. O homem também pode confrontar-se com ele, na doença, por exemplo, ou até no desempenho esportivo, à parte a meta de rivalidade que este comporta, mas, pelo simples fato de as mulheres parirem, é-lhes mais difícil do que para o homem ignorar esse real. Quando Michèle Montrelay propõe que, no parto, a mulher encontra a mãe real, não seria mais correto dizer que ela encontra aquilo que sua mãe encontrou: o real do corpo gozante como indizível? Entre revelação e perplexidade, a experiência vivida do indizível

* Ibid., p.463. (N.T.)

vem preencher o mistério da coisa, oscilando, conforme o caso, entre um "então, era isso!" e um "então, era isso?". Por aí se evidencia uma das vertentes verídicas da mascarada histérica: por seus artifícios, mostrando o semblante como semblante, ela aponta para o mais além, para o ponto de falência de todo discurso.

Uma segunda diferença provém da relação que a mãe mantém com seu filho, conforme o sexo: ela se compraz diferentemente com a filha e com o filho, costuma-se dizer.

Que o filho intervém para a mãe como "coisa erótica", isso foi justamente o que Freud discerniu desde a origem. Mas o filho, aqui, é evocado como significante, tomado na "equação" dos pequenos objetos separáveis. Esse é o aspecto mais evidente e mais geral do sentimento materno, mas afirmar isso não é nada além de sublinhar o quanto o filho é colocado na relação da mulher com a função fálica. Creio que há mais, no entanto, e que isso não é suficientemente enfatizado. Mais uma vez, aí, o significante se encarna, ganha corpo, ata-se ao real e, por isso, o filho, ou seja, aquilo que certamente é o mais integrado na economia significante, presentifica também aquilo que mais escapa: o real incomensurável. Ele o representa ainda mais na medida em que é um ser que, até então, só foi minimamente marcado pelo significante, está muito próximo da "noite orgânica",[2] ainda reduzido ao mistério da vida do corpo, entre o grito e o sono. Nisso, durante algum tempo, ele pode ser,[3] para uma mãe, o encontro perpetuado com aquilo com que ela lida mais particularmente como mulher: o além do simbólico e os limites de todo saber. Nesse caso, o filho, como pedaço de real, vem simbolizar para sua mãe o próprio S(A). Exatamente nesse sentido, ele participa da própria divisão da mãe, é, para ela, o Outro que é a mulher para todo sujeito. Talvez também seja por isso que ela goza com ele.

Nesse aspecto, menino ou menina não são equivalentes. Quanto a esta última, há um efeito de duplicação. Na medida em que a anatomia e o significante que nela se enxerta situam-na do lado feminino, ela exterioriza para a mãe sua própria *outrice* de mulher. Alguns textos recentes insistem, mais uma vez, com justa razão, no interminável do debate narcísico com a mãe, na colagem numa justa imaginária — ou real — cujos efeitos de descaminho são evidentes. Mas a identidade das imagens especulares seria insuficiente para dar conta disso — ela não falta, aliás, na relação pai-filho —, se o feminino não representasse o Outro, talvez pelas razões que tentei expor. Aí, portanto, mais uma vez, o imaginário não deixa de ser sustentado pelo simbólico — nesse caso, muito precisamente pelo fato de que o Outro é sempre outro, e de que, portanto, nada se pode dizer dele, a não ser o que Hadewijch d'Anvers diz de Deus, ou seja, tudo o que Ele não é, além de tudo que pode passar para a língua.

Para as mulheres, a quem o discurso imputa representarem esse limite, resta então, na relação com o outro, o que chamarei de "nós" fundamental da comunhão das mulheres, o nós da efusão e da cumplicidade, o da confidência materna, que sempre pede para reduzir as pretensões de alguma esperança fálica, ou seja, daquilo que afastaria a filha da intimidade do gozo silencioso delas, e deixaria a mãe na solidão. Mas ele é também — avesso do que é armadilha e colagem na imagem materna — o "nós" do ímpeto, da confiança de ser levada pelo que, na falta de outra palavra, chama-se de vida, ou, dito de outra maneira, aquilo que arrasta os discursos. Talvez seja isso que, no filme de Agnès Varda intitulado *L'une chante, l'autre pas* [*Duas mulheres, dois destinos*], faz cantarem todas juntas as mulheres que acabam de abortar.

Passo agora à questão do efeito específico que seria o "outro gozo". E, para começar, existe um outro? Em que condições podemos propô-lo?

Existe o gozo fálico, parcial, aquele que suscita o protesto do "isso não é isso", e que segrega a miragem do que seria isso, o gozo absoluto, que poderia ser igualmente atribuído ao pai primitivo, porque não depararia com a castração. Mas o outro gozo, a seguirmos Lacan, distingue-se deste último:

> *Não é isso* — aí está o grito por onde se distingue o gozo obtido do gozo esperado. ... A estrutura ... ao marcar de que distância ele falta, aquele de que se trataria se fosse isso, não somente supõe aquele que seria isso, mas sustenta com isso um outro.*

É esse outro que Lacan superpõe ao não-todo. Vemos, diz ele, "a potência lógica do *não-todo* ser habitada pelo recesso do gozo que a feminilidade furta".**

Ora, o fato de o gozo se manifestar de forma diferente no corpo nos dois sexos, o que é suficientemente atestado, não implica que o da mulher seja outro. Para que sejamos autorizados a evocá-lo como outro, é preciso que ele seja determinado, diferentemente produzido pelo ser da significância. É justamente o que propõe Lacan. Com efeito, ele não diz apenas que o S(A) simboliza a opacidade do gozo feminino, mas acrescenta que, por causa disso, as mulheres têm mais relação com o S(A) e, ainda por cima, que é com ele que elas gozam.

Será isso um postulado que consistiria em supor que o gozo só se produz pelo ser da significância, que está sempre atado ao simbólico? Que o ser da significância organiza o gozo, isso é certo, no tocante à experiência analítica, mas não prova que ele o organize todo. Afinal, não é impossível, em vista do animal, por exemplo, pensar que o real do corpo vivo possa gozar sozinho, sem o significante. Isso também não prova, exatamente ali onde é lalíngua que organiza o

* J. Lacan, *Mais, ainda*, op. cit., p.152. (N.T.)

** J. Lacan, "O aturdito", in *Outros escritos*, op. cit., p.467. (N.T.)

gozo, que todas as diferenças de gozo lhe são imputáveis. Formulando a hipótese, por exemplo, de que algumas dessas diferenças provêm apenas do real do vivente sexuado, compreenderíamos que nada dele passa para o saber, e que, como observa Lacan, as mulheres não podem dizer nada sobre isso. Conclusão: o fato de o gozo feminino ser diferente, de a mulher como sujeito ter mais relação com S(A), não basta para provar que é com ele que ela goza.

Mas Lacan o propõe, para tanto encontrando apoio nos místicos. Com efeito, há neles a idéia de um gozo outro, com o qual — sem garantia — podemos tentar esclarecer o gozo feminino. Ao ler esses místicos, o que se indica é um gozo que seria produzido pela própria evocação do que está além do Verbo, de um Deus que seria não o Deus-Pai, aquele que diz não à função fálica, isto é, que encarna o paradoxo de produzir o Verbo sem ser sujeito dele, sem ficar preso nele, mas um Deus cuja identidade estaria além de qualquer diferenciação significante; um gozo em que presença e ausência se confundiriam, onde a opacidade do corpo que goza viria preencher a falha do sistema significante.

Uma homologia possível com o que acontece nas pulsões parciais apresenta-se aqui. Para estas, Lacan, procurando articular os registros do significante e do gozo, assinalou a unidade topológica das "hiâncias que a distribuição dos investimentos significantes instaura no sujeito" e do aparato do corpo como algo que tem orifícios. A zona erógena se define, portanto, pela superposição dessas duas hiâncias que um mesmo objeto vem obturar. Aqui poderíamos evocar uma superposição análoga, embora diferente, que define o próprio inverso de uma zona. Seria a noite do corpo, ali onde a sensorialidade não se fixa numa borda, mas ultrapassa qualquer localização, pondo fora de circuito o suporte da imagem ou do significante, seria o indelimitável do corpo, dizia eu, que viria superpor-se à hiância do Outro. Assim, sem excluir a possibilidade de que haja diferenças presas ao real do corpo sexuado, poderíamos falar de um gozo do S(A) ali onde o indelimitável do corpo representaria, simbolizaria a própria divisão do sujeito. Assim, haveria fundamento em dizermos que a outra volúpia, além de qualquer objeto, também seria produto da significância.

É concebível, pois, que tal gozo possa ser mobilizado na análise. Mas, se o chamarmos de feminino, não seria preciso dizer que a análise é passível de feminilizar, e feminilizar não apenas as mulheres, porque a lógica do não-todo prende-se ao ser da significância? Isso não equivaleria, quanto aos homens, a fazer referência a alguma homossexualidade, pelo menos não à homossexualidade de Schreber, aquela que almeja ser a mulher de Deus-Pai; equivaleria, antes, a evocar a relação com o que Lacan chama de outra face de Deus, a que é sustentada pelo gozo feminino: não a vertente do Nome-do-Pai, portanto, mas a da ausência do Nome.

Que acontece, então, com a pergunta que permaneceu em suspenso: existe um dizer da diferença entre os sexos na análise? Deixo-a de reserva. Há um dizer que diz que há Outro, isto é, solidão ou divisão, e também encontros — contingências — sobre os quais restaria deixar claro o que os especifica em cada sexo. Se, para o homem, eles se apresentam como os das mulheres que "se contam", será que as mulheres contam da mesma maneira?

NOTA DA AUTORA

Este livro ordena e reformula uma série de textos, quase todos datados da década de 1990. Todos tiveram como objetivo elucidar e atualizar o alcance das contribuições características de Jacques Lacan sobre a controvertida questão da diferença entre os sexos no inconsciente e na civilização.

A título de prólogo, foi incluído um artigo publicado em 1989 no *Magazine Littéraire* nº271, sobre um caso inaugural da psicanálise: Anna O; como anexo, e a título de lembrete, o texto inédito de uma conferência proferida em maio de 1977 na Escola Freudiana de Paris, concernente à lógica da sexuação. De um texto ao outro encontra-se a questão subjacente a todo o volume — a da feminilidade em sua diferença da histeria, e da respectiva incidência social de ambas.

◇◇◇

Notas

PARTE I

Che vuoi?

1. Uma mulher

1. Dedicadas a "O além do Édipo".

2. J. Lacan, "O aturdito", in *Outros escritos*, Rio de Janeiro: Zahar, 2003, p.465.

3. Paul Claudel, *Partage de Midi*, Paris: Bibliothèque de la Pléiade, 1967, p.1000. Salvo menção em contrário, cito aqui a primeira versão, de 1906.

4. Ibid., p. 1008.

5. Ibid., p.995.

6. Ibid., p.998.

7. Ibid., p.1017 e 1018.

8. Ibid., p.1184, nova versão.

9. Ibid., p.1005.

10. Ibid., p.1026.

11. Ibid., p.1018.

12. São esses os termos que Lacan aplica à própria verdade.

13. J. Lacan, *Encore*, Paris: Seuil, 1973, p.79 [*Mais, ainda*, Rio de Janeiro: Jorge Zahar, 1982, p.114].

14. Divertido, Lacan assinala, na página 116 de *Mais, ainda*, que Freud teria inicialmente atribuído à mulher o objeto *a* causa do desejo. "É verdadeiramente uma confirmação de que, quando se é homem, vê-se na parceira aquilo em que nos baseamos nós mesmos ...".

15. Ibid, p.134.

2. Que diz dela o inconsciente?

1. Colette Soler, "L'enfant avec Cantor", VI Encontro Internacional da FCF, 9 de julho de 1990.

2. J. Lacan, "A significação do falo", in *Escritos*, Rio de Janeiro: Zahar, 1998, p.692.

3. J. Lacan, "O aturdito", in *Outros escritos*, op. cit., p.457.

4. J. Lacan, "A significação do falo", in *Escritos*, op. cit., p.693.

5. A referência é de 1992.

6. J. Lacan, *Outros escritos*, op. cit., p.465.

7. J. Lacan, "A significação do falo", in *Escritos*, op. cit., p.694.

8. Restabeleço a ênfase depositada nesse ponto na elaboração que fez J.-A. Miller de uma observação de Lacan sobre a função da máscara em Gide.

9. J. Lacan, "Diretrizes para um Congresso sobre a sexualidade feminina", in *Escritos*, op. cit., p.741.

10. J. Lacan, "A significação do falo", in op. cit., p.702.

11. J. Lacan, "Diretrizes para um Congresso...", in *Escritos,* op. cit., p.737.

12. J. Lacan, "A significação do falo", in *Escritos,* op. cit., p.702.

13. J. Lacan, "Subversão do sujeito e dialética do desejo", in *Escritos*, op. cit., p.840.

14. Idem.

15. J. Lacan, "A significação do falo", in *Escritos*, op. cit., p.702.

16. Idem, p.701, e "Radiophonie", *Scilicet 2/3*, Paris: Seuil, 1970, p. 90 ["Radiofonia", in *Outros escritos*, op. cit., p.434-6.]

17. J. Lacan, "Diretrizes para um Congresso sobre a sexualidade feminina", in *Escritos*, op. cit., p.744.

18. Idem.

19. Ibid.

20. Ver o capítulo "A histérica do tempo da ciência".

21. Ver o capítulo "Por causa dos gozos".

22. J. Lacan, "O aturdito", in *Outros escritos,* op. cit., p.467.

23. J. Lacan, "Diretrizes para um Congresso...", in *Escritos,* op. cit., p.742.

24. J. Lacan, "O aturdito", in *Outros escritos,* op. cit., p.467.

25. J. Lacan, "Ou pire", *Scilicet 5*, Paris: Seuil, 1975, p.9 ["... ou pior", in *Outros escritos,* op. cit., p.549.]

PARTE II
CLÍNICA DIFERENCIAL

1. Histeria e Feminilidade

1. J. Lacan, "Radiofonia", in *Outros escritos*, op. cit., p.436.

2. J. Lacan, "Joyce le symptôme II" (1979), *Joyce avec Lacan*, Paris: Navarin, 1987, p.35 ["Joyce, o Sintoma", in *Outros escritos*, op. cit., p.565].

3. S. Freud, *L'Interprétation des rêves*, Paris: PUF, 1967, p.133 [*A interpretação dos sonhos*, *ESB*, Rio de Janeiro: Imago, 2ª ed., 1987, vol.IV, p.161].

4. Ver as formulações desenvolvidas sobre a metáfora e a metonímia no texto "A instância da letra no inconsciente", in *Escritos*, op. cit., p.496.

5. J. Lacan, "A direção do tratamento...", *Escritos*, op. cit., p.628.

6. Ibid., p.629.

7. Idem.

8. Ibid., p.632.

9. Ibid., p.633.

10. Ver *supra.*

11. Para citar apenas algumas balizas nesse encaminhamento: "Intervenção sobre a transferência", de 1951 [in *Escritos*, op. cit., p.214], já imputava a Dora uma dificuldade de se identificar com seu sexo; em 1958, o caso da Bela Açougueira forneceu o paradigma da opção pela falta do desejo, em vez do gozo; Lacan reafirmou isso em 1973, em sua "Introdução à edição alemã de um primeiro volume dos *Escritos*", dizendo: "[a] histérica [se identifica com] a falta tomada como objeto, e não [com] a causa da falta" [in *Outros escritos*, op. cit., p.554]; por fim, em 1979, numa conferência sobre Joyce (*Joyce avec Lacan*, Paris: Navarin, 1987, p.35 [in *Outros escritos*, op. cit., p.565]), ele distingue explicitamente uma mulher como sintoma e a histérica-sintoma.

12. J. Lacan, in *Escritos*, op. cit., p.742.

13. Emprego esse termo, é claro, em referência à "família refeita".

2. A mulher, masoquista?

1. J. Lacan, "Diretrizes para um Congresso sobre a sexualidade feminina", in *Escritos*, op. cit., p.741.

2. S. Freud, "Un enfant est battu", in *Névrose, psychose et perversion*, Paris: PUF, 1973, p.237 ["Uma criança é espancada: uma contribuição ao estudo da origem das perversões sexuais", *ESB*, op. cit., vol.XVII, 1ª ed., 1975].

3. S. Freud, "Le problème économique du masochisme", op. cit., p.289 ["O problema econômico do masoquismo", *ESB*, vol.XIX, 1ª ed., 1975].

4. J. Lacan, "Diretrizes para um Congresso...", in *Escritos*, op. cit., p.731.

5. S. Freud, "Le problème économique du masochisme", op. cit., p.289.

6. Ibid., p.292.

7. S. Freud, "Un enfant est battu", op. cit., p.229 [*ESB*, vol.XVII].

8. Cf., respectivamente, os capítulos "Quelques conséquences psychologiques de la différence anatomique entre les sexes" e "Sur la sexualité féminine", em *La vie sexuelle*, Paris: PUF, 1969 ["Algumas conseqüências psíquicas da distinção anatômica entre os sexos", *ESB*, vol.XIX, e "Sexualidade feminina", *ESB*, vol.XXI], e o capítulo "La féminité", em *Nouvelles conférences sur la psychanalyse*, Paris: Gallimard, 1936 ["Feminilidade", in *Novas conferências introdutórias sobre psicanálise*, *ESB*, XXII].

9. S. Freud, "La féminité", op. cit., p.159 [*ESB*, vol.XXII].

10. Ibid., p.158.

11. S. Freud, "Sur la sexualité féminine", op. cit., p.153 [*ESB*, vol.XXI].

12. H. Deutsch, *La psychologie des femmes*, Paris: PUF, 1974, vol.I, p.247.

13. J. Lacan, "La psychanalyse dans ses rapports avec la réalité", *Scilicet I*, Paris: Seuil, 1958, p.58 ["Da psicanálise em suas relações com a realidade", *Outros escritos*, op. cit., p.357].

14. J. Lacan, "Diretrizes para um Congresso sobre a sexualidade feminina", in *Escritos*, op. cit., p.740.

15. J. Lacan, *L'Envers de la psychanalyse*, Paris: Seuil, 1991, p.75 [*O Seminário*, livro 17, *O avesso da psicanálise (1969-70)*, Rio de Janeiro: Zahar, 1992, p.62: "virtude (*vertu*), eis os males do vir-a-ti (*vers-tu*)"].

16. J. Lacan, "Diretrizes para um Congresso sobre a sexualidade feminina", in *Escritos*, op. cit., p.745.

17. J. Lacan, "La psychanalyse dans ses rapports avec la réalité", op. cit., p.58 ["Da psicanálise em suas relações com a realidade", in *Outros escritos*, op. cit., p.357].

18. J. Lacan, *Télévision*, Paris: Seuil, 1974, p.64 ["Televisão", in *Outros escritos*, op. cit., p.508-43].

19. Retomo aqui o termo com que Immanuel Kant isola o campo dos interesses "patológicos" do sujeito do imperativo incondicional que confere à lei moral seu valor universal.

20. J. Lacan, "Observação sobre o relatório de Daniel Lagache", in *Escritos*, op. cit., p.690-1.

21. J. Lacan, "Juventude de Gide, ou a letra e o desejo", in *Escritos*, op. cit., p.772-3.

22. J. Lacan, "Diretrizes para um Congresso sobre a sexualidade feminina", in *Escritos*, op. cit., p.745.

3. Aflição feminina

1. Sobre a questão dos fenômenos depressivos na transferência, cf. o artigo de Serge Cottet, "La belle inertie", *Ornicar?*, nº 32.

2. J. Lacan, "De uma questão preliminar a todo tratamento possível da psicose", in *Escritos*, op. cit., p.565.

3. S. Freud, *Introduction à la psychanalyse*, Paris: Payot, 1964, p.258 [*Conferências introdutórias sobre psicanálise*, *ESB*, vols.XV-XVI].

4. Para a história dessa noção, ver Raymond Klibansky, Erwin Panofsky e Fritz Saxl, *Saturne et la mélancolie*, Paris: Gallimard, 1989.

5. J. Lacan, "Televisão", in *Outros escritos*, op. cit., p.524.

6. J. Lacan, *O Seminário*, livro 10, *A angústia*, Rio de Janeiro: Zahar, 2005.

7. S. Freud, *Inhibition, symptôme, angoisse*, Paris: PUF, 1965, p.4 e 5 [*Inibições, sintomas e ansiedade*, *ESB*, op. cit., vol.XX].

8. Ibid., p.5.

9. Cf. "Leçons cliniques de la passe", redigido por Colette Soler para o cartel A, 1990-92 (Serge Cottet como mais-um, Pierre-Gilles Gueguen e Herbert Wachsberger), em *Comment finissent les analyses*, Paris: Seuil, p. 181 [*Como terminam as análises*, textos reunidos pela Associação Mundial de Psicanálise (AMP), trad. Vera Ribeiro, Rio de Janeiro: Zahar, 1995, p.149-71].

10. J. Lacan, "A significação do falo", in *Escritos*, op. cit., p.698.

11. J. Lacan, "A direção do tratamento", in *Escritos*, op. cit., p.636.

12. J. Lacan, "Subversão do sujeito e dialética do desejo", *Escritos*, op. cit., p.840.

13. J. Lacan, "A direção do tratamento", in *Escritos*, op. cit., p.635-6.

14. J. Lacan, "Diretrizes para um congresso sobre a sexualidade feminina", in *Escritos*, op. cit., p.745.

15. J. Lacan, Seminário "Les non-dupes errent", lição de 12 de fevereiro de 1974.

16. Reconhecemos aí a tese do seminário *Mais, ainda*.

17. É essa a expressão empregada por Lacan em "Subversão do sujeito e dialética do desejo" em relação ao gozo "cuja falta torna o Outro inconsistente".

18. São múltiplas as referências sobre esse ponto. Ver, em especial, "Observações sobre o relatório de Daniel Lagache", *Escritos*, p.672-4, e "Subversão do sujeito e dialética do desejo", ibid., p.833-4.

19. J. Lacan, "Subversão do sujeito e dialética do desejo", in *Escritos*, op. cit., p.839.

20. S. Freud, *Résultats, idées, problèmes*, Paris: PUF, 1985, p. 288 ["Achados, idéias, problemas", *ESB*, vol.XXIII].

21. J. Lacan, "O aturdito", in *Outros escritos*, op. cit., p.489.

22. J. Lacan, "Televisão", in *Outros escritos*, op. cit., p.524.

23. J. Lacan, "Subversão do sujeito e dialética do desejo", in *Escritos*, op. cit., p.834.

24. Cf. Michael Thurnheim, *L'autre dans le même*, Paris: Éd. du Champ Lacanien, 2002.

25. J. Lacan, "Nota italiana", in *Outros escritos*, op. cit., p.315.

PARTE III

A Mãe

1. A mãe no inconsciente

1. J. Lacan, "Subversão do sujeito e dialética do desejo", in *Escritos*, op. cit., p.835.

2. J. Lacan, "Diretrizes para um congresso sobre a sexualidade feminina", in *Escritos*, op. cit., p.734.

3. J. Lacan, "Juventude de Gide", in *Escritos*, op. cit., p.761.

4. Idem.

5. J. Lacan, "Observações sobre o relatório de Daniel Lagache", in *Escritos*, op. cit., p.661.

6. J. Lacan, "Do '*Trieb*' de Freud ao desejo do psicanalista", in *Escritos*, op. cit., p.866.

7. Sobre esse assunto, ver J. Lacan, "Nota sobre a criança", in *Outros escritos*, op. cit., p.369-70.

8. J. Lacan, "Juventude de Gide", in *Escritos*, op. cit., p.765.

9. J. Lacan, "Subversão do sujeito e dialética do desejo", in *Escritos*, op. cit., p.822.

10. J. Lacan, "De uma questão preliminar a todo tratamento possível da psicose", in *Escritos*, op. cit., p.555.

11. Ver *supra* o capítulo "Uma mulher".

12. J. Lacan, "Para um Congresso sobre a sexualidade feminina", in *Escritos*, op. cit., p.739.

13. J. Lacan, *Mais, ainda*, op. cit.

2. A angústia da mãe

1. J. Lacan, "Do '*Trieb*, de Freud...", in *Escritos*, op. cit., p.866.

2. Cf. o esquema do seminário *Mais, ainda*, op. cit., p.105.

3. Essa expressão, inicialmente reservada à psicose, foi utilizada por Lacan a propósito da criança em suas duas notas a Jenny Aubry, em *Ornicar?* nº37, Paris: Navarin, 1986, p.14. Aliás, desde 1977, na época da EFP, valorizei esse tema da criança real, no texto que encontraremos no Anexo, intitulado "A diferença dos sexos na análise".

4. H. Montherlant, *La Petite Infante de Castille* (1929), Paris: Gallimard, col. Folio, p.18-23.

5. Trata-se de expressões empregadas por Lacan a propósito de Gide e sua mãe.

3. Uma neurose infantil

1. D.W. Winnicott, *La petite "Piggle"*, Paris: Payot, 1985 [*The Piggle – Relato do tratamento psicanalítico de uma menina*, Rio de Janeiro: Imago, 1979].

PARTE IV

As Mulheres na Civilização

1. A histérica do tempo da ciência

1. C. Soler, "L'Hystérie dans le discours de la science" (ver *supra*).

2. J. Lacan, "Radiofonia", in *Outros escritos*, op. cit., p.436.

3. J. Lacan, "Joyce, o Sintoma", in *Outros escritos*, op. cit., p.562.

4. A alusão é de 1992, mas hoje poderíamos dizer o mesmo a propósito de Putin, cujo cotidiano também nos é detalhado.

5. Ver a "Nota italiana", in *Outros escritos*, op. cit., p.314.

2. Novas figuras da mulher

1. S. Freud, "La féminité", *Nouvelles conférences d'introduction à la psychanalyse*, Paris: Gallimard, 1984, p.180 ["Feminilidade", *Novas conferências introdutórias sobre psicanálise*, *ESB*, op. cit., vol.XXII].

2. Idem.

3. J. Lacan, "Diretrizes para um congresso...", in *Escritos*, op. cit., p.739.

4. S. Freud, "La féminité", op. cit., p.179 ["Feminilidade", op. cit.].

5. J. Lacan, "Televisão", in *Outros escritos*, op. cit., p.533.

3. Éticas sexuadas

1. J. Lacan, "O aturdito", in *Outros escritos*, op. cit., p.468.

2. Idem.

3. Essa expressão se deve a J.-A. Miller.

4. J. Lacan, *Mais, ainda*, op. cit., p.12.

5. J. Lacan, "O aturdito", in *Outros escritos*, op. cit., p.468.

6. J. Lacan, *Mais, ainda*, op. cit., p.114.

7. Programa datado de 1997.

8. A expressão é de Lacan.

9. Aqui não se trata do Outro como lugar, mas, justamente, do que se pode chamar de Outro absoluto, por não estar inscrito nesse lugar do Outro.

10. Cf. "O aturdito", in *Outros escritos*, op. cit., p.468.

11. J. Lacan, "... ou pior", in *Outros escritos*, op. cit., p.548.

12. J. Lacan, Resumo do Seminário sobre o ato psicanalítico, *Ornicar?*, nº 29, p.20.

13. J. Lacan, *Séminaire XI*, Paris: Seuil, 1973, p.248 [*Seminário*, livro 11, *Os quatro conceitos fundamentais da psicanálise*, Rio de Janeiro: Zahar, 1979].

14. J. Lacan, "O aturdito", in *Outros escritos*, op. cit., p.463.

15. Ver acima.

4. "Incidência social da sexualidade feminina"

1. J. Lacan, *RSI*, lição de 15 de abril de 1975.

2. J. Lacan, *Mais, ainda*, op. cit., p.13.

3. J. Lacan, seminário "Le sinthome", lição de 16 de março de 1976.

4. J. Lacan, "Televisão", in *Outros escritos*, op. cit., p.536.

5. O termo é de Eugénie Lemoine-Luccioni, em seu título *Partage des femmes*.

PARTE V

A MALDIÇÃO

1. O amor não louco

1. J. Lacan, "Televisão", in *Outros escritos*, op. cit., p.530.

2. Denis de Rougemont, *L'amour et l'Occident*, 1938, ed. corrigida 1956, Paris: Plon, 1972, última edição 1995, col. 10/18.

3. François Regnault, *La doctrine inouïe*, Hatier, 1996, p.58.

4. Ibid. p.31.

5. O título completo em latim era: *Praeambula. Initium sapitentiae timor domini.*

6. Ver p.536 de "Televisão", in *Outros escritos*, op. cit.

7. Gustave Flaubert, *L'éducation sentimentale*, Paris: Gallimard, col. Pléiade, 1952, p.457.

8. Basta nos referirmos às *Memórias de um louco*, que Flaubert escrevera aos quinze anos, cerca de 30 anos antes, para percebermos que o eventual contraponto homossexual aos infortúnios do amor já era explícito para ele, uma vez que o escritor evocou suas formas sublimadas, na seqüência direta de diversos comentários sobre as mulheres. Ibid., p. 466.

9. Cf. Fernando Pessoa, *Le Journal de l'intranquillité*, org. Christian Bourgois, 1998 [*O livro do desassossego*].

10. J. Lacan, "Televisão", op. cit., p.533.

11. Alusão datada de 1997.

12. Cf. o livro recém-traduzido de John Boswell, *Les unions du même sexe*, Paris: Fayard, 1997.

13. Trata-se da *Newsweek.*

14. Foi essa, pelo menos, a hipótese que formulei a propósito de "A histérica no discurso da ciência".

15. Também quanto a isso, ver "Televisão" [op. cit., p.538].

16. J. Lacan, "Introdução à edição alemã de um primeiro volume dos *Escritos*", in *Outros escritos*, op. cit., p.555.

17. Idem.

18. J. Lacan, "Televisão", in *Outros escritos*, op. cit., p.527.

19. S. Freud, *Cinq psychanalyses*, Paris: PUF, 1966, p.308.

2. Por causa dos gozos

1. J. Lacan, "Joyce, o Sintoma", in *Outros escritos*, op. cit., p.561.

2. J. Lacan, *Mais, ainda*, op. cit., p.103.

3. J. Lacan, *Mais, ainda*, op. cit., p.194-5.

4. J. Lacan, *Joyce le symptôme*, lição de 18 de novembro de 1975, op. cit., p.42.

5. J. Lacan, *Mais, ainda*, op. cit., p.178.

6. Colette Soler, "Le second retour à Freud", março de 1986, Publicaciones del Círculo Psicoanalítico de Galicia.

7. Colette Soler, "Clinique borroméenne", novembro de 1996, in "Satisfacciones del síntoma", Buenos Aires, agosto de 1997.

8. Utilizo esse termo na acepção lacaniana, que designa não o fora do casamento e a ausência de uma esposa, porém as diversas posições libidinais em que a mulher não é o objeto.

9. J. Lacan, "De uma questão preliminar a todo tratamento possível da psicose", in *Escritos*, op. cit., p.585.

10. J. Lacan, "Televisão", in *Outros escritos*, op. cit., p.531.

11. Ver "A instância da letra no inconsciente ou a razão desde Freud", in *Escritos*, op. cit., p.496ss.

12. Cf. Elisabeth Roudinesco, *La famille en désordre*, Paris: Fayard, 2002 [*A família em desordem*, Rio de Janeiro: Zahar, 2002].

13. J. Lacan, *Le Séminaire XXII, RSI*, Paris, *Ornicar?* nº6, p.107.

14. Ver a lição do seminário "Le sinthome", 13 de abril de 1976.

15. J. Lacan, *Le Séminaire XXII, RSI*, op. cit., lição de 18 de fevereiro de 1975.

16. J. Lacan, *Mais, ainda*, op. cit., p.36.

17. Idem.

18. Ibid., p.177.

19. J. Lacan, *Le Séminaire XXII, RSI*, idem.

20. Idem.

21. J. Lacan, *Les non-dupes errent*, inédito, lição de 1º de fevereiro de 1974.

PARTE VI
A ANÁLISE

1. Sintoma de separação

1. S. Freud, "L'Analyse avec fin et l'analyse sans fin" (1937), *Résultats, idées, problèmes*, Paris: PUF, 1987, p. 242 ["Análise terminável e interminável", *ESB*, op. cit., vol.XXIII].

2. Ibid., p.235.

3. Ibid., p.242.

4. Ibid.

5. Ibid.

6. Ibid., p.245.

7. Ibid.

8. Ibid., p.268.

9. Ibid., p.267.

10. Ibid., p.268.

11. J. Lacan, "Formulações sobre a causalidade psíquica", in *Escritos*, op. cit., p.179.

12. J. Lacan, "A direção do tratamento", in *Escritos*, op. cit., p.633.

13. J. Lacan, "A instância da letra", in *Escritos*, op. cit., p.522.

14. J. Lacan, "De nossos antecedentes", in *Escritos*, op. cit., p.70.

15. J. Lacan, "Televisão", in *Outros escritos*, op. cit., p.516.

16. Grifo meu.

17. J. Lacan, "*Le Séminaire XXII, RSI*", lição de 21 de janeiro de 1975, *Ornicar?* nº6, p.110.

18. Ibid., p.109.

19. J. Lacan, "La troisième", 1974, Paris, *Lettres de l'École freudienne*, nº16, p.179. [A expressão original diz: *Je pense, donc se jouit.* (N. T.)]

20. S. Freud, "De l'esquisse d'une psychologie scientifique" (1895), *La Naissance de la psychanalyse*, Paris: PUF, 1979, p. 363 ["Projeto para uma psicologia científica", *ESB*, op. cit., vol.I, 2ª. ed. rev.].

21. J. Lacan, "Radiofonia", in *Outros escritos*, op. cit., p.427.

22. Cf. as elaborações do seminário "A lógica da fantasia".

23. J. Lacan, "Televisão", in *Escritos*, op. cit., p.515.

24. J. Lacan, "Apresentação das *Memórias de um doente dos nervos*", in *Outros escritos*, op. cit., p.221.

2. Fins... do amor

1. J. Lacan, "O aturdito, in *Outros escritos*, op. cit., p.468, 489 e 495.

2. J. Lacan, "Do 'Trieb' de Freud e do desejo do psicanalista", in *Escritos*, op. cit., p.867.

3. J. Lacan, "O aturdito", in *Outros escritos*, op. cit., p.469.

Conclusão

1. J. Lacan, "Televisão", in *Outros escritos*, op. cit., p.538-9.

2. Ibid., p.538.

3. J. Lacan, "O aturdito", in *Outros escritos*, op. cit., p.469.

Anexo

1. J. Lacan, "La troisième", *Lettres de l'École freudienne*, nº16, novembro de 1975, p.189.

2. A expressão é de Michèle Montrelay.

3. Pode ser, mas não necessariamente é. Aqui, caberia nos interrogarmos sobre o que condiciona essa possibilidade.